超前成长与事后激励

CHAOQIAN CHENGZHANG
YU
SHIHOU JILI
QIYE HEGUI YU LÜSHI FUWU

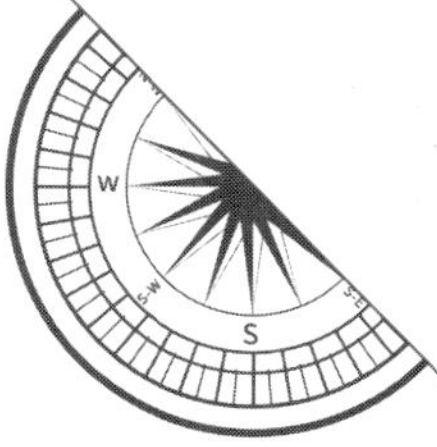

企业合规与律师服务

孙保山　主编

法律出版社 LAW PRESS · CHINA ｜ 北京

图书在版编目(CIP)数据

超前成长与事后激励：企业合规与律师服务／孙保山主编. -- 北京：法律出版社，2023

ISBN 978 - 7 - 5197 - 8369 - 3

Ⅰ. ①超… Ⅱ. ①孙… Ⅲ. ①企业法－研究－中国
Ⅳ. ①D922.291.914

中国国家版本馆 CIP 数据核字（2023）第 184304 号

超前成长与事后激励：企业合规与律师服务
CHAOQIAN CHENGZHANG YU SHIHOU JILI：
QIYE HEGUI YU LÜSHI FUWU

孙保山 主编

策划编辑 刘秀丽
责任编辑 刘秀丽
装帧设计 汪奇峰

出版发行 法律出版社
编辑统筹 法商出版分社
责任校对 王晓萍
责任印制 胡晓雅
经　　销 新华书店

开本 710 毫米×1000 毫米 1/16
印张 15.25 **字数** 232 千
版本 2023 年 10 月第 1 版
印次 2023 年 10 月第 1 次印刷
印刷 唐山玺诚印务有限公司

地址：北京市丰台区莲花池西里 7 号（100073）
网址：www.lawpress.com.cn
投稿邮箱：info@lawpress.com.cn
举报盗版邮箱：jbwq@lawpress.com.cn
销售电话：010 - 83938349
客服电话：010 - 83938350
咨询电话：010 - 63939796

书号：ISBN 978 - 7 - 5197 - 8369 - 3
定价：68.00 元

编写说明

本书是金博大律师事务所企业合规研究中心的力作之一。自2018年合规元年以来，理论界对企业合规的探讨如火如荼，在最高人民检察院的力推下，企业合规从部分试点走向全国。放眼国际，企业合规对于我国企业走出去，服务“一带一路”建设具有重要的战略意义。在此大背景下，金博大律师事务所积极开拓企业合规业务，并较早成立了企业合规研究中心。企业合规研究中心下设三个研究室：企业刑事合规研究室、公司诉讼疑难案件研究室和涉外企业合规经营研究室，具有丰富的理论和实务经验。在企业日常合规体系建设、企业刑事合规、涉外经营合规等领域，积累了较丰富的办案经验。本书是企业合规研究中心多年理论研究和实操相结合的阶段性总结，也是企业合规研究中心进一步提升合规业务能力的基础和开端。

本书由金博大律师事务所副主任孙保山律师担任主编，负责章节体例的编排和总体写作思路构架。刘用军律师和陈亚芸律师担任副主编，负责部分章节的撰写和观点统一。具体编写分工如下：刘用军律师编写了第一章、第三章，陈亚芸律师编写了第四章第一节和第六章，徐振海律师编写了第四章二至四节和第五章，孙保山律师编写了第二章、第七章，秦宇阳律师编写了第八章。刘用军律师审校了全稿。

contents **目录**

Chapter 01

第一章 企业合规的基本范畴

第一节　认识企业合规 / 001

第二节　企业合规的缘起 / 007

第三节　企业合规的价值 / 013

一、诚信价值 / 013

二、法治价值 / 015

三、自律价值 / 016

四、宽恕价值 / 017

第四节　企业合规与公司、企业治理 / 019

Chapter 02

第二章 企业刑事合规的政策与实践

第一节　企业刑事合规的时代背景 / 024

第二节　企业刑事合规的起源与发展 / 027

第三节　企业刑事合规与法律风险防范 / 031

一、企业合规所要防范的法律风险界定 / 031

二、企业合规所要防范的具体法律风险 / 033

第四节　企业刑事合规的司法激励与监管 / 045

一、企业刑事合规司法激励机制的现状 / 045

二、企业刑事合规第三方监管的现状 / 047

三、企业刑事合规司法激励与监管存在的问题 / 049

四、企业刑事合规司法激励与监管的进一步完善 / 050

第五节　企业刑事合规中的刑事责任承担 / 052

Chapter 03

第三章

企业行政合规的基本问题与路径

第一节　行政日常监管视野下的企业合规 / 059
一、行政指导制度 / 059
二、行政强制合规义务 / 064
第二节　行政合规责任宽大处理的引入与发展 / 067
一、行政合规从宽处罚机制的引入 / 067
二、行政和解制度的建立 / 068
第三节　我国未来的企业行政合规 / 072
一、加强企业行政合规建设 / 072
二、完善行刑衔接机制 / 073
三、创建企业合规文化 / 076

Chapter 04

第四章

美国企业合规的内部控制与激励

第一节　美国企业合规制度的沿革 / 080
一、美国企业合规制度的确立 / 083
二、美国企业刑事合规制度的完善 / 085
三、美国企业合规体系的进一步完善和推广 / 089
第二节　美国刑事合规制度的发展沿革 / 090
一、美国企业刑事合规的概念 / 090
二、美国企业犯罪归责原则 / 091
第三节　美国企业刑事合规的有效性 / 095
一、企业刑事合规有效性概念 / 095
二、美国刑事合规有效性的标准 / 097
三、合规管理内部控制无效的刑事责任 / 100
四、检察起诉程序中的合规有效性评价 / 102
第四节　美国刑事合规激励制度 / 103
一、关于减轻处罚的规定 / 103
二、关于进一步适用偏离规则的规定 / 104
三、关于加大处罚的规定 / 105
四、关于适用缓刑的规定 / 107

Chapter 05

第五章 美国企业合规管理制度

第一节 美国企业合规管理与内部控制 / 110
一、内部控制的基本概念 / 110
二、美国企业内部控制的发展沿革 / 112
第二节 美国 COSO 内部控制框架 / 117
一、内部控制概念和体系的整合 / 118
二、COSO 内部控制的要素和原则 / 119
三、COSO 内部控制有效性标准 / 121
四、COSO 内部控制框架的实施和影响 / 122
第三节 美国刑事合规与内部控制的关系 / 124
一、刑事合规标准与内部控制框架的对比 / 124
二、刑事合规与内部控制关系的分析 / 129
第四节 美国企业合规管理制度的借鉴 / 132
一、合规管理保障财务报告内部控制目标的实现 / 132
二、内部控制框架是合规管理开展的基础 / 134

Chapter 06

第六章 国际组织和区域性组织的企业合规要求

第一节 国际组织企业合规规范文件 / 137
一、ISO 企业合规规范指引 / 138
二、OECD 企业合规制度 / 142
三、世界银行企业合规制度 / 145
四、联合国反腐败公约 / 149
五、国际组织合规制度评价 / 150
第二节 欧盟数据合规制度 / 152
一、欧盟数字治理政策的立法演进及实践 / 152
二、欧盟《通用数据保护条例》数据合规制度 / 157

Chapter 07

第七章

企业合规律师业务的机遇与挑战

第一节　合规经营:推动公司治理现代化的必经之路 / 164

第二节　新时代合规业务中律师的机遇与挑战 / 166

一、合规问题制约着企业的经营发展 / 166

二、企业合规业务中律师的时代机遇 / 167

三、合规业务对律师的挑战 / 169

第三节　律师如何参与企业合规管理 / 171

一、公司法务与外部律师的衔接 / 171

二、企业合规业务中律师的功能定位 / 176

第四节　企业合规业务中律师如何做好法律服务 / 182

一、客户与合规律师的关系分类 / 182

二、形成信任的基本要素 / 184

三、在服务过程中与客户建立信任 / 188

四、合规律师团队的构建 / 190

Chapter 08

第八章

企业合规律师业务的重点领域

第一节　律师参与反贿赂合规 / 196

第二节　律师参与数据合规 / 200

一、国际政治和经济的数据合规问题及应对 / 200

二、我国数据合规治理现状 / 202

三、我国数据合规治理存在的问题 / 203

四、数字安全合规体系的构建 / 204

第三节　律师参与涉外投资合规 / 207

一、交易标的的选择 / 210

二、争议解决的方式 / 211

三、签约主体的选择 / 212

四、目标企业的控制权 / 212

五、关键员工的保留 / 213

六、设计退出机制 / 214

七、陈述与保证条款 / 215

第四节　律师参与反垄断合规 / 217

一、反垄断合规的中国道路 / 217

二、企业涉及的反垄断合规风险 / 219

三、反垄断合规重点工作 / 221
四、反垄断执法新形势下律师面临的机遇与挑战 / 223
第五节 律师参与 ESG 合规 / 225
一、新时代背景下中国企业的 ESG 合规挑战 / 225
二、ESG 合规的定义及影响 / 227
三、ESG 合规管理的要点和建议 / 231

Chapter 01

第一章

企业合规的基本范畴

2020 年 3 月开始，最高人民检察院部署在江苏张家港、深圳宝安等 6 个基层检察院开展涉案企业合规改革试点。对涉案企业，检察机关依法可不捕、不诉的，责成其作出合规承诺、切实整改。2021 年 3 月起，在总结第一批试点经验的基础上，最高人民检察院部署在北京、上海、江苏、浙江等 10 个省份开展第二期试点工作。一些非试点省份的检察机关根据当地情况，积极主动在法律框架内开展改革相关工作。2022 年 4 月 2 日，涉案企业合规改革试点在全国检察机关全面推开。最高人民检察院推行的企业合规改革，是指企业在涉及单位犯罪的前提下，具有整改条件和意愿，给予企业一定条件下的整改措施和整改期限，在满足整改效果后予以不起诉或者建议从轻处罚的一种刑事诉讼激励制度。企业合规的范畴不限于进入诉讼后的整改合规，还应当有其他内涵，目前，学术界对企业合规的认识还仅仅建立在刑事诉讼环节中，为了真正认识企业合规，有必要对企业合规的基本范畴展开解读，以全面认识企业合规，从而更好地推进诉讼中的企业合规建设。

第一节　认识企业合规

企业合规，顾名思义，会使人想到企业依法依规经营，那么，企业合规是不是企业依法依规经营呢？陈瑞华教授认为，企业合规不同于企业依法依规经营,也就是说,企业合规不是企业依法经营。[①] 其具体理由是,企业合规是一种基于合规风险而确立的公司治理体系,为激发企业建立这一体系,一般有三个方面的激励机制:行政监管部门的行政宽大处理,刑事执法部门的刑事宽大处理,国际组织的制裁消除。事实上,陈瑞华教授主要是把企业合规当成被处罚后的一种自我救济机制、自我整改机制,当然,这是在主管部门或者有关机构允许的前提下展开的。由此可见,该学者所认为的企业合规是一种事后合规计划,而没有涉及企业事前合规或日常合规领域,因此,这个推翻企业合规是企业依法依规经营的理由是难以成立的。

在陈瑞华教授看来,企业合规具有三层含义,即企业在主动意义上在经营过程中遵守法律和规则,在被动意义上避免或减轻因违法违规经营而可能遭受的来自主管部门或司法部门的责任追究,在外部激励上是通过构建企业合规活动而获得的一种国家宽大处理机制。[②] 其实,这种含义本质上是第一种含义。因为被动或消极层面的理解,以及国家作为宽大处理机制的企业合规激励的最终目标都是回归到第一种含义,即企业依法依规生产经营。其实,陈教授也认识到了这个问题,在其《企业合规基本理论》一书中,他指出:"从本质上看,企业合规就是一种自我监管机制。企业建立合规管理体系的根本目的在于督促员工、客户、合作伙伴、被并购企业等在经营过程中遵守上述法律法规,只做合法合规的业务。""企业合规本身仍然属于公司为实现自身治理目标所采用的一种自我管理方式。""企业合规是一种特有的公司治理方式。"[③]在该书以西门子公司建立合规机制为例来说明企业合规的多重内涵时,也大致说明了企业合规的内部日常管理属性。即西门子公司的合规工作主要集中在四大领域:一是反腐败,防止权钱交易;二是反垄断,防止不正当竞争;三是数据保护,保护相关的隐私数据;四是反洗钱,防止西门子公司被用作洗钱和恐怖主义融资的工具。因而,西门子公司的合规体系由两个部分组成:商业行为准则和三大制度保障。后者是指防范、监控和应对的制度体系。[④] 美国理论界对合规概念的理解大致也有如下三种观点:一是认为合规意味着旨在促进企业遵守政府指引、规范、规

---

① 参见陈瑞华:《企业合规基本理论》(第3版),法律出版社2022年版,第1页。
② 参见陈瑞华:《企业合规基本理论》(第3版),法律出版社2022年版,第7页。
③ 陈瑞华:《企业合规基本理论》(第3版),法律出版社2022年版,第6~9页。
④ 参见陈瑞华:《企业合规基本理论》(第3版),法律出版社2022年版,第5页。

章和法律的程序、计划和政策的综合性措施；二是认为合规即遵守法律以及其他规范、地方规章以及公司内部的规定，是一个细致和复杂的过程；三是认为真正的合规乃是旨在消除或者减少犯罪或其他违规之机会的持续性行动。[①]

由此可见，无论是陈瑞华教授对企业合规的本质判断还是所举揭示企业合规内涵的事例，以及美国理论界对企业合规的理解，无不说明了企业合规所指向的企业内部日常规范生产经营，即依法依规经营的实质，只有如此内部自控、内部管理、内部约束，才能从外部防范不合规或违反合规制度而引起的各类责任，包括行政责任和刑事责任，以及国际组织的制裁。这种企业的依法依规治理活动，主要是从应对企业法律风险角度展开的，不包含企业自身在规范指引下导致的经营风险，如管理不善引起的亏损或破产。因此，企业合规可能减少经营性风险的发生，但企业合规本身不是为了避免经营性风险而是为了化解法律风险而诞生的。关于这一点，陈瑞华教授的有关认识笔者是赞同的。因为企业在存续过程中会面临经营风险，或业务风险，财务风险和合规风险，而合规风险不同于财务风险，也不同于经营风险。企业建立合规机制，并不是为了防控一般意义上的风险，而主要是防控因违法违规行为而受到监管处罚和刑事处罚的风险。[②]

企业合规主要是防范法律风险，即企业因违法违规经营所引起的法律风险，或者企业主动的行为所引起的自身法律责任，但并非所有的法律风险和法律责任都是企业合规体系所应预防和承担的，某些法律风险和责任并非属于企业合规防范的风险，因此，企业合规并不等于一般意义上的法律风险防控。[③] 在有的学者看来，企业被动意义上受害所引起的风险也属于企业合规风险。如业务接触中导致的刑事犯罪被害主体风险也属于企业刑事合规风险的基本类型，也就是“企业在经营中同外部主体进行业务接触时，成为外部主体所实施的犯罪行为的犯罪对象，此类犯罪风险主要集中在经济领域，常见的罪名如诈骗罪、侵犯商业秘密罪等”，[④]这种观点是难以成立的。因为作为被害主体的企业不可能通过自己的合法合规经营而避免风险，因而不属于可归责于企业自身内部管

① 参见张远煌等编著：《企业合规全球考察》，北京大学出版社2021年版，第1页。
② 参见陈瑞华：《企业合规基本理论》（第3版），法律出版社2022年版，第20～21页。
③ 参见陈瑞华：《企业合规基本理论》（第3版），法律出版社2022年版，第22页。
④ 参见韩轶：《企业刑事合规的风险防控与建构路径》，载《法学杂志》2019年第9期。

理不善所引起的风险，恰如一种外来的破坏行为，与企业合规的本质相违背，当然不应当归属于企业合规风险的一种类型。如果这种外来风险合并企业内部控制漏洞在综合意义上形成了被骗而遭受损失，这种风险中部分属于企业合规风险的判断才是正确的。

在目前最高人民检察院推行的企业合规改革中，企业合规与单位犯罪密切相关，或者说，企业刑事合规就是单位犯罪引起的一种事后刑事激励机制，企业刑事合规当然是企业合规的一种形式，如前所述，其最终目的是重回企业治理的常态，使企业恢复或者通过重构合规构建企业应有的内部治理状态。在这种单位违法违纪引起的合规责任体系中，当然也离不开企业负责人、有关内部责任主体或者企业高管的责任，只要是与履行企业内部职责相关的单位犯罪，企业高管也同样应承担相应的责任，但这种责任引起的整改仍然是企业的而不是高管的，是企业合规而不是高管合规，①这是必须明白的。也就是说，企业合规引起的刑事责任必须利用单位犯罪的理论承担责任，在刑事责任层面，企业合规离开了单位犯罪的评价体系将不复存在。

陈瑞华教授在《企业合规基本理论》一书中提出了这样一个重大疑问，企业合规究竟是道德问题还是法律问题，他认为企业合规既具有道德问题的属性，也是一种重要的法律制度。还有论者更加激进地认为，企业合规的本质是企业的道德问题，合规管理的本质是企业的价值观建设。为论述这一点，作者指出，合规是遵从"规则"之品性，道德是遵守"道"之品性，两者的本质完全一致。"道德"侧重表明规则的遵守意识和内容，"合规"侧重表明规则的遵守载体和行动，它们分别是行动的开始和行动的过程及结果，互为一体。企业以追求利润为核心任务和基本目标，但利润的最终源头是员工对企业道德人格的认同和制度遵从。企业是个人之集合体，企业不合规的行为根本上是员工违反道德操守的行为；反之，员工违反道德的举止，也会成为企业管理的法律陷阱。②

笔者认为，这种观点不能成立。在前述的论证中，企业合规本质上是一种内部治理机制，之所以要内部控制，客观上在于避免外部法律风险，包括行政监管部门的处罚，刑事执法部门的处罚和超国家组织的制裁，而且从西门子公司

---

① 参见陈瑞华：《企业合规基本理论》（第3版），法律出版社2022年版，第17页。

② 参见姜先良：《企业合规与律师服务》，法律出版社2021年版，第29～30页。

在反腐败、反垄断、反洗钱和数据保护四大领域的合规机制构建上来看，无不是在法律法规层面进行的一种主动调整和应对，避免触及风险。这种内部控制尽管也有企业内部的规章制度，但这种规章制度本身的存在是为防范触及外部法律风险的，因而所有与企业内部控制相关的合规规范，都是指向法律风险的，这当然不应是道德层面的自我约束。如果属于道德层面，那么违反道德所担负的责任一般不是法律责任，而且并不是所有违反规范也就是违反企业合规制度的行为都是违反道德的。比如，被企业经营地所属的国家认定为“邪恶”国家而对其进行交易制裁时，有关企业未能积极配合而存在相关的交易行为被有关国家认定违反了企业合规制度，要求其承担相应的行政乃至刑事责任时，从所在国的管制角度而言，这的确是违法的，是需要接受合规整改的，但从道德层面上看，站在国际正义和“普世价值”角度，这种交易行为未必是反道德的。退一步讲，即使与特定机构的法律和政策不相违背的普通的伦理，企业合规之“规则”中是否包含，目前的认识并不统一，存在不同理解。[①] 事实上，企业合规作为规范层面的要求不宜和道德伦理过多地纠缠在一起。我们可以认为在不包含道德伦理意义上的企业合规是“低度”的合规，在扩及企业经营中应遵守的道德伦理意义上，企业合规叫作“高度”的合规，有学者将前者称为“硬法”，后者称为“软法”。[②] 当然，企业合规如果不是从社会责任、法律责任出发去评价，而是从企业治理、公司治理角度形成一种内部的文化，这种文化无关责任，而是一种严格的律己，在这个意义上，我们可以称企业合规包含其强烈的内部伦理道德属性。除此之外，企业合规就应当是“硬法”约束下的“低度”的合规，而不是道德约束下的“高度”的合规，后者是文化而不是真正的合规，或者说是创造合规的基础和氛围而不能构成合规本身。事实上，陈瑞华教授也认为，在本质上企业合规是一种基于风险防控的公司治理方式。他明确指出，没有行政机关、司法机关以及国际组织的外部推动，没有任何企业会自生自发地建立合规管理体

---

① 参见邓峰：《公司合规的源流及中国的制度局限》，载《比较法研究》2020年第1期。

② 所谓“硬法”是指阻止非法行为的规范，包括防止诸如洗钱、内幕交易、贿赂、会计和银行欺诈，也包括违反不正当价格等垄断行为所引发的刑事和民事责任，以及属于侵权的如工作场所性骚扰、职业安全、隐私以及环境保护等所导致的企业自身整改制度。所谓“软法”，通常会符合正向价值，包括要求雇员遵守除法律之外的公司内的行为准则和惯例，这被称为商业伦理规则或与社会责任相关的内容。也有学者称前述两种分类为：合规与正直。参见邓峰：《公司合规的源流及中国的制度局限》，载《比较法研究》2020年第1期。

系;不从行政监管、刑事执法或国际组织制裁等环节建立强有力的压力机制和激励机制,企业也不会产生建立合规管理体系的足够动力。[①] 由此可见,陈瑞华教授的企业合规本质观中也没有支持企业合规是道德问题的空间。

企业合规的核心在于合规(compliance),而在最早推出企业合规建设的美国,其合规的内涵并不包含道德。在美国《商业词典》(Dictionary of Business)中,对合规的解释是:为了确保政府法规得到遵守而由企业制定的系统性的步骤或做法。[②] 在美国司法部(DOJ)制定的《美国律师手册》中,所谓的合规计划就是由公司管理层制订,以预防和发现违法行为并确保公司按照刑法、民法等法律以及规章、规定开展的活动。由此可见,企业合规并不能用道德内涵来衡量。此外,在国务院国资委 2018 年 11 月推出的《中央企业合规管理指引(试行)》和 2022 年 8 月 23 日推出的《中央企业合规管理办法》这两份法律文件中,对合规也作了基于法律规范意义上的定义。上述文件所称的合规,是指中央企业及其员工的经营管理行为符合法律法规、监管规定、行业准则和企业章程、规章制度以及国际条约、规则等要求。所称的合规风险,是指中央企业及其员工因不合规行为,引发法律责任、受到相关处罚、造成经济或声誉损失以及其他负面影响的可能性。该指引所称合规管理,是指以有效防控合规风险为目的,以企业和员工经营管理行为为对象,开展包括制度制定、风险识别、合规审查、风险应对、责任追究、考核评价、合规培训等有组织、有计划的管理活动。2006 年银监会颁布的《商业银行合规风险管理指引》中也指出,本指引所称合规,是指使商业银行的经营活动与法律、规则和准则相一致。该指引所称法律、规则和准则,是指适用于银行业经营活动的法律、行政法规、部门规章及其他规范性文件、经营规则、自律性组织的行业准则、行为守则和职业操守。该指引所称合规风险,是指商业银行因没有遵循法律、规则和准则可能遭受法律制裁、监管处罚、重大财务损失和声誉损失的风险。

因此,本书认为要回答陈瑞华教授提出的疑问,应当这样理解,企业合规是一项纯粹的法律制度,是否违反道德,或者说是否是一种道德责任是不确定的。

---

① 参见陈瑞华:《企业合规基本理论》(第 3 版),法律出版社 2022 年版,第 147 页。

② See Amanda Pinto Q. C. & Martin Evans(eds.), *Corporate Criminal Liability*, 3rd Edition, Thomson Reuters, 2013, p. 364.

综上所述,本书认为企业合规具有三重内涵,其本质内涵是,企业合规是企业内部治理的一种特殊机制,其目的在于防范外部的法律风险,但不是防范所有的法律风险。第二种内涵是指企业在日常经营中必须接受行政监管机构的监管,以及在监管过程中对违反行政监管的行政责任所给予的宽大处理机制。第三种内涵是指企业在经营中涉及单位犯罪而受到刑事执法部门的指控,在刑事执法部门认可的前提下企业自身主动或被动进行合规整改而引起的一种宽大处理机制。后两种内涵的最终目标是回到第一种内涵,实现企业的内部治理。

第二节 企业合规的缘起

企业合规制度出现于 20 世纪 60 年代的美国,兴盛于美国,而后延及国际组织和其他国家,至今已有 60 余年的历史。陈瑞华教授认为美国的企业合规经历了 4 个阶段:企业合规的自我监管时代、企业合规的政府监管时代、刑事合规和行政合规并存时代和普遍监管时代。[①] 其中,企业合规的自我监管时代是指 20 世纪 60 年代以前,一些企业针对社会对企业不信任的情况,试图通过规范员工的行为加强自我监管,督促员工依规行事。同时,一些行业协会也开始建立合规指南,指导企业依规开展经营活动。到了 20 世纪 60 年代以后,出现了一些企业垄断的丑闻。比如,美国通用电气、西屋电器在内的十几家公司都因为不同形式的垄断市场地位而受到美国刑事反垄断部门的调查,先后有 30 余家被调查企业和 40 余人与检察机关达成了认罪协议。[②] 此外,20 世纪 70 年代,许多美国公司被发现广泛存在对外国政府官员的贿赂行为,美国国会通过了《反海外腐败法》,以加强公司在财务方面的内部控制。与之同期,为打击不断曝光的美国上市公司内幕交易丑闻,强化公司的审计监督,督促公司积极开展自愿披露,美国国会在 1988 年通过了《内幕交易和证券欺诈施行

---

① 参见陈瑞华:《企业合规基本理论》(第 3 版),法律出版社 2022 年版,第 12 ~ 14 页。
② 参见陈瑞华:《企业合规基本理论》(第 3 版),法律出版社 2022 年版,第 12 ~ 13 页。

法》,将证券业员工的监督也列入了强制范围。证监会在 1990 年代也开始强制要求投资银行建立合规体系以防范欺诈行为。[①] 上述事件和立法促使更多企业开始建立反垄断合规计划,合规管理体系建设在美国逐渐受到重视,这一阶段持续了 30 年,被称为企业合规的政府监管时代。1991 年,美国联邦量刑委员会制定了《组织量刑指南》,并将其编入《联邦量刑指南》第八章,以此作为法院对构成犯罪的企业进行量刑的依据。在对这种涉罪企业进行处置的过程中,检察部门会大量运用暂缓起诉协议或不起诉协议,该协议的达成是以企业进行内部整改或开展合规计划为前提的,暂缓起诉或不起诉是为了给企业合规整改留下充足空间,这就引出了企业刑事合规问题,企业合规就出现了此前的行政监管合规和企业刑事合规并存的局面。在 2000 年以后,美国爆发了大规模的企业欺诈丑闻,为了进一步加强对企业内部控制的管理,美国于 2002 年通过了《萨班斯—奥克斯利法案》,该法案代表着美国上市公司治理走向了实质性的监管,其主要的监管方式就是督促公司建立内部控制体系,要求公司管理层承担建立、运行、评估、披露内部控制体系的责任。为了应对金融危机的发生,2010 年美国又通过了《多德—弗兰克法案》,该法案更加重视企业内部的举报和合规程序,以便有效预防企业内部的违法违规问题。这一阶段意味着美国对企业合规实行普遍监管时代的到来。[②]

在美国合规制度影响下,其他西方国家先后接受了企业合规治理机制,企业合规的理念逐渐在发达国家铺展开来。在美国《反海外腐败法》实施 20 年后,英国于 2011 年通过了《反贿赂法》,该法以反腐败为切入点建立企业刑事合规激励机制。其中,英国《反贿赂法》的适用效力不仅涵盖国内有住所的企业,也延伸到海外,即跨国企业及其自然人在英国具有出口业务的也适用该法。另外,执行英国《反贿赂法》的机关是严重欺诈局(Serious Fraud Office)。英国《反贿赂法》所规制的反腐败行为也比较广泛,包含贿赂国家机关工作人员和企业工作人员。由于企业没有采取必要的预防措施而致使其员工实施了贿赂行为的,英国《反贿赂法》也要求该企业承担刑事责任。[③] 在罚则上,英国《反贿赂

① 参见邓峰:《公司合规的源流及中国的制度局限》,载《比较法研究》2020 年第 1 期。

② 参见陈瑞华:《企业合规基本理论》(第 3 版),法律出版社 2022 年版,第 14 ~ 15 页。

③ 英国《反贿赂法》第 7 条。

法》规定得较重,对企业的罚金没有上限限制,比较常见的是罚金并剥夺企业参加政府采购的资格。对于自然人则可能判处10年以下的有期徒刑。值得一提的是法国,法国宪法委员会在2016年通过了《关于提高透明度、反腐败以及促进经济生活现代化的2016-1691号法案》,即"Spain Ⅱ",简称《萨宾第二法案》,该法案也是以反腐败为切入点构建企业合规制度的,与美国、英国和意大利的合规立法所规定的,建立有效合规制度只是涉罪企业减轻刑事责任或进行出罪抗辩时的法定事由,企业本身未建立合规制度并不会被追究法律责任相比,法国《萨宾第二法案》则是世界上唯一的强制性合规制度,其确立了建立反腐败合规计划是企业的普遍法律义务的制度。该法案规定,建立合规制度不仅是企业的义务,也是企业高管人员的个人义务。凡用工人数达到500人,或者营业收入达到1亿欧元的企业,均应当建立合规制度。如果企业没有建立合规制度,即使企业和高管人员没有贿赂行为,法国反腐败局(AFA)下设的处罚委员会也有权对企业处以不超过100万欧元的罚款,并对高管个人处以不超过20万欧元的罚款。同时,该委员会还有权继续要求企业或高管在3年之内完成企业合规制度的构建。[①]

德国虽然没有通过立法形式直接推进企业合规制度,但德国在2020年颁布了不具有强制约束力的《德国公司治理守则》,该守则要求企业建立合规管理系统。上市公司董事会应当以企业的风险情况为导向建立合规管理体系,并公布其基本框架,且依据《股份法》第161条的规定,上市公司董事会和监事会应当每年作出报告,对是否遵守该守则进行说明。在没有遵守该守则建议的情况下,则要对此进行解释。[②] 此外,德国理论界还通过反向寻找法律渊源的形式促进企业的合规建设,具体是把《OECD内部控制、道德和合规良好实践指南》理解为存在于法令之中。整体观之,合规计划的规范主要分布在具有直接关联性的行政性法律中,民商法则次之,而以间接关联形式存在的少量刑事法律则集中在德国《违反秩序法》和德国《刑法典》中。[③] 此后,西班牙、意大利等国也将合规机制引入刑法,使其成为对企业犯罪案件进行无罪抗辩的法定事由和法院

① 参见张远煌等编著:《企业合规全球考察》,北京大学出版社2021年版,第19页。
② 参见周万里主编:《企业合规讲义》(第2版),中国法制出版社2022年版,第24页。
③ 参见张远煌等编著:《企业合规全球考察》,北京大学出版社2021年版,第222页。

从宽刑事处理的法定情节。

在这一过程中，一些国际组织也逐步接受了企业合规的治理理念，并开始制定和推行企业合规的基本标准，以指导企业建立合规制度体系。对我国2006年生效的联合国制定的具有国际法约束力的反腐败文件《联合国反腐败公约》在反贿赂方面建立了国际规则。2005年4月巴塞尔银行监管委员会发布的《合规与银行内部合规部门》，对金融企业构建合规部门确立了一般性原则。2010年3月经济合作与发展组织发布了《内部控制、企业道德及合规最佳实践指南》，[①]对成员国和跨国企业提出了预防腐败行为的要求，并确立了有效合规的12项准则。2013年国际商会(ICC)出版的《国际商会道德与合规培训手册》，全方位展现了国际反腐败合规实践，为合规从业人员提供了指导。2014年，国际标准化组织发布了《合规管理体系指南》，2016年颁布了《反贿赂管理体系要求及使用指南》，2017年颁布了《举报管理体系指南》，分别以国际法律文件的形式确立了有效合规的基本标准，标志着国际组织建立有效合规计划进入了成熟时期。[②]

我国企业合规制度的产生是在21世纪初。2006年，国资委发布了《中央企业全面风险管理指引》，我国原银监会发布了《商业银行合规风险管理指引》，上海证券交易所发布了《上海证券交易所上市公司内部控制指引》，深圳证券交易所发布了《深圳证券交易所上市公司内部控制指引》。2007年，我国原保监会发布了《保险公司合规管理指引》。2008年财政部、证监会、审计署、原银监会、原保监会五部委发布了《企业内部控制基本规范》。事实上，这些国内的企业合规管理规范的出台是在一定的国际形势下紧急开展的。因为，彼时国际上的企业合规已经风起云涌，2005年巴塞尔银行监管委员会发布了《合规与银行内部合规部门》之后，我国率先在金融行业开始出台规范，建立金融行业合规管理制度，而后，才推及全部企业。以上可以说是我国企业合规制度建设的第一阶段，

---

① 《OECD内部控制、道德和合规良好实践指南》规定了12项具体标准，以确保企业内控反腐败的有效性：(1)领导对合规的重视和认可；(2)公司制定明确的合规政策；(3)符合公司合规政策是公司每一个人的责任；(4)合规工作向董事会内控委员会直接汇报，有专职的企业高管对合规工作负责，确保独立性、权威性和资源充足；(5)有针对性地制定合规措施；(6)对外部第三方伙伴的管理；(7)确保严格财务记录和内控管理；(8)对公司全系统包括子公司的有效合规宣传培训；(9)鼓励全体员工对合规工作的积极支持；(10)对违规行为的纪律处分；(11)鼓励员工举报违规行为，表达对某些实践的担忧；(12)定期评价合规体系的执行情况。

② 参见陈瑞华：《企业合规基本理论》(第3版)，法律出版社2022年版，第15页。

此后如果进一步细分，可以再分为中央企业的试点推广阶段和我国企业合规全面推开阶段。

以中央企业为核心的试点推广阶段是我国企业合规制度发展的第二阶段。2015～2017年是我国中央企业建立合规管理体系的试点阶段，分别出台了三个法律文件在央企推行法治化治理和合规建设。2014年12月，国资委发布《关于推动落实中央企业法制工作新五年规划有关事项的通知》，要求中央企业力争再通过5年（2015～2019年）的努力，进一步深化企业法律风险防范机制、法律顾问制度和法律工作体系建设，进一步提升合规管理能力和依法治企能力，中央企业以总法律顾问为核心的法律顾问队伍全面实现专职化，法律人员配备比例接近国际同行业标准，全部中央企业法制工作达到国内领先水平，1/3以上企业力争进入世界先进行列，努力为中央企业改革发展、做强做优提供更加坚实的法律支撑和保障。根据这一战略部署，中央企业法制工作新五年规划的总体要求是，在顺利完成法制工作三个三年目标的基础上，全面推进法治央企建设，努力将中央企业打造成为对外依法经营、对内依法治理的法治社会模范成员。具体是：要依法规范企业治理结构，确保各治理主体按规履职。要依法健全企业规章制度体系，严格执行各项制度。要带头遵守国家各项法律法规，重合同、守信用，坚决杜绝违法牟利现象，为全民守法作出表率。要支持公正司法、严格执法，善于依法维护企业权益，切实保障国有资产安全。要在遵守市场规则的前提下实现企业的可持续发展，通过自主平等、规范有序的市场行为，引领带动各类所有制企业共同营造法治化的市场环境。2015年12月8日，国资委又推出了《关于全面推进法治央企建设的意见》，提出到2020年，中央企业依法治理能力进一步增强，依法合规经营水平显著提升，依法规范管理能力不断强化，全员法治素质明显提高，企业法治文化更加浓厚，依法治企能力达到国际同行业先进水平，努力成为治理完善、经营合规、管理规范、守法诚信的法治央企。2016年4月18日，为直接将此前的法治建设转化到合规建设上来，国资委又发布了《关于在部分中央企业开展合规管理体系建设试点工作的通知》，确定在中国石油、中国移动、东方电气集团、招商局集团、中国中铁5家央企开展合规管理体系建设试点。[①] 此外，2017年5月，习近平总书记主持中央深改组会议，审

---

① 参见郭青红：《企业合规管理体系实务指南》，人民法院出版社2020年版，第43页。

议通过了《关于规范企业海外经营行为的若干意见》,提出了规范企业海外经营行为,加强企业海外经营行为合规制度建设的目标。

2018 年以后是我国企业合规全面发展阶段,也是我国企业合规发展的第三阶段,因此,2018 年也被称为我国企业合规管理元年。这一阶段发布的法律文件主要有:国家质量监督检验检疫总局、国家标准化管理委员会推出的《合规管理体系指南》、国资委颁布的《中央企业合规管理指引(试行)》、发改委联合外交部、商务部、人民银行、国资委、外汇局、全国工商联共七个部门联合制定发布的《企业境外经营合规管理指引》、国务院国资委发布的《关于进一步深化法治央企建设的意见》。《合规管理体系指南》以良好治理、比例原则、透明和可持续性原则为基础,给出了合规管理体系的各项要素以及各类组织建立、实施、评价和改进合规管理体系的指导和建议。国资委颁布的《中央企业合规管理指引(试行)》要求中央企业应当按照以下原则加快建立健全合规管理体系:(1)全面覆盖。坚持将合规要求覆盖各业务领域、各部门、各级子企业和分支机构、全体员工,贯穿决策、执行、监督全流程。(2)强化责任。把加强合规管理作为企业主要负责人履行推进法治建设第一责任人职责的重要内容。建立全员合规责任制,明确管理人员和各岗位员工的合规责任并督促有效落实。(3)协同联动。推动合规管理与法律风险防范、监察、审计、内控、风险管理等工作相统筹、相衔接,确保合规管理体系有效运行。(4)客观独立。严格依照法律法规等规定对企业和员工行为进行客观评价和处理。合规管理牵头部门独立履行职责,不受其他部门和人员的干涉。发改委联合外交部、商务部、人民银行、国资委、外汇局、全国工商联共七个部门联合制定发布的《企业境外经营合规管理指引》第七条对境外投资合规提出了应确保经营活动全流程、全方位合规,全面掌握关于市场准入、贸易管制、国家安全审查、行业监管、外汇管理、反垄断、反洗钱、反恐怖融资等方面的具体要求。国家市场监督管理总局发布的《企业境外反垄断合规指引》明确了在境外从事包括境外投资、并购等经营业务的中国企业境外经营活动的反垄断合规重要意义,以及企业通过境外业务规模、所处行业特点、市场情况、相关司法辖区反垄断法律法规以及执法环境等因素须识别企业面临的主要反垄断风险的必要性。国务院国资委发布的《关于进一步深化法治央企建设的意见》提出,要紧紧围绕国企改革三年行动和中央企业"十四五"发展规划,着力健全领导责任体系、依法治理体系、规章制度体系、合规管理体系、工作组织体系，持续提升法治工作引领支撑能力、风险管控能力、涉外保障能力、主动维权能力和数字化管理能力，不断深化治理完善、经营合规、管理规范、守法诚信的法治央企建设，为加快建设世界一流企业筑牢坚实法治基础。

同时，在企业合规全面发展的阶段，我国的企业刑事合规也提上了日程。借助2020年、2021年最高人民检察院两批试点获得的经验，2022年涉案企业刑事合规改革试点在全国检察机关全面推开，至此，通过企业刑事合规来激励合规制度的建立也成为当前刑事诉讼的一个热点和重点。

也有学者从现代合规理念和合规标准建立的线索出发将我国企业合规的发展演变划分为两个阶段，并指出在这两个阶段之后未来我国合规的成熟期，将走向全面、实质、主动的合规管理体系。已经经过的两个阶段分别是：萌芽阶段，即金融行业合规管理体系建设和发展阶段；国企与全行业企业合规管理体系建设阶段。其中，前者包括银行业企业合规体系建设、保险业企业合规体系建设和证券业企业合规体系建设；后者包括国企合规体系建设和全行业企业合规体系建设。[①] 这种阶段划分是有道理的，我国企业合规制度的推行确实是走过了这样一条从金融保险领域、中央企业扩及全行业的道路。

第三节　企业合规的价值

一、诚信价值

在法治社会里，诚信具有无比重要的价值，甚至不亚于传统的道德社会。市场经济是法治经济，法治经济的主体是民商法保护下的经济，诚信原则正是民商法的帝王原则。企业这一最主要的市场主体，要在法治的环境下生存和发展，就必须坚守诚信价值。没有诚信，仅有法治的外衣，企业注定缺乏长久的未来，有了诚信护身，哪怕企业实力孱弱，仍然能走向强大的市场高地。诚信不仅是现代人的文明体现，更是现代企业的文明所在。诚信是个人的立身之本，同

---

① 参见储育明、朱庆：《企业合规管理理论与实践》，法律出版社2022年版，第26～34页。

样,说诚信是企业的立身之本也并不为过。

在企业合规制度中,合规所塑造的依法依规经营,并不是一个单纯的靠外在压力制约下的生产经营,而是一个有内在守法需求的"生命运动",这种内在需求之一就是在守法上讲诚信,在道义上讲诚信,把诚信与法治有机融合在一起,使诚信展现为法治的灵魂,法治成为诚信的动力。一个企业是否合规,某种意义上就是企业是否诚信,没有诚信的企业迟早得走向合规的反面,从而遭受外界的惩罚,包括法的责任之压力。我们可以从下述案例中窥见一斑。

2013 年 6 月 18 日,原告甲建设工程有限公司和被告乙房地产开发有限公司签订了"中国 · 丽海贡茶古镇"项目一期一组团工程总承包施工合同书。为保证此项目的正常销售使用,约定其项目的道路、广场、绿化、接待中心、门廊等内容均由原告施工建设。合同签订后,原告设立三个项目部积极履约,进行施工建设。截至 2018 年 7 月,原告已完成该项目工程量产值为 1. 742 亿元。其中,该项目 1# - 11#楼已基本全面竣工,接待中心、门廊、道路、广场及园林绿化已全面完工并投入使用。被告严重违背诚信原则,恶意违约,不履行合同以及该合同补充协议书(三)等的约定。被告除支付部分工程款外,整个项目仍欠工程款 1. 2 亿元。原告多次要求被告履行相关约定,并请求某街道政府出面协调此事,被告均以种种理由拒不支付工程进度款。法院审理认为,甲公司已经完成了工程的大部分内容,是本案的施工主体,故甲公司主张应按照补充协议之约定支付工程进度款 8000 万元于法有据。双方补充协议明确约定,被告应当给付工程进度款的时间为 2018 年 3 月 30 日,本案的立案时间为 2018 年 7 月 6 日,因此,原告甲公司作为工程施工方,主张建设工程价款优先受偿权符合法律规定的条件,根据《合同法》第 6 条"当事人行使权利、履行义务应当遵循诚实信用原则",第 60 条"当事人应当按照约定全面履行自己的义务"之规定,应予支持。

在上述案例中,甲公司遵照诚实信用原则,全面履行了合同义务,而乙公司违背诚信原则,最终使自己的企业承担相应的责任。乙公司的法律责任是由于乙公司主动行为造成的,也就是不仅不主动约束自己,按照合同规则办事,还有意违背诚信原则,最终导致了承担责任和损害商誉的后果。

二、法治价值

如上所述，市场经济是法治经济，但法治经济不仅有民商法的约束，还有刑法的制约和保障，如果企业在现代法治社会不进行合规建设，轻则违背民商法而承担民事责任，重则招来刑事责任。可以说，现代社会的法观念就是企业的生命线，没有法观念，企业终将会走入自己亲手编织的陷阱。同时，法治也是现代企业的保护绳，法律意识和合规制度将确保企业的法律风险降到最低。在今天的市场社会中，企业违法所带来的商业风险和刑事风险比比皆是，我们必须从众多的案例中吸取教训。

原告于2017年6月1日从新闻媒体报道中得知：在中德两国总理的见证下甲环境公司全资子公司成都乙投资有限公司与德国某集团等公司签下三方投资合同(资源循环利用项目，采用德国先进技术)。基于对甲环境公司及管理团队的信任，原告决定通过增加股份，长期成为甲环境公司的中小股东。后来，发生了被告甲环境公司(信息披露法定义务人)违反公司法、证券法、证监会等规定，在内幕(关联)交易过程中被告甲环境公司实际控制人邓某及其一致行为人邓某1违法占用非经营性资金22.84亿元，被告甲环境公司实际控股人及财务总监等与第三人内幕交易为大额借款人进行土地财产违规担保，以及向5名自然人高额高息异常借款导致诉讼(未能排除虚假诉讼之嫌)等违法事实，更严重的是被告对上述违法违规事实之信息进行违背事实真相的“遗漏性”“不正当性”“误导性”披露。债务缠身的被告甲环境公司被司法冻结、发生重大诉讼及收到法院执行通知书、资产无法过户，但10月11日被告仍以继续重组为借口，作出早就明知违规的收购德国公司60%股权这一不能实现的“纸上谈兵”的陈述。总之，原告是在被告为“掏空”公司的虚假陈述、内幕与关联交易实施日之前买入甲环境公司的股票，并在虚假陈述、内幕、关联交易至揭露日之后卖出或继续持有从而造成严重亏损，原告是真正受害人。原告请求判令被告甲环境公司赔偿因“证券市场虚假陈述、内幕交易”造成原告持仓损失187,958元(截至2018年12月26日，如果股价持续下跌或上升以结案时的具体亏损数额为准)。法院最终判定甲环境公司赔偿因虚假陈述给原告造成的损失20,599.58元。

2020年3~6月，被告人曾某安和王某泉合伙在长沙市望城区经营电镀加工作坊。合伙协议约定双方共同出资,由王某泉负责电镀原材料的采购以及联系电镀产品业务,曾某安负责电镀加工和电镀作坊管理,获利由两人平分,并聘请申某林(另案处理)帮助进行电镀加工。该作坊设置的电镀水槽和电镀相关设备,通过铺设暗管方式偷排电镀产生的废水,该措施未获得环保等部门审批。2022 年 6 月 10 日,该作坊被公安机关和环保部门查获,经现场取样并检测,该作坊镀锌产生的废水中含有铁、锌、六价铬、总铬等物质,且含量均严重超标。法院认为,被告人曾某安、王某泉违反国家规定,通过逃避监管的方式排放污染物,严重污染环境,其行为已构成污染环境罪。综合考虑被告人的犯罪情节,认罪悔罪态度,法院当庭判处被告人曾某安有期徒刑 1 年 2 个月,并处罚金 2 万元;判处被告人王某泉有期徒刑 1 年,并处罚金 2 万元。

上述第一个案例由于企业违法经营而承担了民事责任,第二个案例因为刑事违法而承担了刑事责任。可见,企业遵纪守法生产经营是避免法律风险的最主要路径,企业合规则能最大限度地创造法治氛围,从而避免法律风险。

三、自律价值

自律是企业强大的促进器。在企业合规建设中,自律是内在的发动机,可以确保企业自愿遵守外在的法和内在的规章制度,而不自律则不仅破坏自身的企业文化,还会带来严重的民事责任。侵犯专利权进行生产和销售就是企业不自律的体现,这样的行为不仅难以培养企业壮大,反而会毁了企业的市场,甚至毁了一个行业,这种靠侵权生存的行业是毫无未来的。曾经有外国企业专利维权行动导致我国通信市场靠侵权生产纺织子管的企业快速萎缩,使一个行业不得不重新洗牌的沉痛教训。

美国某公司是一家拥有 150 年历史的美国企业,最早以纺织业起家。20 世纪 90 年代该公司的技术研发人员研发的纺织子管这款产品,解决了传统 PE 硬管不易铺设的问题。纺织子管是一种运用柔性纺织面料做成的管状产品,其在施工过程中因为特殊的设计和独特的材料,非常适合在各种场景快速穿放光缆,减少施工时间,并且适用于各种环境,耐腐蚀,使用寿命长达 30 年,其最大抗拉强度达到 565 公斤,在施工过程中不会损坏。最早在 20 世纪 90 年代中期美国就逐步开始应用纺织子管代替传统的 PE 硬管,2007 年正式进入中国的通信市场,其优越的技术特性很快得到了市场的认可。得到市场的认可本是高兴的事,但是麻烦也随之而来。进入中国后纺织子管不断被其他厂商模仿、销售,这给美国某公司造成了极大的经济损失。为了保护自己的合法权益,自 2010 年以来该公司被迫一次又一次地与侵权企业对簿公堂。其分别就浙江某电信有限公司及其全资子公司杭州某网络技术有限公司、吴江信电纺织子管有限公司、吴江敏捷通信器材有限公司等侵犯美利肯专利权的行为向法院提起诉讼并取得法院对侵权行为的认定和判决,以及对相应经济损失的赔偿。除了诉讼外,该公司还积极寻求各地方知识产权局的帮助,进行维权。2014 年 7 月 28 日,广州市知识产权局会同当地其他执法部门对广州某通信有限公司进行了联合执法检查,在检查中发现广州某通信有限公司生产了纺织类子管。由于美国某公司拥有相关纺织子管的中国专利权,广州知识产权局初步认为广州某公司生产的产品构成侵权,执法部门当场查扣并清运了所有被控纺织子管产品,并于 2016 年 4 月裁定该公司侵犯美国某公司专利并判令其立即停止侵权行为并销毁所有侵权产品。

由此可见,中国某些企业未能很好地自律地遵守专利产品的要求,获得专利授权,或者积极开展研发创新,而是违法使用国外专利,投机取巧,非法牟利,不仅未能促进所在企业获利,还带来了中国通信市场发展滞后的恶果。

四、宽恕价值

企业合规制度的存在有两个方面的因素,一是企业被动地守法守规,避免外在的法律责任,二是企业主动地建章立制,守法守规,将法律风险消融于日常,不触及法律。在后一种境界中,就养成了一种企业文化,是一种“高度”的企业合规,进入了企业自为状态。显然,这种境界的企业合规是理想的状态,难能可贵。对于企业合规的普遍推行而言,我们更多的是要求“低度”合规,避免自身受到法律制裁或减轻法律制裁。在这种情形下,企业刑事合规最为典型。就目前中外企业刑事合规实践而言,主要是建立刑事责任豁免或减轻的激励机制以促进涉案企业开展合规建设,或者说,事后的企业合规正是企业获得从宽处理的前提。事实上,不是企业合规了就没有责任了,或者危害消失了,而是主管部门或司法机构在企业认罪且积极整改基础上对企业违反犯罪行为的一种宽恕,也代表着社会对企业的宽恕,愿意给企业机会使企业重回正轨。我们从最高人民检察院公布的第三批涉案企业合规典型案例中窥见一斑。

上海Z网络科技有限公司(以下简称Z公司)成立于2016年1月,系一家为本地商户提供数字化转型服务的互联网大数据公司。Z公司现有员工1000余人,年纳税总额1000余万元,已帮助2万余家商户完成数字化转型,拥有计算机软件著作权10余件,2020年被评定为高新技术企业。被不起诉人陈某某、汤某某、王某某等人分别系该公司的首席技术官、核心技术人员。2019~2020年,在未经上海E信息科技有限公司(以下简称E公司,系国内特大型美食外卖平台企业)授权许可的情况下,Z公司以提供超范围数据服务吸引更多的客户,由公司首席技术官陈某某指使汤某某等多名公司技术人员,通过“外爬”“内爬”等爬虫程序(按照一定的规则,在网上自动抓取数据的程序),非法获取E公司运营的外卖平台(以下简称E平台)数据。其中,汤某某的技术团队实施“外爬”,以非法技术手段,或利用E平台网页漏洞,突破、绕开E公司设置的IP限制、验证码验证等网络安全措施,通过爬虫程序大量获取E公司存储的店铺信息等数据。王某某的技术团队实施“内爬”,利用掌握的登录E平台商户端的账号、密码及自行设计的浏览器插件,违反E平台商户端协议,通过爬虫程序大量获取E公司存储的订单信息等数据。上述行为造成E公司存储的具有巨大商业价值的海量商户信息被非法获取,同时造成E公司的流量成本增加,直接经济损失4万余元。案发后,Z公司、陈某某等人均认罪认罚,Z公司积极赔偿被害单位的经济损失并取得谅解。2020年8月14日,上海市公安局普陀分局以陈某某等人涉嫌非法获取计算机信息系统数据罪提请上海市普陀区检察院审查逮捕。8月21日,普陀区检察院经审查认为,陈某某等人不具有法律规定的社会危险性,依法决定不批准逮捕。2021年6月25日,上海市公安局普陀分局以陈某某等人涉嫌非法获取计算机信息系统数据罪移送普陀区检察院审查起诉。2022年5月,普陀区检察院依法对犯罪嫌疑单位Z公司、犯罪嫌疑人陈某某等14人作出不起诉决定。

该案中,Z公司、陈某某等均已构成非法获取计算机信息系统数据罪,鉴于其认罪认罚,且积极赔偿被害单位的经济损失,并获得被害单位谅解,故而在国家立场上对被告进行了宽恕。这种宽恕并不是无底线的,而是结合涉罪企业和自然人的具体情节张弛有度的。当然,国家的宽恕是看到涉罪企业和自然人能积极融入社会,再为社会做更大贡献的空间,其实还是和涉罪企业及其控制人能够开展企业合规相关的。

第四节 企业合规与公司、企业治理

从企业合规制度诞生的背景来看,其是社会与国家倒逼企业建立的一种内部控制机制,这种机制一旦建立,企业合规就成为一种独立的治理机制,企业依靠这种治理机制生存和发展,企业的一切经营应主动在内外规范的指引下进行。在企业达到一种主动开展合规,主动依法依规经营的境界时,企业就进入了现代化的企业治理或公司治理状态。所谓现代企业制度下的治理,就是企业内部形成的一种基本结构,基于该结构产生一整套职能、责任体系,且该体系之间能够实现利益制约、权力制衡和职能协调从而高效地达到企业的经济目标的机制。

现代化的企业治理或公司治理并不限于企业合规,但企业合规一定属于现代化的企业治理机制。也就是说,企业合规实质上是现代企业治理的反映,企业合规本质上就是一种企业的自我约束机制。

有人将企业合规的这种治理机制上升到企业管理学的高度,提出企业合规管理学概念。企业合规管理是通过企业合规组织、合规管理运行、合规管理保障等,促使企业遵守和执行合规规范,预防和管控合规风险,保障企业安全、稳健、持续经营。其主要内容包括合规组织、合规风险管理、专项合规制度与流程、合规审查、合规管理评估、违规管理与问责、企业合规管理信息系统、企业合规文化等。①

建立合规组织是作为企业内部控制的一个重要机构和体系来对待的,企业合规组织是专门机构,也是一个重要的管理机构,设立这一机构,意味着企业的决策管理已经进入了现代化管理范畴,因为现代企业管理的本质就是决策,而设立这一合规组织,至少意味着在决策层面有了合规意识,这就为现代企业治

① 参见郭青红:《企业合规管理体系实务指南》,人民法院出版社 2020 年版,第 3 ~ 5 页。

理奠定了良好基础。

建立企业合规组织的运行体系也至关重要。企业合规组织的运行作为内控机制主要在于风险控制。徒有形式的组织而无实际的运行,或者运行不彻底,都难以将合规落到实处;同时,这也意味着企业管理是不完整的,企业存在放任自流的倾向。合规体系的运行能直接赋予合规组织乃至现代企业生命力。

合规审查是合规运行体系的一部分,也是最主要的企业治理形式。企业在经营过程中,难免遇到各类疑难问题,甚至为了利益,而有意触犯法律,这就给企业带来巨大隐患。企业合规的内部审查不仅及时消除了隐患,而且将风险降到较低程度,显然,这种内控管理本身就是企业治理。企业治理就是要在符合企业长久利益的前提下开展运营,如果企业不能在规范层面做到守法经营,也就谈不上做大做强,更不符合现代企业治理的精神。

合规管理评估是企业的定期活动,通过半年或一年一次的内部评估可以及时总结经验教训,及时整改,使企业稳健运行。由此可见,合规评估相当于定时体检,只有如此才能防微杜渐,从而实现企业从宏观到微观管理的科学性和有效性。

企业经营中,难免违法违规,没有企业可以保证自身永不违规。因为企业的高管和企业的合作伙伴是在另一个意志主体的支配下进行活动的,即使企业自身严格规范行事,也难免被这些外部因素所影响。因此,无论哪种情形,企业要建立严格的违规追究机制,除外部责任外,企业还应启动内部追责系统,确保内部控制是有效的。

管理企业如同管理一个小社会,是一个复杂事务。为了建立良好的合规体系,企业应该打造一套管理信息系统,在全局上可以审视企业涉及的各领域,时刻掌握企业合规运行的实际状态,这显然是现代企业治理不可或缺的要素,尤其对于大型企业而言,利用现代大数据建立信息反馈系统是非常必要的,也是极其可行的。

现代企业治理不仅是遵守规章制度,也不仅是从外部进行强制约束,更应该构建一种主动遵规守法的文化,文化的力量一旦形成,要比规则本身的权威性具有更大的更持久的效果。在一些成熟的现代企业中,早已经形成了浓厚的企业文化。因此,构建现代企业合规制度,要设法使企业合规成为一种生态文化,而这种文化观念的树立,也正揭示了这个企业现代化治理体系走向成熟的一个重要节点。

其实,企业合规机制的构建还是企业自组织的要求,企业自组织就是企业自治的最佳状态。自组织理论是比利时布鲁塞尔学派领导人普利高津于1967年在一次理论物理和生物学国际会议上发表的《结构、耗散和生命》一文中提出来的。该理论主要讨论一个系统从混沌向有序转化的机理、条件和规律。他指出,所谓自组织就是一个远离平衡态的开放系统,当系统的某个参量变化达到一定的临界值时,通过涨落发生突变及非平衡相变,由原来的混沌无序状态转变为一种时间、空间或功能有序的新状态的现象。[①] 普利高津将这种需要物质和能量交流才能维持的有序结构叫作耗散结构,这种系统能够自行产生的组织性和相干性称为自组织现象,所以这一理论又被称为非平衡系统的自组织理论。这一发现被作为20世纪70年代化学领域的辉煌成就之一,他也因此被授予1977年诺贝尔化学奖。普利高津所定义的自组织需具备4个条件或特征:首先,系统必须是一个开放的系统。所谓开放,是指必须与外界存在物质、能量和信息的交换。其次,系统必须远离平衡态,即各个要素之间存在差异。再次,系统内部各要素之间存在非线性相互作用。这里的非线性可以借非线性方程来理解,即有多重解或分支解的意思。最后,涨落导致有序,而且这种有序是不可逆的。普利高津指出:"在耗散结构里,在不稳定之后出现的宏观有序是由增长最快的涨落决定的。因此,这个新型的有序可以叫作'通过涨落的有序'。"涨落是指系统中某个变量和行为对平均值发生的偏离,它使系统离开原来的状态或轨道。只要具备条件,涨落就一定会发生。涨落对于自组织系统来说,就是受必然性支配的随机诱因。[②] 可见,实质上自组织就是系统从无序状态转变为有序状态,或者从旧的有序状态转变为新的有序状态,而企业内部治理完全具备自组织系统的4个特征,是一个从无序向有序不断回归的过程。企业是一个与外界进行信息交流的系统,企业内部控制总是处于平衡与不平衡之间,各要素的协同存在不协调性,且各要素之间不可能全部发生正向作用,存在内部损耗乃至导致外部损失的问题,企业也会在内部调整或外部压力之下回归正常的经营状态,因此我们说建立企业合规就是让企业这一自组织形态更加稳健地运

---

① 沈小峰:《混沌初开:自组织理论的哲学探索》,北京师范大学出版社2008年版,第31页。

② 沈小峰:《混沌初开:自组织理论的哲学探索》,北京师范大学出版社2008年版,第40~141页。

行,从而实现企业的治理。

企业合规作为企业治理或公司治理范畴,首先是主动意义上的,但也包含被动层面的。因此,涉罪企业的合规制度构建不仅直接属于企业管理学范畴,还间接地属于预防犯罪的范畴,而预防犯罪当然也属于企业治理或公司治理的必然内涵。在刑事诉讼中,涉罪企业之所以涉罪,和没有企业合规制度或者没有认真贯彻该制度有一些关系,通过企业积极认罪,给予企业在刑事责任上的一种激励,促使企业通过内部整改措施达到全面合规,挽救企业的未来,同时可以有效地预防再犯。由此可见,这种促进企业内部治理的措施是一种倒逼机制,是一种事后补救措施。尽管如此,在最终目标意义上,也实现了企业的有效治理。这种企业治理毕竟成本高昂,后果严重,并不是实现企业治理的最佳方案,而是一种不得已的选择。

总之,无论是积极开展企业合规建设,构建合规管理和运行系统,甚至形成企业内部的合规文化,还是在涉罪后依靠国家层面的刑事责任或行政责任激励机制,反向达到企业全面治理,企业合规都是企业治理或公司治理的重要手段。可以说,企业合规的建成和实施,就是企业治理或公司治理得到实现的“金钟罩”。

Chapter 02 第二章

企业刑事合规的政策与实践

就当前而言，虽然企业合规提及得很多，但主要的企业合规工作还不是预防性的企业内部日常合规，而是企业外部导向的企业刑事合规，企业行政合规也还不是主要内容，这是对目前现实运行状况而作的判断，当然不代表企业合规的真正内容就应当是如此。就企业合规的常态化运行而言，还应当是企业合规的日常控制，最多涉及行政监管机构的行政合规，而企业刑事合规反而应当少之又少，最好不要发生。但是，在我国 40 年的改革开放中，企业是逐步成长起来的，其规律是先解决生存发展的问题，然后再回头解决内部控制规范问题。我国的经济发展实际上走了一条先污染后治理的道路，而不可能走一条先治理而无污染或少污染的道路，这就是中国“摸着石头过河”道理的必然反应。因此，我们今天不能反过来责备此时在大量企业涉罪后再搞补救性的企业刑事合规是错误的，而应当实事求是地正视现状，在现状中进一步总结企业良性发展的道路，这种今天总结出来的科学经验就是我国到了进行企业刑事合规的紧要关头了。在国家治理现代化和社会治理现代化这一顶层设计目标正式提出来之后，就应当开展大规模的企业刑事合规治理工作。因此，今天无论谁谈及在中国的企业合规，都必须首先重视存量的涉罪企业重回正轨，重新整改，走合规之路的问题，这是企业刑事合规在当前具有的重要意义。只有首先解决了当前及未来时期这一波涉罪企业刑事合规之后，才能有更多的企业走上自我主动合规计划的日常合规之路。

第一节 企业刑事合规的时代背景

企业刑事合规在中国的推行至少有两个大的背景,一是国家和社会治理体系现代化目标中包含了企业治理现代化,二是企业犯罪特别是民营企业犯罪形势的严峻和急切改善营商环境的需求。

党的十九届四中全会决定提出坚持和完善中国特色社会主义制度、推进国家治理体系和治理能力现代化。国家治理体系和治理能力现代化是一个宏伟目标,也是一项系统工程,当然不能排除企业治理的现代化。如前所述,改革开放40年来,经济高速度发展,国家各项建设日新月异,包括物质建设在内的各方面取得了巨大成就,这其中就得益于中国企业的不断茁壮成长。可以说,中国经济的腾飞正是得益于企业的腾飞,而企业中的大中型企业和民营企业贡献的纳税额最高。2022年中国企业500强的营业收入实现较高速度增长,总额达到102.48万亿元,首次突破百万亿元大关,同比增长14.08%。500强企业营业收入的增长,为其税收贡献的增加奠定了坚实的基础。在民营企业方面,2022年中国民营企业500强报告显示,民营企业500强纳税总额达1.37万亿元,占全国税收总额的7.91%。纳税额超过500亿元的企业有3家,分别是万科企业股份有限公司754.01亿元、华为投资控股有限公司672.00亿元、碧桂园控股有限公司617.70亿元。显然,在我国社会主义公有制占主体的经济体制中,国有企业的现代化治理,包括合规建设是经济发展的重头戏。党的十二届三中全会以来,国有企业在市场竞争中作为独立经济主体的地位逐步确立,国有企业的现代公司治理结构也基本建立,这进一步提升了国有企业的生产效率和经济贡献。国有企业不仅是税收的主体,而且是国家公共服务的主要提供者,其企业治理包括合规建设的成效不仅影响创造的经济价值,也制约着其提供公共服务的能力。经济合作与发展组织(OECD)在《国家发展进程中的国企角色》这一权威报告中高度肯定了国有企业在中国经济增长中的贡献,特别是提供公共服务或具有强烈公共服务元素的活动,包括城市公共基础设施,如电力、集中取暖、道路建设与维护;承担涉及巨大“沉没成本”的项目,如跨区域的基础设施、地铁和机场；对大型项目和长期战略融资，如国有银行对大型科技项目的贷款支持；等等。韩裔经济学家、剑桥大学教授张夏准指出，如果听任利润最大化企业的摆布，生活在偏远地区的人们也许不能享有邮政、用水和交通的基本服务。在这种情况下，国有企业成为确保全体公民普遍享有基本服务的有力依靠。①如此重要的国有企业必须在未来成熟的国内市场和国际市场中很好地生存下来，因而缺失了它们的合规建设，就难以在这些重要的市场主体中实现国家治理体系和治理能力现代化。国家治理体系和治理能力现代化所包含的经济发展现代化首当其冲就是指国有企业治理的现代化。

在我国的公有制社会，谈国有企业的现代治理固然非常重要，其不可缺少国家治理体系和治理能力现代化进程，但中国的经济市场早已经是混合经济的市场，经济多样化、市场主体多样化格局早已形成，因而国家治理体系和治理能力现代化也必然要实现广大民营企业的治理现代化。国有企业之外的中小民营型企业解决了大部分民生问题，它们是市场经济的基石。我国民企法人数在全国总企业法人中的占比高达98%。2012～2020年，全国企业法人中，国有企业法人占比从3.36%下降至1.17%，民营企业法人占比从96%上升至98%，外资企业法人占比从2.54%下降至0.41%。2021年，全国市场主体共1.5亿户，其中，企业法人单位数2600多万家，个体工商户1亿多个。从宏观来看，民营企业贡献了50%以上的税收，60%以上的国内生产总值，70%以上的技术创新成果，80%以上的城镇劳动就业，90%以上的企业数量。由此可见，我国已经不再是国有企业一统天下的格局，推进国家治理体系和治理能力现代化也必须同步推进民营企业治理现代化。因而，这就对民营企业的企业合规建设提出了时代要求，但是，目前民营企业还停留在无序扩张和发展阶段，真正的企业合规建设不仅严重滞后，而且涉民营企业的犯罪活动还十分严重，这既给民营企业治理带来了机遇，也带来了挑战。

据学者依据中国裁判文书网开展的调研，在2014～2019年的5年间，涉企业单位犯罪呈明显上升趋势。从罪名分布来看，主要是贿赂犯罪、环境资源犯罪和金融犯罪三种重灾区，其他还涉及扰乱市场秩序罪中的合同诈骗罪、非法

① 参见于国辉：《海外学者论国有企业在新中国建设和发展中的贡献》，载《现代国企研究》2019年第14期。

经营罪和串通投标罪,以及走私犯罪、知识产权犯罪、税收犯罪、生产销售伪劣商品犯罪、拒不支付劳动报酬犯罪、拒不执行判决裁定犯罪。① 有学者在中国裁判文书网以 2018~2021 年为时间段的裁判文书搜索结果开展的研究显示,在 206 份以民营企业单位犯罪为主题的有效样本中,共涉及 10 多个刑法罪名,主要罪名分布在危害税收征管罪、破坏金融管理秩序罪、扰乱市场秩序罪、破坏环境资源保护罪、贪污贿赂罪。涉及的具体罪名有虚开增值税专用发票罪、骗取出口退税罪、抵扣税款发票罪、行贿罪、非法吸收公众存款罪、非法占用农地罪、骗取贷款罪、骗取票据承兑罪、骗取金融票证罪、合同诈骗罪、污染环境罪、走私普通货物罪、串通投标罪、非法采矿罪、拒不支付劳动报酬罪、集资诈骗罪、开设赌场罪、拒不执行生效裁判罪等。从具体罪名上看,对于民营企业而言,虚开增值税专用发票罪、用于骗取出口退税抵扣税款发票罪、非法吸收公众存款罪占近 4 年民营企业犯罪总量的 36.4%,是民营企业刑事风险的两大高发源头。与此同时,在上述调研中还可以发现,在民营企业涉罪案件中,企业"一把手"的犯罪比例较高。在 578 名被告人中,董事长、总经理或法定代表人 204 人,实际控制人、股东 90 人,财务、技术负责人或其他主管 143 人,其他人员 141 人。这表明民营企业中犯罪的高危人群是管理阶层。民营企业一般是家长式管理,企业负责人个人独断专行,无人监督或监督失效比较普遍,因而他们容易走上犯罪道路。在这些企业中,管理阶层一旦被逮捕定罪下狱,企业的正常运营就难以为继。在民营经济占据国民经济半边天的今天,企业的正常经营和维持是重要的法益,在此意义上,企业法定代表人及其高管在刑事诉讼中的特殊处境值得关注。② 由此可见,在这种民营企业犯罪高发的背景下,我们无法全面实现国家治理体系和治理能力现代化,而必须积极开展企业刑事合规的治理工作,挽救企业,预防犯罪;否则,大量的涉民营企业犯罪层出不穷,将严重损害经济的稳定,破坏营商环境,影响民生。

---

① 参见李勇:《认罪认罚与企业合规:从原理到实操》,法律出版社 2022 年版,第 240~241 页。

② 参见周子昂:《少捕慎诉慎押刑事司法政策在民营企业涉罪案件中的适用研究》,河南财经政法大学 2023 年硕士学位论文。

第二节　企业刑事合规的起源与发展

企业合规发端于美国1977年颁布的《反海外腐败法》,该法是欧美企业合规制度及国际组织合规制度的最初来源。该法的出台背景是基于美国国内的企业腐败形势。20世纪70年代,美国因“水门”事件引出了大量的企业捐款丑闻,针对该事件,美国证券交易委员会开展了大规模的企业腐败调查,结果发现近400家美国企业向外国官员行贿,总额超过30亿美元。行贿风暴暴露出的企业内部管理体系混乱震惊了美国,为加强企业自身的合规管理,遏制企业贿赂,恢复公众信任,美国颁布了该法。该法的基本内容是:禁止企业为了获得业务而向所在国的政府官员行贿;企业应当建立有效的内控管理体系,正确记录,准确记账。[①] 该法确立的反腐败条款和会计条款不仅对在海外运营的美国公司行使管辖权,还适用于外国公司在美国开设的分支机构,同时外国公司在美国实施的贿赂行为也当然受该法调整。美国联邦司法部对上述违法行为行使刑事管辖权,美国证券交易委员会对其行使民事管辖权。[②] 由此可见,企业合规最初主要是企业涉罪后的刑事合规,从而带动了行政合规和企业内部日常合规。我国的情况则相反,我国企业的合规之路事实上是先从企业内部日常合规开始延及刑事合规的。

如本书第一章所述,企业合规在我国的发展可以分为三个阶段,即2006～2014年的初步引进阶段,2015～2017年的中央企业试点推行阶段和2018年以后的全面发展阶段。有学者甚至认为在1980～2005年,我国已经有了企业合规。作者认为20世纪80年代初,三资企业(中外合资经营企业、中外合作经营企业和外商独资企业)在中国设立时,欧美跨国企业集团都要求在合同中写入“合规管理条款”,敦促三资企业遵守欧美跨国企业的合规管理制度要求,或者要求三资企业参照欧美跨国企业的合规管理制度制定和实施三资

① 参见郭青红:《企业合规管理体系实务指南》,人民法院出版社2020年版,第40页。

② 参见陈瑞华:《企业合规基本理论》(第3版),法律出版社2021年版,第13页。

企业自己的合规管理制度。[①] 但是,这种认识难以成立,不能仅以个别企业形式上的合规条款就认定我国当时已经开始了企业合规制度建设,因为这些只是部分外资企业的内部要求。当时国内法律体系尚未建立,企业合规的大环境并不存在。不管企业合规在我国诞生的时间早晚,我们可以肯定的是企业合规制度在我国走了一条和欧美相反的道路,就是从企业日常合规建设到企业刑事合规建设,而企业刑事合规才真正地将企业合规推向了全国尽知的状态。

自 2020 年 3 月起,最高人民检察院在上海浦东、金山,江苏张家港,山东郯城,广东深圳南山、宝安 6 家基层检察院开展涉案企业合规改革第一期试点工作。所谓涉案企业合规改革,是指检察机关对办理的涉企刑事案件,在依法作出不批准逮捕、不起诉决定或者根据认罪认罚从宽制度提出轻缓量刑建议等的同时,针对企业涉嫌的具体犯罪,结合办案实际,督促涉案企业作出合规承诺并积极整改落实,促进企业合规守法经营,减少和预防企业犯罪,实现司法办案政治效果、法律效果和社会效果的有机统一。试点检察院对民营企业负责人涉经营类犯罪,依法能不捕的不捕、能不诉的不诉、能不判实刑的提出适用缓刑的量刑建议。同时,探索督促涉案企业进行合规管理,促进"严管"制度化,防范"厚爱"被滥用,得到了当地党委政府和社会各界的认可、支持。2021 年 4 月,最高人民检察院启动了第二期涉案企业合规改革试点工作。根据试点工作方案,第二期改革试点范围较第一期有所扩大,涉及北京、辽宁、上海、江苏、浙江、福建、山东、湖北、湖南、广东共 10 个省、直辖市。上述省级检察院可根据本地情况,自行确定 1 ~ 2 个设区的市级检察院及其所辖基层院作为试点单位。

第二期改革试点工作方案指出,检察机关开展企业合规改革试点,旨在加强对民营经济的平等保护,更好落实依法不捕不诉不提出判实刑量刑建议等司法政策,既给涉案企业以深刻警醒和教育,防范今后可能再发生违法犯罪,也给相关行业企业合规经营提供样板和借鉴。在此基础上,为服务"六稳""六保",促进市场主体健康发展,营造良好法治化营商环境,推动形成新发展格局,促进经济社会高质量发展,助推国家治理体系和治理能力现代化提供新的检察产

① 参见郭青红:《企业合规管理体系实务指南》,人民法院出版社 2020 年版,第 43 页。

品，贡献更大检察力量。该方案要求，开展企业合规改革试点要与依法适用认罪认罚从宽制度和检察建议、依法清理“挂案”、依法适用不起诉结合起来。对涉企案件，在依法贯彻相关检察政策的同时，督促企业建立合规制度，履行合规承诺；提出企业合规建设意见和建议，包括整改方向和意见，并促进“挂案”清理工作，依法平等保护企业合法权益；对符合刑事诉讼法规定的不起诉案件，做到应听证尽听证。该方案明确，各试点单位应当结合本地实际，探索建立企业合规第三方监管机制。2021 年 9 月，最高人民检察院、全国工商联等九部门共同成立了第三方监督评估机制管委会。同年 11 月，九部门联合下发《涉案企业合规第三方监督评估机制专业人员选任管理办法（试行）》《〈关于建立涉案企业合规第三方监督评估机制的指导意见（试行）〉实施细则》两个配套规定，为第三方机制规范有序运行提供了有力的制度保障。2021 年 12 月，九部门正式组建了国家层面第三方机制专业人员库，发挥带头示范效应，探索解决各地区专业人员分布不均衡问题，为第三方机制规范有序运行提供有力的人才保障。通过第三方监管，监督、促进企业践行合规承诺。检察机关还要定期检查合规建设情况，并根据案件的具体情况依法作出相应处理。① 经过两期改革试点，10 个试点省份检察机关共办理涉企业合规案件 766 件，其中适用第三方监督评估机制案件 503 件；部分非试点省份检察机关主动根据当地情况在试点文件框架内探索推进相关工作，办理合规案件 223 件，其中适用第三方机制案件 98 件，案件类型不断丰富、拓展。②

涉案企业刑事合规改革的具体操作流程见图 2－1。③

① 参见徐日丹：《依法有序推进企业合规改革试点纵深发展》，载《检察日报》2021 年 4 月 9 日，第 1 版。

② 参见辛文：《检察机关全面推开涉案企业合规改革试点》，载中国商报网，https://www.zgswcn.com/article/202204/202204190912031003.html，访问日期：2022 年 3 月 5 日。

③ 参见张璁、汪哲平：《把准适用条件，促进守法经营》，载《人民日报》2022 年 7 月 14 日，第 14 版。

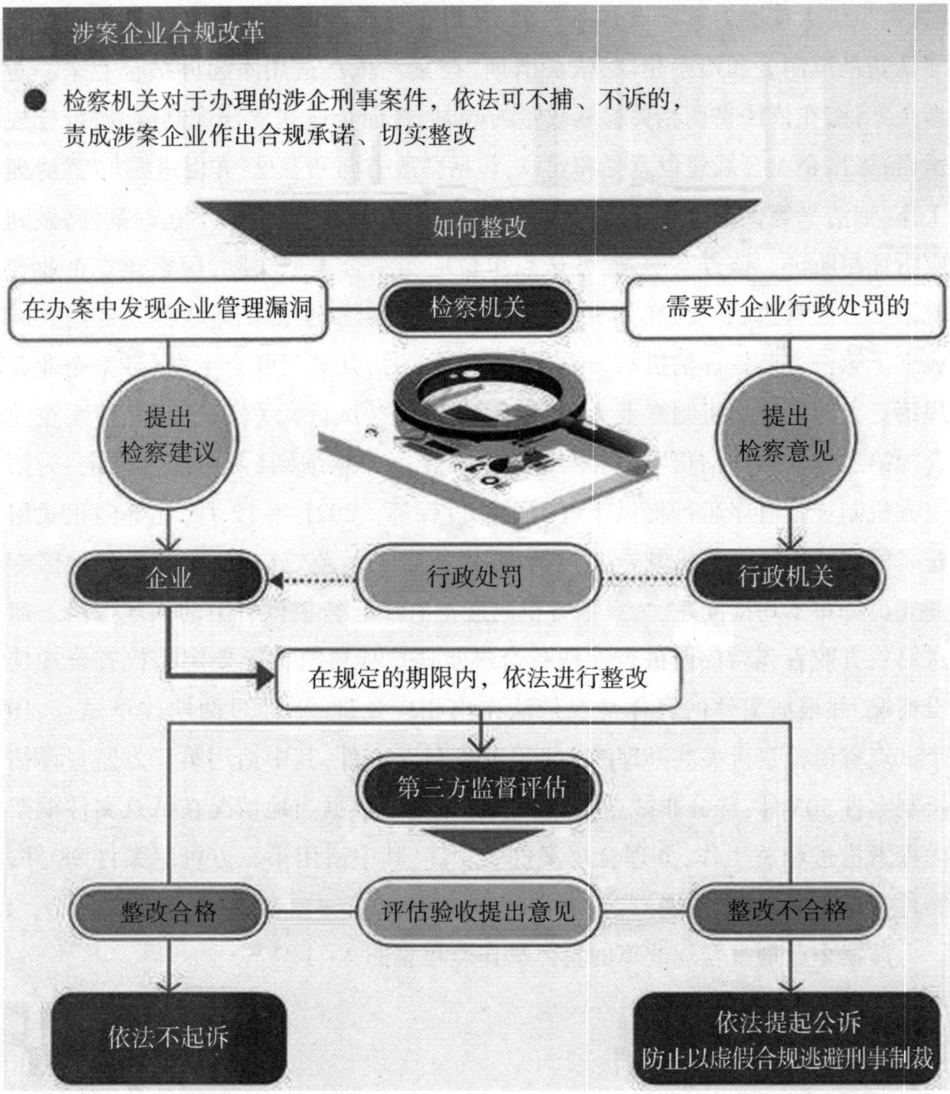

图 2-1　涉案企业刑事合规改革的具体操作流程

在经过两年涉案企业合规改革试点后,取得了较为满意的成绩,2022 年 4 月,最高人民检察院会同全国工商联专门召开会议,宣布涉案企业合规改革试点在全国检察机关全面推开。本次会议对涉案企业合规改革作出了全面部署,会议在肯定取得的成绩的同时,也指出了试点中的问题,即一些涉案企业合规改革试点工作推进还不平衡,总体办案量不多,案件类型、适用罪名和影响力有限,有的地方对第三方机制不会用、不敢用。因此,要求涉案企业合规改革要进一步扩大企业类型,包括公司、企业等市场主体在生产经营活动中涉及的各类犯罪案件,既包括公司、企业等实施的单位犯罪案件,也包括公司、企业实际控制人、经营管理人员、关键技术人员等实施的与生产经营活动密切相关的犯罪案件。会议同时强调,无论是民营企业还是国有企业,无论是中小微企业还是上市公司,只要涉案企业认罪认罚,能够正常生产经营、承诺建立或者完善企业合规制度、具备启动第三方机制的基本条件,自愿适用的,都可以适用第三方机制。但对于个人为进行违法犯罪活动而设立公司、企业,公司、企业设立后以实施犯罪为主要活动,以及涉嫌危害国家安全犯罪、恐怖活动犯罪等情况的,不能适用合规改革,不能办凑数案。针对可能判处 3 年以上有期徒刑的案件,会议指出,对于涉案企业责任人可能被判处 3 年以上有期徒刑的涉企犯罪案件,以及重大疑难复杂案件,各省级检察院要认真落实统一把关、逐案审核职责,全面综合评估涉案企业运行状况、责任人犯罪情节及认罪认罚情况等综合因素,确保积极稳妥、依法规范。由此可见,在企业刑事合规正式立法出台之前,检察机关已经在现有框架内开始探索涉案企业重罪的处置和合规改革问题,但鉴于立法的限制,这种探索尚不具有普及意义。

第三节 企业刑事合规与法律风险防范

一、企业合规所要防范的法律风险界定

企业刑事合规主要防范的是刑事风险,但不限于刑事风险,通过事后的刑事合规将企业合规管理体系建立起来,从而倒逼企业重新走上合规之路,在这个意义上,企业刑事合规产生的结果是全面合规,不仅企业刑事法律风险得以消解,而且企业的其他合规风险也得以消弭。因此,我们探讨企业刑事合规所能防范的风险实际上是广义的。

所谓风险,就是指某一件事可能产生我们所排斥的结果的概率。[①] 德国著

① 参见冯宇主编:《企业法律风险防控与合规指南》,法律出版社 2022 年版,第 3 页。

名社会学家乌尔里希·贝克在其经典名作《风险社会》中将后现代社会定性为风险社会。作者指出,19世纪的现代化消解了等级僵化的农业社会,开创了工业社会的结构图景;而当今的现代化则是消解了工业社会的轮廓,在现代性的连续性之中,另一种社会形态正在形成。在这一社会形态中,未知的、意图之外的后果成了历史和社会的主宰力量,它使这个星球上所有的生命形态都处在危险之中。本书把当前的现代性诊断为"风险社会",其主要特征在于,人类面临生存的风险,而这种风险正是由工业社会制造的。贝克从科技和制度两个层面剖析了工业社会是如何演变为风险社会的,而且这两种因素并不是单独起作用的,往往是综合在一起交叉发挥作用的。在现代社会演变过程中,科技和制度从表层助长了人们对工业社会的信心,但从实质层面掩盖了科学理性和社会理性的分裂。因此,人们在推进现代化、技术化和经济化过程中所产生的意外的风险不仅不会自行消失,反而暗中积累并最终破坏简单现代性的根基,最后风险社会来临,财富分配逻辑被风险分配逻辑所代替。的确,我们所创造的法律制度本身在保护我们的同时,也为我们制造了巨大风险,其中,现代企业就面临现代科技和制度所带来的现代法律风险。

对于一个现代风险社会中的企业而言,其既有来自科技层面的自然风险,也有来自制度层面的规范风险,当然,还有商业经营中的商业风险,因此,单从企业风险角度出发,现代企业面临自然风险、商业风险和法律风险三种类型的风险。当然,对于企业刑事合规而言,主要是法律风险。所谓自然风险,就是指来自外界自然因素的风险,多为不可抗力因素,如地震、洪水、干旱等。所谓商业风险,是指在商业经营活动中,由于市场的不确定性和不可预测性带给交易主体的盈利受损或者破产等经济现象。所谓法律风险,是指违反国家或特定国际组织的法律、法规或规章制度而引起的法律责任或受到法律制裁的风险。与前两种风险相比,法律风险具有可防控性,属于人为风险,而自然风险和商业风险并不能完全避免。正因为法律风险的可预测性和可防范性,对于企业合规而言,主要应该开展法律风险的防范。

为了更为精准地认识企业合规的风险,有学者对企业合规风险做出了如下分析:按照合规义务进行分类、按照合规风险发生环节进行分类和按照是否存在合规管理措施分类。按照第一种,根据违反合规义务的情形可将合规风险分为,违反伦理道德规范的风险、违反企业内部规定的风险和违反国家法律法规及社区规定的风险。按照合规风险发生环节进行的分类包括在特定岗位职责上的风险和经营流程环节的风险。按照是否存在合规管理措施的风险类型进行的分类,将包括固有合规风险和剩余合规风险。前者是指在没有对应的合规风险管控措施,处于自由散漫状态的全部合规风险,后者是指企业已经具备合规风险管控措施的前提下,仍然发生的企业合规风险。[①] 上述对企业合规风险的分析是很有道理的,对于预防合规风险而言,是切中要害的。但是作者所认为的企业合规风险包含不道德风险显然超出了企业合规的范畴,也与我国企业合规制度的实际情况不相符合。同时,作者也没有认识到企业合规的风险还来自国际组织,尤其在中国大力推行"一带一路"倡议的背景下,更多企业要走出国门,符合特定国际组织和所在国的法律制度就是企业合规的必然要求。

此外,不同的学者对企业合规风险有不同的认识和判断,有论者根据企业合规风险在企业运营过程中出现的环节,将企业合规风险分为决策、执行和监督三阶段中的风险,具体而言包含 12 类风险:决策合规风险、产品合规风险、组织合规风险、合同合规风险、销售合规风险、采购合规风险、财税风险、合作合规风险、知识产权合规风险、品牌合规风险、数据合规风险、外贸合规风险。[②] 还有人根据合规管理体系将企业合规风险划分为战略管理合规风险、劳动人事合规风险、财税管理合规风险、资产管理合规风险、产品运营合规风险、供应管理合规风险、营销管理合规风险。[③] 以上分类除战略管理风险属于商业风险而不属于合规风险外,其他分类认识虽不全面,但也从不同侧面契合了企业经营过程的具体风险,是值得肯定的一种认识。

二、企业合规所要防范的具体法律风险

(一)刑事法律风险

所谓企业刑事法律风险,就是指企业在生产经营过程中因为触犯主权国家的刑事法律而需要承担的刑事责任风险,简单地说就是企业构成犯罪的风险。

① 参见周万里主编:《企业合规讲义》,中国法制出版社 2022 年版,第 89 ~ 91 页。
② 参见姜先良:《企业合规与律师服务》,法律出版社 2021 年版,第 55 ~ 56 页。
③ 参见张志华、王灿林主编:《企业合规建设全指引》,中国检察出版社 2021 年版,第 78 ~ 189 页。

在我国就是企业触及了单位犯罪。有论者认为按照风险的来源,企业刑事法律风险包含外部刑事法律风险与内部刑事法律风险,依照企业是否为风险的制造者企业刑事法律风险又分为主动型刑事风险和被动型刑事风险。所谓外部刑事风险,是指企业遭受的风险来自企业外部,如企业在经营中涉嫌合同诈骗,企业融资中涉嫌骗取贷款等。内部的刑事风险,是指企业遭受的风险来自企业内部,如企业负责人、实际控制人、高管及员工实施了侵犯企业利益的行为。主动型刑事风险,是指企业作为主体实施了相应的犯罪行为,而被动型刑事风险则是企业作为被害人因外部或内部员工实施的犯罪行为而遭受了损失。① 据笔者第一章所述,企业合规的风险是由于企业自身原因违反法律规定或规章制度而遭受的法律后果,而不包括企业在被动意义上作为受害人而遭受的损失,因为后者是企业无法通过实施合规管理所避免的,用单位犯罪的理论解释,就是不属于单位的任何主观过错,因而,该观点是难以成立的。

企业刑事法律风险主要是企业涉嫌犯罪的风险,包括企业负责人、高管、工作人员实施的职务性犯罪。为清楚表达这一点,我们以常见罪名的形式予以罗列,具体每个罪名的犯罪构成我们从罪名可知一二,不再详述。《刑法》所规定的罪名中,涉及单位犯罪有 100 多个,从企业设立到破产,从融资到销售,从内部管理到对外经营,都可能触及刑法。我们简单归纳如下。②

企业设立环节的罪名:虚报注册资本罪、虚假出资罪、抽逃出资罪。

企业生产和销售环节涉及的罪名:生产、销售伪劣产品罪,生产、销售不符合安全标准的食品罪,生产、销售、提供假药罪,生产、销售、提供劣药罪,生产、销售有毒有害食品罪等。

企业财务管理环节涉及的罪名:逃税罪,抗税罪,骗取出口退税罪,虚开增值税专用发票、用于骗取出口退税、抵扣税款发票罪,虚开发票罪等。

企业内部管理环节涉及的罪名:贪污罪,职务侵占罪,受贿罪,行贿罪,挪用公款罪,挪用资金罪,非国家工作人员受贿罪,对非国家工作人员行贿罪,单位行贿罪,单位受贿罪,介绍贿赂罪,重大责任事故罪,工程重大安全事故罪,重大劳动安全事故罪,拒不支付劳动报酬罪,伪造公司、企业、事业单位、人民团体印

① 参见冯宇主编:《企业法律风险防控与合规指南》,法律出版社 2022 年版,第 85 页。
② 参见谢向英:《企业刑事合规实务》,法律出版社 2022 年版,第 88 ~ 89 页。

章罪，侵犯公民个人信息罪、铁路运营安全事故罪、重大飞行事故罪等。

企业对外经营环节涉及的罪名：串通投标罪，非法占用农用地罪，非法转让、倒卖土地使用权罪，合同诈骗罪，非法经营罪，走私类犯罪，非法制造、买卖、运输、储存危险物质罪，非法处置进口的固体废物罪，擅自进口固体废物罪，拒不执行判决、裁定罪，污染环境罪，帮助信息网络犯罪活动罪等。

企业融资环节涉及的罪名：非法吸收公众存款罪，集资诈骗罪，贷款诈骗罪，骗取贷款、票据承兑、金融票证罪，吸收客户资金不入账罪，内幕交易、泄露内幕信息罪，违法发放贷款罪，违规出具金融票证罪，对违法票据承兑、付款、保证罪，利用未公开信息交易罪等。

企业知识产权处理环节涉及的罪名：假冒注册商标罪，销售假冒注册商标的商品罪，侵犯商业秘密罪，非法制造、销售非法制造的注册商标标识罪，假冒专利罪，销售侵权复制品罪等。

其他环节涉及的罪名：妨害清算罪，虚假破产罪，虚假诉讼罪，隐匿、故意销毁会计凭证、会计账簿、财务会计报告罪等。

（二）内部日常法律风险

根据我国企业合规管理推进的方式，陈瑞华教授将我国企业合规的进路总结为日常性合规管理模式和合规整改模式，前者又称为“面向市场的合规计划”，后者又称为“应对危机的合规计划”。[①] 显然，日常性合规管理模式就是要在企业日常经营中避免和减少法律风险的模式。日常性合规管理中要防范的风险很多，概括而言，主要涉及劳动人事合规风险、财税管理合规风险、资产管理合规风险、运营合规风险、供应管理合规风险、营销管理合规风险、网络安全与数据合规风险。

劳动人事合规风险主要包括：企业规章制度中的合规风险；未订立书面劳动合同的合规风险；未及时续签劳动合同的合规风险；未提供劳动安全保护措施的合规风险；签订无固定期限合同的合规风险；员工调岗的合规风险；解除劳动合同的合规风险；拒不支付劳动报酬和缴纳社保的合规风险等。

财税管理合规风险主要包括：财产混同的合规风险；高管或股东从企业借

---

① 参见陈瑞华：《企业合规基本理论》（第 3 版），法律出版社 2022 年版，第 147 ~ 148 页。

款的合规风险;贷款用途不完全一致的合规风险;对外提供财务报告不一致的合规风险;虚开增值税专用发票的合规风险;私设"小金库"的合规风险;营业外收入财务处理的合规风险;营业收入入私账的合规风险;会计档案保管不善的合规风险;财会人员未按合同规定的时间节点对外付款的合规风险;并购重组和关联交易等复杂交易导致的合规风险。①

资产管理合规风险主要包括:股东知情权滥用的合规风险;股权代持与股东资格确认的合规风险;股东出资瑕疵的合规风险;股权分配管理的合规风险;认缴但未实缴出资的连带责任合规风险;企业注销清算时股东的无限连带责任合规风险;非法吸收公众存款的合规风险;企业首次公开募股的合规风险;过桥融资的合规风险;无股东决议的对外担保合规风险;知识产权申请及维护的合规风险;知识产权交易的合规风险;商业(技术)秘密泄露的合规风险;侵犯他人知识产权的合规风险。②

运营合规风险主要包括:生产安全合规风险;消防安全合规风险;环境污染合规风险。

供应管理合规风险主要包括:招标条件不具备的合规风险;应招标未招标的合规风险;排斥或限制潜在投标人的合规风险;资格预审和项目踏勘中的合规风险;招标人擅自终止招标的合规风险;招标单位人员泄露保密信息的合规风险;虚假招标的合规风险;仓储物流过程中的合规风险;供应商向采购人员行贿的合规风险;采购人员挪用资金或职务侵占的合规风险。③

营销管理合规风险主要包括:广告的合规风险;损害商业信誉的合规风险;虚假广告的合规风险;广告内容违规的合规风险;传销的合规风险。

网络安全与数据合规风险主要包括:个人信息保护不充分的合规风险;数据安全保障能力不足的合规风险。

(三)行政法律风险

行政法律风险,是指企业违反行政法律规定而面临的行政处罚风险。一般

① 参见张志华、王灿林主编:《企业合规建设全指引》,中国检察出版社 2021 年版,第 123 ~ 129 页。
② 参见张志华、王灿林主编:《企业合规建设全指引》,中国检察出版社 2021 年版,第 142 ~ 150 页。
③ 参见马勇主编:《国有企业合规管理体系建设实务》,法律出版社 2022 年版,第 136 ~ 140 页。

而言,行政法律风险和刑事法律风险是对应关系,在尚未达到刑事责任程度时,可能达到了行政违法程度而需要承担行政责任。相对而言,由于行政监管的普遍性,行政法律风险要比刑事法律风险更宽广、更为常见。就行政违法而言,企业主要面临的处罚有:行政罚款、没收财产、责令停产停业、吊销营业执照、取消特许经营资格。其中,罚款是最为常见的行政法律风险。鉴于行政监管的全面性带来的合规风险的广泛性,本书将从几个重点方面进行论述。

市场交易方面的行政合规风险。违反公司法规定,虚报注册资本、提交虚假材料或者采取其他欺诈手段隐瞒重要事实取得公司登记的风险;公司的发起人、股东虚假出资,未交付或者未按期交付作为出资的货币或者非货币财产的风险;违反公司法规定,在法定的会计账簿以外另立会计账簿的风险;公司在依法向有关主管部门提供的财务会计报告等材料中作虚假记载或者隐瞒重要事实的风险;不依照公司法规定提取法定公积金的风险;公司在合并、分立、减少注册资本或者进行清算时,不依照公司法规定通知或者公告债权人的风险;向资产评估、验资或者验证的机构提供虚假材料的风险;擅自在中国境内设立分支机构的风险;利用公司名义从事危害国家安全、社会公共利益的严重违法行为的风险;冒用有限责任公司或者股份有限公司的分公司名义的风险;公司在进行清算时,隐匿财产,对资产负债表或者财产清单作虚假记载或者在未清偿债务前分配公司财产的风险等。

劳动用工方面的行政合规风险。用人单位违反劳动法规定,延长劳动者工作时间的风险;用人单位克扣或者无故拖欠劳动者工资、拒不支付劳动者延长工作时间工资报酬、低于当地最低工资标准支付劳动者工资、解除劳动合同后,未依照劳动法规定给予劳动者经济补偿的风险;用人单位的劳动安全设施和劳动卫生条件不符合国家规定或者未向劳动者提供必要的劳动防护用品和劳动保护设施的风险;用人单位非法招用未满 16 周岁的未成年人的风险;用人单位违反法律对女职工和未成年工的保护规定,侵害其合法权益的风险;用人单位以暴力、威胁或者非法限制人身自由的手段强迫劳动,侮辱、体罚、殴打、非法搜查和拘禁劳动者的风险;用人单位违反劳动法规定的条件解除劳动合同或者故意拖延不订立劳动合同的风险;用人单位无故不缴纳社会保险费的风险;用人单位违章指挥或者强令冒险作业危及劳动者人身安全的风险,用人单位劳动条件恶劣、环境污染严重,给劳动者身心健康造成严重损害的风险;未经许可,擅自经营劳务派遣业务的风险;县级以上地方人民政府劳动行政部门依法对实施劳动合同制度的情况进行监督检查发现的风险;县级以上人民政府建设、卫生、安全生产监督管理等有关主管部门在各自职责范围内,对用人单位执行劳动合同制度的情况进行监督管理发现的风险等。

安全生产方面的行政合规风险。生产经营单位的决策机构、主要负责人或者个人经营的投资人不依照安全生产法规定保证安全生产所必需的资金投入,致使生产经营单位不具备安全生产条件的风险;生产经营单位的主要负责人未履行安全生产法规定的安全生产管理职责的风险;生产经营单位未按照规定设置安全生产管理机构或者配备安全生产管理人员、注册安全工程师的风险;生产经营单位危险物品的生产、经营、储存、装卸单位以及矿山、金属冶炼、建筑施工、运输单位的主要负责人和安全生产管理人员未按照规定经考核合格的风险;生产经营单位未按照规定对从业人员、被派遣劳动者、实习学生进行安全生产教育和培训,或者未按照规定如实告知有关的安全生产事项的风险;生产经营单位未如实记录安全生产教育和培训情况的风险;生产经营单位未将事故隐患排查治理情况如实记录或者未向从业人员通报的风险;生产经营单位未按照规定制定生产安全事故应急救援预案或者未定期组织演练的风险;生产经营单位特种作业人员未按照规定经专门的安全作业培训并取得相应资格,上岗作业的风险;生产经营单位未按照规定对矿山、金属冶炼建设项目或者用于生产、储存、装卸危险物品的建设项目进行安全评价的风险;生产经营单位矿山、金属冶炼建设项目或者用于生产、储存、装卸危险物品的建设项目没有安全设施设计或者安全设施设计未按照规定报经有关部门审查同意的风险;生产经营单位矿山、金属冶炼建设项目或者用于生产、储存、装卸危险物品的建设项目的施工单位未按照批准的安全设施设计施工的风险;生产经营单位对矿山、金属冶炼建设项目或者用于生产、储存、装卸危险物品的建设项目竣工投入生产或者使用前,安全设施未经验收合格的风险;生产经营单位未在有较大危险因素的生产经营场所和有关设施、设备上设置明显的安全警示标志的风险;生产经营单位对安全设备的安装、使用、检测、改造和报废不符合国家标准或者行业标准的风险;生产经营单位未对安全设备进行经常性维护、保养和定期检测的风险;生产经营单位关闭、破坏直接关系生产安全的监控、报警、防护、救生设备、设施,或者篡改、隐瞒、销毁其相关数据、信息的风险;生产经营单位未为从业人员提供符合国家标准或者行业标准的劳动防护用品的风险;生产经营单位对危险物品的容器、运输工具,以及涉及人身安全、危险性较大的海洋石油开采特种设备和矿山井下特种设备未经具有专业资质的机构检测、检验合格,取得安全使用证或者安全标志,投入使用的风险;生产经营单位使用应当淘汰的危及生产安全的工艺、设备的风险;餐饮等行业的生产经营单位使用燃气未安装可燃气体报警装置的风险;生产经营单位在生产、经营、运输、储存、使用危险物品或者处置废弃危险物品时,未建立专门安全管理制度、未采取可靠的安全措施的风险;生产经营单位对重大危险源未登记建档,未进行定期检测、评估、监控,未制定应急预案,或者未告知应急措施的风险;生产经营单位进行爆破、吊装、动火、临时用电以及国务院应急管理部门会同国务院有关部门规定的其他危险作业,未安排专门人员进行现场安全管理的风险;生产经营单位未建立安全风险分级管控制度,或者未按照安全风险分级采取相应管控措施的风险;生产经营单位未建立事故隐患排查治理制度,或者重大事故隐患排查治理情况未按照规定报告的风险等。

知识产权方面的行政合规风险。专利权法律风险:专利许可权滥用风险;专利申请权争议风险;被提起专利侵权诉讼的风险;专利转让纠纷风险;未能有效开发和实施专利的风险;管理不善导致专利失效的风险。商标权法律风险:商标申请风险;商标未注册或被他人抢先注册、申请类别不全、重点类别保护力度不够、申请的标识不全面的风险;商标使用风险,申请地域不全、未对目标市场全面布局、对商品或服务类别越权使用或许可他人使用、侵犯他人在先权利、商标使用不规范的风险。著作权法律风险:职务作品、委托创作、版权商的权属确定风险;作品素材侵权风险;互联网信息网络传播权侵权的风险;许可使用和转让中的法律风险。商业秘密风险:被他人盗窃、以间谍或黑客手段窃取的风险;内部员工被收买的风险;对外宣传、合作过程中泄露的风险;员工离职泄密的风险。

数据保护方面的行政合规风险。企业未依照法律、法规的规定,建立健全全流程数据安全管理制度,组织开展数据安全教育培训,采取相应的技术措施和其他必要措施,保障数据安全所产生的风险;利用互联网等信息网络开展数据处理活动,未在网络安全等级保护制度的基础上,履行上述数据安全保护义务所产生的风险;重要数据的处理者未明确数据安全负责人和管理机构,落实数据安全保护责任所产生的风险；企业开展数据处理活动发现数据安全缺陷、漏洞等风险时，未立即采取补救措施所产生的风险；发生数据安全事件时，未立即采取处置措施，按照规定及时告知用户并向有关主管部门报告所产生的风险；重要数据的处理者未按照规定对其数据处理活动定期开展风险评估，并向有关主管部门报送风险评估报告所产生的风险；违反国家核心数据管理制度，危害国家主权、安全和发展利益所产生的风险；关键信息基础设施的运营者在中华人民共和国境内运营中收集和产生的重要数据向境外提供的，未按照《网络安全法》的规定执行所产生的风险；其他数据处理者在中华人民共和国境内运营中收集和产生的重要数据的出境未按照国家网信部门会同国务院有关部门制定的安全管理办法执行所产生的风险；从事数据交易中介服务的机构未要求数据提供方说明数据来源，审核交易双方的身份，并留存审核、交易记录的风险；公安机关、国家安全机关因依法维护国家安全或者侦查犯罪的需要调取数据，依法经过严格的批准手续，企业拒不配合数据调取的风险；未经主管机关批准向外国司法或者执法机构提供数据的风险；窃取或者以其他非法方式获取数据，开展数据处理活动排除、限制竞争，或者损害个人、组织合法权益的风险；违反个人信息保护法规定，处理个人信息，或者处理个人信息未履行个人信息保护法规定的个人信息保护义务的风险等。

财务税收方面的行政合规风险。包括不依法设置会计账簿的风险；私设会计账簿的风险；未按照规定填制、取得原始凭证或者填制、取得的原始凭证不符合规定的风险；以未经审核的会计凭证为依据登记会计账簿或者登记会计账簿不符合规定的风险；随意变更会计处理方法的风险；向不同的会计资料使用者提供的财务会计报告编制依据不一致的风险；未按照规定使用会计记录文字或者记账本位币的风险；未按照规定保管会计资料，致使会计资料毁损、灭失的风险；未按照规定建立并实施单位内部会计监督制度或者拒绝依法实施的监督或者不如实提供有关会计资料及有关情况的风险；任用会计人员不符合会计法规定的风险；伪造、变造会计凭证、会计账簿，编制虚假财务会计报告的风险；隐匿或者故意销毁依法应当保存的会计凭证、会计账簿、财务会计报告的风险；授意、指使、强令会计机构、会计人员及其他人员伪造、变造会计凭证、会计账簿，编制虚假财务会计报告或者隐匿、故意销毁依法应当保存的会计凭证、会计账簿、财务会计报告的风险；企业未按照规定的期限申报办理税务登记、变更或者注销登记的风险；未按照规定设置、保管账簿或者保管记账凭证和有关资料的风险；企业未按照规定将财务、会计制度或者财务、会计处理办法和会计核算软件报送税务机关备查的风险；企业未按照规定将其全部银行账号向税务机关报告的风险；企业未按照规定安装、使用税控装置，或者损毁或者擅自改动税控装置的风险；扣缴义务人未按照规定设置、保管代扣代缴、代收代缴税款账簿或者保管代扣代缴、代收代缴税款记账凭证及有关资料的风险；纳税人未按照规定的期限办理纳税申报和报送纳税资料的，或者扣缴义务人未按照规定的期限向税务机关报送代扣代缴、代收代缴税款报告表和有关资料的风险；纳税人伪造、变造、隐匿、擅自销毁账簿、记账凭证，或者在账簿上多列支出或者不列、少列收入，或者经税务机关通知申报而拒不申报或者进行虚假的纳税申报，不缴或者少缴应纳税款的风险；纳税人、扣缴义务人编造虚假计税依据的风险；纳税人欠缴应纳税款，采取转移或者隐匿财产的手段，妨碍税务机关追缴欠缴的税款的风险；以假报出口或者其他欺骗手段，骗取国家出口退税款的风险；以暴力、威胁方法拒不缴纳税款的风险；纳税人、扣缴义务人在规定期限内不缴或者少缴应纳或者应解缴的税款的风险；扣缴义务人应扣未扣、应收而不收税款的风险；纳税人、扣缴义务人逃避、拒绝或者以其他方式阻挠税务机关检查的风险；纳税人、扣缴义务人的开户银行或者其他金融机构拒绝接受税务机关依法检查纳税人、扣缴义务人的存款账户，或者拒绝执行税务机关作出的冻结存款或者扣缴税款的决定，或者在接到税务机关的书面通知后帮助纳税人、扣缴义务人转移存款的风险等。

环境保护方面的行政合规风险。企业和其他生产经营者违法排放污染物的风险；企业和其他生产经营者超过污染物排放标准或者超过重点污染物排放总量控制指标排放污染物的风险；建设单位未依法提交建设项目环境影响评价文件或者环境影响评价文件未经批准，擅自开工建设的风险；重点排污单位不公开或者不如实公开环境信息的风险；建设项目未依法进行环境影响评价，被责令停止建设，拒不执行的风险；违反法律规定，未取得排污许可证排放污染物，被责令停止排污，拒不执行的风险；通过暗管、渗井、渗坑、灌注或者篡改、伪造监测数据，或者不正常运行防治污染设施等逃避监管的方式违法排放污染物的风险；生产、使用国家明令禁止生产、使用的农药，被责令改正，拒不改正的风险；环境影响评价机构、环境监测机构以及从事环境监测设备和防治污染设施维护、运营的机构,在有关环境服务活动中弄虚作假,对造成的环境污染和生态破坏承担责任的风险;企业产生、收集、贮存、运输、利用、处置固体废物的单位未依法及时公开固体废物污染环境防治信息的风险;企业生活垃圾处理单位未按照国家有关规定安装使用监测设备、实时监测污染物的排放情况并公开污染排放数据的风险;企业将列入限期淘汰名录被淘汰的设备转让给他人使用的风险;企业在生态保护红线区域、永久基本农田集中区域和其他需要特别保护的区域内,建设工业固体废物、危险废物集中贮存、利用、处置的设施、场所和生活垃圾填埋场的风险;企业转移固体废物出省、自治区、直辖市行政区域贮存、处置未经批准的风险。企业转移固体废物出省、自治区、直辖市行政区域利用未报备案的风险;企业擅自倾倒、堆放、丢弃、遗撒工业固体废物,或者未采取相应防范措施,造成工业固体废物扬散、流失、渗漏或者其他环境污染的风险;产生工业固体废物的单位未建立固体废物管理台账并如实记录的风险;产生工业固体废物的单位违反法律规定委托他人运输、利用、处置工业固体废物的风险;企业贮存工业固体废物未采取符合国家环境保护标准的防护措施的风险;企业单位和其他生产经营者违反固体废物管理的其他要求,污染环境、破坏生态的风险;未依法取得排污许可证产生工业固体废物的风险;生产经营者未遵守限制商品过度包装的强制性标准的风险;未遵守国家有关禁止、限制使用不可降解塑料袋等一次性塑料制品的规定,或者未按照国家有关规定报告塑料袋等一次性塑料制品的使用情况的风险;无许可证从事收集、贮存、利用、处置危险废物经营活动的风险;擅自倾倒、堆放、丢弃、遗撒固体废物,造成严重后果的风险;在生态保护红线区域、永久基本农田集中区域和其他需要特别保护的区域内,建设工业固体废物、危险废物集中贮存、利用、处置的设施、场所和生活垃圾填埋场的风险;将危险废物提供或者委托给无许可证的单位或者其他生产经营者堆放、利用、处置的风险;无许可证或者未按照许可证规定从事收集、贮存、利用、处置危险废物经营活动的风险;未经批准擅自转移危险废物的风险;未采取防范措施,造成危险废物扬散、流失、渗漏或者其他严重后果的风险等。

反垄断方面的行政合规风险。经营者违反反垄断法规定,达成并实施垄断协议的风险;经营者组织其他经营者达成垄断协议或者为其他经营者达成垄断协议提供实质性帮助的风险;经营者违反反垄断法规定,滥用市场支配地位的风险;经营者违反反垄断法规定实施集中,且具有或者可能具有排除、限制竞争效果的风险；对反垄断执法机构依法实施的审查和调查，拒绝提供有关材料、信息，或者提供虚假材料、信息，或者隐匿、销毁、转移证据，或者有其他拒绝、阻碍调查行为的风险等。

涉外贸易方面的行政合规风险。出口经营者未取得相关管制物项的出口经营资格从事有关管制物项出口的风险；未经许可擅自出口管制物项的风险；超出出口许可证件规定的许可范围出口管制物项的风险；出口禁止出口的管制物项的风险；以欺骗、贿赂等不正当手段获取管制物项出口许可证件，或者非法转让管制物项出口许可证件的风险；伪造、变造、买卖管制物项出口许可证件的风险；明知出口经营者从事出口管制违法行为仍为其提供代理、货运、寄递、报关、第三方电子商务交易平台和金融等服务的风险；出口经营者违反出口管制法规定与列入管控名单的进口商、最终用户进行交易的风险；出口经营者拒绝、阻碍监督检查的风险；违反规定将境内外汇转移境外，或者以欺骗手段将境内资本转移境外等逃汇行为的风险；违反规定以外汇收付应当以人民币收付的款项，或者以虚假、无效的交易单证等向经营结汇、售汇业务的金融机构骗购外汇等非法套汇行为的风险；违反规定将外汇汇入境内的风险；非法结汇的风险；违反规定携带外汇出入境的风险；擅自对外借款、在境外发行债券或者提供对外担保等违反外债管理行为的风险；违反规定，擅自改变外汇或者结汇资金用途的风险；违反规定以外币在境内计价结算或者划转外汇等非法使用外汇行为的风险；以较大数额私自买卖外汇、变相买卖外汇、倒买倒卖外汇或者非法介绍买卖外汇的风险；未经批准擅自经营结汇、售汇业务的风险；未经批准经营结汇、售汇业务以外的其他外汇业务的风险；办理经常项目资金收付，未对交易单证的真实性及其与外汇收支的一致性进行合理审查的风险；违反规定办理资本项目资金收付的风险；违反规定办理结汇、售汇业务的风险；违反外汇业务综合头寸管理的风险；违反外汇市场交易管理的风险；未按照规定进行国际收支统计申报的风险；未按照规定报送财务会计报告、统计报表等资料的风险；未按照规定提交有效单证或者提交的单证不真实的风险；违反外汇账户管理规定的风险；违反外汇登记管理规定的风险；拒绝、阻碍外汇管理机关依法进行监督检查或者调查的风险。

(四)国际制裁风险

国际制裁风险主要是国际组织和东道国的制裁。国际组织的制裁主要是世界银行、国际货币基金组织等对国际贸易中出现的腐败、欺诈等违法违规行为进行制裁。该制裁的形式主要是罚款,也包括取消特定资格,导致被制裁者丧失在国际舞台上获得商业机会。除国际组织的制裁外,还有一些各国联合的多边制裁,主要是以西方发达国家为首的歧视性制裁。如西方 33 个国家在维也纳签署的旨在规制常规武器和两用物项的出口管制多边法律体系,即《瓦森纳协定》等协议。东道国发起的制裁主要是发达国家的制裁,典型的有美国和英国等。

国际组织制裁风险。比较典型的国际组织制裁有世界银行的制裁,世界银行专门制定了《世界银行集团诚信合规指引》,对企业在与世界银行相关经济活动中的违规行为进行制裁,制裁对象包括腐败行为、欺诈行为、共谋行为、胁迫行为和妨碍调查行为。当前世界银行所采取的具体处罚程序规则主要是《银行程序:银行资助项目的制裁程序和解决方案》。该文件详细规定了世界银行的各种制裁行为和具体操作,主要包括制裁诉讼程序的临时暂停、启动制裁诉讼程序的过程、提交给制裁委员会的文件、听证程序的启动、证据、制裁委员会的判决、制裁的方式、制裁的发布和执行等。根据企业违规的严重程度及其配合调查的情况,世界银行的制裁可分为"发出惩戒信"(letter of reprimand)、恢复原状及采取补救措施(restitution and other remedies)、附条件的免予取消资格(conditional non-debarment)、附解除条件的取消资格(debarment with conditional release)、取消资格(debarment)以及永久取消资格(permanent debarment)6 种。世界银行对违规企业的制裁措施大都是附条件的免于取消资格和附解除条件的取消资格。前者是指世界银行不取消企业的资格,但附加在指定期限内的改进措施,以达到世界银行认定的合规计划标准。后者是指在确定期限(通常为 3 年)内取消企业参加世界银行项目的资格,直到企业采取整改措施,满足建立合规计划条件的,在期限届满后予以解除制裁。

世界银行的制裁又分为连带制裁和联合制裁两种形态。所谓连带制裁,是指一家企业被制裁后,与之相关联的企业,包括母公司、子公司、兄弟公司等,无论是否实施违规行为,都一律受到相同的制裁。截至 2019 年 9 月,我国共有 44

家企业受到世界银行的制裁,与之相关联的被制裁公司涉及700余家,导致受制裁的中国所有公司达827家。所谓联合制裁,是指根据世界银行与亚洲发展银行、非洲发展银行、欧洲复兴银行、美洲开放银行共同签署的《共同实施制裁决议的协议》,企业只要被上述任何一家银行作出取消资格达一年以上的制裁,则其他银行也会对该公司采取相同的制裁措施。[①]

东道国的制裁风险。从政治层面上讲,东道国的制裁是有巨大政治考量的,存在国别歧视和意识形态差异,不少制裁非完全的经济行为,但抛开政治因素,如果单从经济层面考虑,一些东道国的制裁对于企业合规而言也是必要的。我们在谈论东道国的制裁时,事实上很难界分清楚哪些是政治行为哪些是经济因素。作为当今世界上唯一的霸权国家,美国发起的国内制裁最多。2010年,美国出台了《多德—弗兰克法案》,从多个层面扩大了金融监管机构的权力,加强了对银行的风险管控,主要措施包括提高银行资本要求、流动性及压力测试要求,设立消费者金融保护局等。除此之外,美国还依据国内的《国际武器交易条例》《出口管理法案》《出口管理条例》《国际紧急经济权利法》《海外反腐败法》《境外账户纳税合规方案》等出口管制法规,对违规企业实施包括罚款、丧失出口权利和刑事责任在内的制裁。[②]

第四节 企业刑事合规的司法激励与监管

一、企业刑事合规司法激励机制的现状

2021年3月19日,最高人民检察院推出了《关于开展企业合规改革试点工作方案》,该方案指出,所谓的企业合规改革,是指检察机关对于办理的涉企刑事案件,在依法作出不批准逮捕、不起诉决定或者根据认罪认罚从宽制度提出轻缓量刑建议等的同时,针对企业涉嫌具体犯罪,结合办案实际,督促涉案企业

① 参见陈瑞华:《湖南建工的合规体系》,载《中国律师》2019年第11期。

② 参见温云云主编:《企业合规精要:基础理论与制度设计》,法律出版社2022年版,第13~14页。

作出合规承诺并积极整改落实,促进企业合规守法经营,减少和预防企业犯罪的活动。通过企业合规改革,可以实现企业利益最大化,实现犯罪预防最大化,实现司法成本降低,从而确保政治效果、法律效果和社会效果的统一。也就是说,检察机关推出这项改革,表面上是一种结案方式,深层意义上是改善营商环境,促进企业合规经营,建立现代企业治理制度。上述方案适用的各类市场主体,主要是指涉案企业以及与涉案企业相关联的企业,包括国企、民企、内资外资、大中小微企业。企业合规涉及的犯罪主要是与经济活动相关联的经济犯罪和职务犯罪。上述方案对企业合规改革提出了三点要求:企业合规改革要与认罪认罚从宽制度和检察建议制度结合起来。通过适用认罪认罚从宽制度,对涉案企业做到能不捕的不捕,能不诉的不诉,能不判实刑的要提出缓刑的量刑建议。企业合规改革要与依法清理“挂案”结合起来。通过积极适用企业合规,提出企业的整改方案,促进“挂案”清理,依法保护企业合法权益。企业合规改革要与依法适用不起诉结合起来,包括法定不起诉、相对不起诉和存疑不起诉,凡是适用不起诉的全部进行听证。

试点方案推行以来,最高人民检察院共发布 3 批 15 例具有指导意义的企业合规典型案例来指导企业合规改革的推进。截至 2021 年 12 月底,10 个试点省份共办理涉案企业合规案件 600 余件。① 2022 年上半年,在试点取得良好成效的基础上企业合规改革开始推向全国检察机关。虽然企业合规改革已经全面推开,但典型案例的指导意义仍值得研究。有学者对三批典型案例进行了分析,这对未来企业合规改革具有很强的借鉴意义。②

在三批典型案例中,科技类企业有 8 个,食品类企业有 2 个,说明科技型企业备受青睐。原因是科技型企业的预期增长空间较大,更适合未来经济转型升级的需求,对其进行合规建设,法律效果和社会效果均很高,因此,未来科技型企业在涉罪合规中具有相当的共识和优势。三批案例共涉及 14 个罪名,分别是:重大责任事故罪 1 个,走私普通货物罪 1 个,对非国家工作人员行贿罪 1 个,泄露内幕信息罪、内幕交易罪 1 个,虚开增值税专用发票罪 1 个,假冒注册商标罪 1 个,串通投标罪 3 个,提供虚假证明文件罪 1 个,非法获取计算机信息系统

---

① 参见李勇主编:《企业合规司法人员手册》,法律出版社 2023 年版,第 1 页。

② 参见谢向英:《企业刑事合规实务》,法律出版社 2022 年版,第 177 ~ 207 页。

数据罪 1 个，掩饰、隐瞒犯罪所得、犯罪所得收益罪 1 个，污染环境罪 1 个，非法采矿罪 1 个。以上犯罪很有代表性，是涉罪企业可能经常违规的领域，特别是串通投标行为。在这 14 个罪名中，属于企业经济犯罪的有 7 个，属于企业职务犯罪的有 1 个，说明涉罪企业合规改革主要针对经济犯罪和职务犯罪展开，这和最高人民检察院《关于开展企业合规改革试点工作方案》的要求是一致的。在案件刑事责任的最后处理上，15 家涉案企业中有 10 家获得了不起诉处理，有 4 个犯罪嫌疑人均被判处缓刑，有 1 家涉罪企业最后做撤案处理。这一处理结果也和《关于开展企业合规改革试点工作方案》的要求高度相符。这 15 个典型案例总体来看，还说明了一种趋势，就是涉罪企业的范围逐渐拓宽，向小微企业覆盖，在《关于开展企业合规改革试点工作方案》中就明确指出，涉及的企业主体包括小微企业。就目前的市场形势来看，小微企业内部治理结构相对不完善，违规违法的比例高，是当前企业合规建设的重点。

二、企业刑事合规第三方监管的现状

由于检察机关是国家的司法机关，有其明确的司法职能，在企业合规试点改革逐渐推开之际，检察机关自身已经难以具体监督涉罪企业进行合规整改，毕竟，涉罪企业的合规整改涉及不同类型的企业，牵涉各方面的专业知识，这是检察机关自身的法律专业素养所不能驾驭的，也缺乏实际人力和物力控制企业。这种情况下，涉罪企业合规改革的最大问题就是符合条件的企业进行整改而谁来监督企业问题？谁来验收问题？因此，最高人民检察院在涉案企业合规改革推出 1 年后设计了一套第三方监管机制，这就是最高人民检察院颁布的《关于建立涉案企业合规第三方监督评估机制的指导意见（试行）》及其实施细则、《涉案企业合规第三方监督评估机制专业人员选任管理办法（试行）》、《涉案企业合规建设、评估和审查办法（试行）》所设定的第三方监管。前述文件是目前开展涉案企业合规整改监督验收的总指南。

按照上述文件的设计，为加强对涉罪企业合规整改的监督，满足个案中的第三方监管需要，国家、省级和地市级三个层面都要成立第三方监督评估机制管理委员会，该委员会负责组建第三方监督评估专业人员名录库，名录库分类组建，不少于 50 人，从名录库中选取一定人员成立个案中具体的第三方监督评估组织。参加名录库的人员应来自律师、注册会计师、税务师（注册税务师）、企业合规师、相关领域专家学者以及有关行业协会、商会、机构、社会团体的专业人员。生态环境、税务、市场监督管理等政府工作人员，或者受第三方机制管理委员会邀请或受所在涉案企业委派的人员也可以参加第三方监督评估组织。总之，第三方监督评估组织的成员是开放性的，根据案件需要就可以参与。

从试点企业的情况来看，第三方监管机构的监督取得了良好成效。以首批试点的6个检察院之一张家港市人民检察院为例，其不仅做得规范，也获得了很好的法律效果和社会效果。为落实最高人民检察院的第三方监督机制，张家港市人民检察院出台了一系列具体操作性文件，包括：张家港市企业合规监管委员会涉案企业合规有效性审查工作办法（试行）、张家港市企业合规监管委员会涉案企业合规有效性审查参考指标体系、张家港市企业合规监管委员会合规有效性审查工作流程等。张家港市为公正地产生监督评估机构成员，设置了智能抽取平台。该智能平台具有4项功能：科学随机抽取功能、公平公正保障功能、结果同步公示功能和统计分析决策功能。平台运行一年多来，结合办案抽取第三方组织专业人员9次，并向社会公示，未收到不同意见反馈。实践中，第三方监管评估机构确实发挥了作用。比如，在张家港市某科技公司虚开增值税专用发票案中，第三方组织针对合规计划提出了三条意见：一是进行财务专项审计，审核企业财务管理情况；二是建立库存台账制度；三是完善采购、销售制度。此外，结合财务专项审计再对具体的合规计划作出适当修改、完善。该公司负责人顾某及时作出了合规承诺，对企业财税合规风险开展自查，并制定了《合规纲要》《财务合规管理制度》《员工合规手册》等合规制度，完成了财务专项审计，并将《财务合规管理制度》等上墙。但是，考虑到在合规考察期内企业无法全部完成合规整改计划，但又具有完成整改的态度和可能性，从挽救企业的角度出发，在征求涉案企业和办案检察机关意见的基础上，第三方监督评估组织向市企业合规监管委员会请示，请求延长2个月的考察期限。经慎重研究，企业合规监管委员会同意了请求。考察期限届满，第三方组织经现场验收，出具了通过验收的评估意见。[①]

① 参见邓根保主编：《企业合规实务——张家港改革实践样本》，中国检察出版社2022年版，第77～84页。

三、企业刑事合规司法激励与监管存在的问题

从最高人民检察院公布的三批典型案例以及试点全面推开以后的实践来看,目前适用涉案企业合规整改的主要是小微企业,尽管小微企业占据了市场主体的主要部分,但小微企业的合规整改并不具有代表性,因为就小微企业的实际状况而言,他们本身就不具备完善的现代企业治理结构,对它们进行整改,法律效果和社会效果虽有,但宏观社会效果不足,政治效果缺乏。真正应该进行合规改革,或者说具有中国企业代表性的合规改革应该是大中型企业的合规改革。因为,大中型企业的就业人数多、纳税额比较高,对社会的辐射效应大,由于长期以来中国社会普遍存在的腐败环境因素,它们的内部治理也并不规范,对它们进行合规改革,一来可以避免较大的损失,二来具有较大的政治效应。

从涉案企业合规改革的刑事处置上看,基本上就是沿用传统的相对不起诉制度。因为法定不起诉在刑事诉讼法中有明确规定,不存在讨论空间,存疑不起诉包括退回两次补充侦查的不起诉都是有明文规定的,也并非根据企业表现作出。因此,在结果上可以看出,人民检察院所推行的涉案企业合规改革就是多了一条不起诉的理由,即通过涉案企业合规整改达到健全企业内部制度、完善现代企业治理结构的目标并没有很好实现。因为无论是从单位犯罪的处理还是刑事诉讼一贯提倡的扩大不起诉、减少罪犯的精神出发,都不应当仅仅在自然人犯罪中适用相对不起诉,对单位犯罪也应当积极适用。目前,只是把对自然人犯罪的不起诉进一步扩展到了单位犯罪上。这是一种司法观念的调整,并非一项新的改革。新的改革的重点不在于不起诉,而在于所带来的企业内部整改,达到企业合规的长期化乃至形成企业合规的文化。造成这个局面的原因主要是检察机关改革的步伐不够大,没有真正将企业合规改革纳入认罪认罚从宽制度中来,依靠该制度将企业合规逐渐扩展至全部犯罪中。之所以目前的改革主要是小微企业主体,就是因为超过不起诉制度的从宽量刑优惠,是现有企业合规改革所不能承载的。

我们看到,2021 年 6 月最高人民检察院通过的《关于建立涉案企业合规第三方监督评估机制的指导意见(试行)》相对于一年前通过的《关于开展企业合

规改革试点工作方案》就涉案企业合规改革适用的主体上有了明显扩充,即此前的试点工作方案将适用主体明确为涉案企业以及与涉案企业相关联的企业,包括国企、民企、内资外资、大中小微企业,而《关于建立涉案企业合规第三方监督评估机制的指导意见(试行)》则更为宽泛,适用主体既包括公司、企业等实施犯罪的单位,也包括公司、企业实际控制人、经营管理人员、关键技术人员等。这本来是单位犯罪刑事责任的本意,但这里明确了更具有操作性,这是一个进步。但是,第三方监督评估机制的设计仍然存在一些不合理之处。

因为,尽管我国的第三方监督评估组织并不直接进驻企业成为常驻人员,这不同于国外的坐班式监管,但涉案企业仍需要投入巨大的成本,因此,考察评估期限的设置对于企业而言相当重要,太长的考察期限,涉案企业将不堪重负。

此外,根据最高人民检察院《涉案企业合规建设、评估和审查办法(试行)》第 1 条的规定,涉案企业合规建设,是指涉案企业针对与涉嫌犯罪有密切联系的合规风险,制订专项合规整改计划,完善企业治理结构,健全内部制度,形成有效合规管理体系的活动。这就明确指出,涉案企业合规整改所制订的合规计划并不是面向企业合规体系的完善建构的,而只是指向消灭与涉嫌犯罪有密切关联的合规风险。如果按照这种做法,即使在上述第 1 条中规定目的是达到形成有效合规管理体系,但由于所做的整改重点不是全部,只是有关的风险,所以也难以达成全部合规的目标。显然,这种合规政策只是头痛医头脚痛医脚的小合规,不能促使企业建立合规体系,从而有效地全面预防犯罪。

四、企业刑事合规司法激励与监管的进一步完善

尽管最高人民检察院推进的涉案企业合规改革取得了一定的预期效果,但企业刑事合规司法激励与监管的改进空间仍然存在,笔者认为在如下方面仍应当加强和完善。

首先,应当积极拓展涉案企业主体,将改革推向大中型企业。显然,大中型企业是我国当前经济的主流,它们的合规与否直接决定着我国企业现代化治理结构的建立及其程度,事实上,不难预料,大中型企业中的合规问题也相当严峻。在取得试点经验后,应当进一步走向深水区,在大中型企业中适用。当然,

这里有一个合理的推测,就是目前的涉案企业合规改革之所以停留在小微企业上,就是与认罪认罚从宽制度没有很好地衔接,或者说还没有取得衔接的经验,因而在大中型企业面前就此止步。这又涉及企业合规改革与认罪认罚从宽制度的关系问题。

其次,应当就涉案企业合规改革缓立法,认真在更多企业中推行企业合规与认罪认罚从宽制度的衔接。实际上,涉案企业合规改革就是一种适用于单位犯罪的相对不起诉活动,只是从自然人主体扩展到了单位主体,但又不能仅仅这样认为,因为单位的内部结构和社会效应大于自然人,因此,应当将单位犯罪的处理与认罪认罚从宽结合起来。第一,两者都是以认罪悔罪为前提的,第二,两者都具有预防再犯的功能,因此,两者在本质上没有区别,在改革之初,就应当将这两者有机融合起来。比较成熟的做法是将现行涉案企业合规纳入认罪认罚从宽制度,使其成为后者的必然内涵,而不应当将两种制度并列起来。之所以涉案企业合规改革有其特征,就在于涉及企业合规整改,而一般自然人犯罪的认罪认罚不涉及整改,但整改是有期限的,也是会结束的,也是有第三方监督机制的,在这个意义上,整改的效果检验如同自然人认罪认罚从宽的检验一样,都涉及评估问题,以排除涉案企业的"纸面合规"、假合规,排除自然人的假认罪。而且,只有将企业合规改革纳入认罪认罚从宽制度中,才能解决企业合规改革中的适用重罪难题,否则,依据现行改革方案,重罪无法适用合规整改。但企业涉及重罪后也存在整改问题,不将这两者打通无疑就会将企业合规改革限定在极小范围内,无法发挥其改造现代企业治理结构,促进企业建设完善合规体系的目的。在此之前,不应盲目为企业合规改革立法。

最后,应当进一步提升涉案企业合规改革的立法追求,从就事论事的小合规、局部整改上升到全面整改、全面合规。因为刑事激励机制的目标是长久消除企业的犯罪根源,只有企业全面合规才能形成制约企业不犯罪的文化,故走大合规的激励机制是未来涉案企业合规改革的必然选择。

第五节　企业刑事合规中的刑事责任承担

企业刑事合规中的刑事责任归责属于单位犯罪问题。我国单位犯罪理论和立法走了一条法人不能成为犯罪主体到法人可以成为犯罪主体的认识进化历程。新中国成立初期,单位不构成犯罪是理论界的共识。例如,中央政法干校刑法教研室主编的《中华人民共和国刑法总则讲义》就明确指出:“根据我国刑法,法人在任何条件下都不能成为负担刑事责任的犯罪主体。”[①]后发展到可以对单位实施违法活动中的直接责任人刑事归罪的阶段,但仍否定单位犯罪。如1979年《刑法》第127条规定:“违反商标管理法规,工商企业假冒其他企业已经注册的商标的,对直接责任人员,处三年以下有期徒刑、拘役或者罚金。”直到1987年《海关法》首次以附属刑法形式确立了单位可以成为走私罪的犯罪主体,单位犯罪的理论和实践逐渐成为我国刑法学界的共识,并在1997年《刑法》中得以体现。

我国刑法规定的单位犯罪采用双罚制,既处罚单位,也处罚直接责任人员,但在企业刑事合规的责任承担上,出现了“放过企业,严惩责任人”和“既放过企业,也放过责任人”两种主张,前者只对企业从宽处理,后者对两方都从宽处理。然而在实践中,就目前企业刑事合规主要是轻微罪而基本不涉及重罪而言,其最后的刑事责任承担一般是不起诉和从轻处理。从最高人民检察院公布的企业合规试点改革典型案例中可以发现,在企业刑事归责上,既有“双不起诉”,也有单独起诉和“双起诉”,并不存在单位和自然人责任区分或不区分问题。例如,最高人民检察院发布的涉案企业合规改革试点第一批4个典型案例中,在张家港市L公司、张某甲等人污染环境案,检察机关对L公司、张某甲等人作出了“双不起诉”决定,在新泰市J公司等建筑企业串通投标系列案件中,也对公司及其负责人作出了“双不起诉”决定,但在王某某、林某某、刘某乙对非国家工

---

① 中央政法干部学校刑法教研室编:《中华人民共和国刑法总则讲义》,法律出版社1957年版,第108页。

作人员行贿案中只对涉案企业负责人作出了不起诉决定,在上海市A公司、B公司、关某某虚开增值税专用发票案中,则对企业和负责人均作出了起诉决定。

尽管如此,理论界对这种实践的做法并不满意,理论天然的逻辑追求性仍然认为需要厘清到底应该适用"放过企业,严惩责任人"还是"既放过企业,也放过责任人"的原则,这似乎已成为企业刑事合规进一步发展尤其是对涉案大中型企业如何进行归责绕不开的话题。因此,有必要对此进行理论上的廓清。实际上,这一理论追思反映的是单位和自然人责任一体论,还是单位与自然人责任分离论的不同观点问题。

单位犯罪与自然人犯罪一体归责的支持者依据的是传统的单位犯罪理论。传统的单位犯罪理论中以自然人为前提,将单位特定成员的意思与行为拟制为单位的意思与行为,使其类似于自然人的犯罪主体,对单位进行代位性的间接归罪。代位责任理论具有三层内涵:第一,法人与其中直接负责的主管人员和主要责任人员在法人犯罪中是一个犯罪主体;第二,法人犯罪主体是由法人团体和作为法人团体构成因素的有关人员彼此异质的两部分组成的复合体;第三,组成法人犯罪主体的两个部分在法人犯罪中不是分工的关系,而是彼此融合和互为表现的关系。[①] 也就是说,法人组织中的有关自然人将犯罪法人化,而法人组织则通过有关的自然人实施犯罪。[②] 法人犯罪事实上是自然人个人犯罪。[③] 代位责任理论不仅是我国的通说,迄今为止,美国《联邦量刑指南》也坚持代位责任原则,即组织只能通过其代理人实施行为并对其代理人实施的犯罪承担责任。[④] 在这种责任论中,企业刑事合规中的单位和责任人都基于认罪和愿意接受整改的前提而应当得到同样的从宽处理,尤其对于直接责任人而言,其对企业的整改起到至关重要的作用,也是救活一个企业的关键,这在广大小微企业中表现得特别明显,而目前企业刑事合规的涉案单位大部分就是小微企业,用单位和责任人刑事归责分离论指导企业刑事合规显然不适当。即使对于大中型企业,在责任人员主动认罪、积极悔改的基础上,不站在企业整体利益上

① 参见李本灿:《单位刑事责任论的反思与重构》,载《环球法律评论》2020年第4期。

② 参见娄云生:《法人犯罪》,中国政法大学出版社1996年版,第75~76页。

③ 参见张克文:《拟制犯罪和拟制刑事责任——法人犯罪否定论之回归》,载《法学研究》2009年第3期。

④ See U. S. Sentencing Commission Guideline Manual, Chapter 8, Introductory Commentary (2018).

从有利于未来合规考虑,而是严惩责任人,也和认罪认罚从宽制度的精神不符,因为最高人民检察院的《关于开展企业合规改革试点工作方案》明确要求,企业合规试点改革要和认罪认罚从宽制度有机衔接起来。

单位犯罪与自然人犯罪分离归责的支持者依据的是将组织体责任嵌套进自然人犯罪理论体系对组织体进行直接归责。单位犯罪与自然人犯罪分离归责论实际上提出了一个组织体刑事责任论的观点,就是企业作为组织体可以独立于直接责任人员入罪或出罪。这种见解认为,"现代社会中的单位已不是传统意义上人或物的集合,而是有其内在运营机制,并通过业务范围、政策规定、防范措施、利润目标以及组织结构等要素,让作为其组成人员的自然人丧失个性而仅仅成为单位运转过程中一个微不足道的组成部分的组织体。""组织体刑事责任论的主要宗旨是,从单位自身的固有要素即组织体的制度政策、精神文化等要素中寻找单位犯罪的处罚根据,以摆脱传统学说只能借助单位中的自然人的思想和行为来说明单位犯罪的片面性。在该种见解之下,单位是有别于其组成人员个人的独立存在。"①这种论点试图用组织体责任论重构企业合规刑事归责的原则,创建一种独立的组织体归责原则,即构建以合规为中心的单位刑事责任论,即单位因违反合规刑事义务,由于单位内部决策程序和治理结构的缺陷导致社会危害后果而入罪。在此种情形下,单位犯罪不再是一个行为主体、两个刑罚主体的牵连形态,而成为两个犯罪主体、两个刑罚主体的聚合形态,对单位和直接责任人员各自进行独立的刑事归责。② 构建单独的单位组织体责任,让企业在企业合规中成为独立的责任主体,其担心在于"放过企业,但严惩责任人"模式会破坏现行刑法意义上单位犯罪的结构,单位和责任人的责任一体结构;而对单位和直接责任人员作出合规不起诉的"放过企业,也放过责任人"模式,以及对企业家涉嫌的自然人犯罪作出合规不起诉的"企业整改,以放过企业家"模式又都会消解自然人责任,导致自然人获得不应有的从轻。③ 因此,应当严格区分企业刑事责任和个人刑事责任。④

有不少学者认为应当重构企业刑事合规的归责原则,让单位和责任人各自

① 黎宏:《组织体刑事责任论及其应用》,载《法学研究》2020 年第 2 期。
② 参见刘艳红:《刑事实体法的合规激励立法研究》,载《法学》2023 年第 1 期。
③ 参见刘艳红:《刑事实体法的合规激励立法研究》,载《法学》2023 年第 1 期。
④ 参见李玉华:《企业合规本土化中的"双不起诉"》,载《法制与社会发展》2022 年第 1 期。

独立承担责任，并采用“放过企业，严惩责任人”的方式进行分别归责，是因为这是欧美国家的企业合规不起诉理念，是较为成熟的做法，值得我们借鉴，我们本土中的“双不起诉”存在公正性和正当性的质疑。[①] 的确，美国从 1991 年的《组织量刑指南》到今天的《联邦商业组织起诉原则》，一直秉承“放过企业，严惩责任人”的原则，对公司的起诉不能替代对公司内部或外部刑事犯罪个人的起诉。换言之，无论最终对公司如何处置，都必须对可能承担责任的个人进行单独评估。[②] 任何此类因特殊情况而免除个人刑事责任的行为都必须得到助理司法部长的亲自书面批准。[③] 但事实上，“放过企业，严惩责任人”的原则在实践中有很大的变通，并未呈现为企业刑事合规归责的主流。据统计，2001 ~ 2012 年，美国企业合规和解达成暂缓起诉和不起诉的 255 个案件中，有大约 2/3 案件中的高管和雇员并没有被起诉，仅有 1/3 的案件起诉了雇员。在上市公司中，高管和雇员的被起诉率也只有 25%，而且，美国司法部在认罪协议中会对雇员宽大处理，甚至绝大多数情形下根本就不起诉雇员。原因在于，司法资源有限，检察官调查成本很高，难度较大，时间较久，而且不少高管和雇员属于跨国公司成员，不容易引渡到美国。[④] 由此可见，“放过企业，严惩责任人”也并非铁板一块，而且美国的制度也当然不能套用于中国。我们开展涉案企业合规建设，并不能因为美国搞得早就必须唯美国马首是瞻。在中国，涉案企业合规改革的目的是挽救企业，保护民生，改善营商环境，减少再犯，促进社会和谐。我们对企业从宽而对责任人从严，既不符合刑法单位犯罪的理论，也不符合我国面临巨量中小型企业的现实。因此，这种“放过企业，严惩责任人”的制度设计及其背后重构的单位单独犯罪理论，可能难以为我国采纳。[⑤]

其实，目前实践中的做法，就是根据案情决定对企业和责任人进行归责，或者“双不起诉”，或者“双起诉”，或者一方单独起诉，这才是符合辩证法的科学机制。我们一定要建设一套单位与责任人分离的二元模式，在实践中毫无必

---

① 参见李玉华：《企业合规本土化中的“双不起诉”》，载《法制与社会发展》2022 年第 1 期。

② 参见李勇：《认罪认罚与企业合规——从原理到实操》，法律出版社 2022 年版，第 274 页。

③ 参见李勇：《认罪认罚与企业合规——从原理到实操》，法律出版社 2022 年版，第 274 ~ 275 页。

④ 参见［美］布兰登 · L. 加勒特：《美国检察官办理涉企案件的启示》，刘俊杰、王亦泽等译，法律出版社 2021 年版，第 98 ~ 130 页。

⑤ 参见陈瑞华：《企业合规基本理论》（第 3 版），法律出版社 2022 年版，第 279 页。

要,也仅仅满足了理论逻辑的需要,这样的理论逻辑如果不能指导实践,为何要存在?如果按照单位与责任人二元论,“放过企业,严惩责任人”,或者“单位可以通过履行合规义务出罪,而直接责任人只能依据罪刑轻微出罪,由此完成单位犯罪的刑事责任的分离构造”,这样做的意义又何在?难道就不存在责任人可以从宽的理由?在这个问题上,我们必须回到涉案企业合规改革的刑事政策上来,涉案企业合规改革本身就不是一种从严的政策而是从宽的政策,我们为何要在责任人身上违背这种政策。而且对责任人的严惩直接和刑法单位犯罪的理论相冲突,我们为何要放弃单位犯罪这种代位责任的成熟认识而另行构建一套不具有现实意义的组织体责任理论?笔者认为,我们在涉案企业刑事合规问题上陷入了理性至上主义的误区,其实,涉案企业刑事合规本身是一套功利主义的实用哲学,它和认罪认罚从宽制度如出一辙,甚至就应看成认罪认罚从宽制度的一部分,是认罪认罚从宽制度的适用主体从自然人延伸到了单位,它们都是基于国家政策和社会学意义上的目标而成立的,具有强烈的现实主义倾向,而在某些理论研究者看来,一个管用的制度是不行的,非要用一套“漂亮”的理论逻辑才行,这显然不符合理论研究指导实践的目的,也走入了解决实践问题的反面。

事实上,在当前涉案企业刑事合规的归责上,直接面临的问题并非要构建一套独立的单位责任论问题,因为传统的单位犯罪理论足够解释和指导这场改革。目前切实要构建和探索的问题是涉案企业合规中的附条件不起诉制度和重罪案件从宽处理机制,这是立法和司法需要解决的问题。现行附条件不起诉制度适用于未成年人,不适用于单位犯罪。附条件不起诉制度和美国的暂缓起诉制度十分相近,是较为可行的一种制度。暂缓起诉是美国联邦检察机关将“审前转处协议”应用于企业犯罪处理上的结果。审前转处协议针对自然人犯罪,也就是检察官与被告方达成协议,被告方必须履行一定的义务,承认犯罪、配合调查、积极赔偿被害人损失等,在经过一定的考验期后,被告方确实履行了与检方的协议,则检方将放弃对被告的起诉而使案件终结的一种制度。20 世纪 90 年代以后,这种制度逐渐用来处理企业犯罪,诞生了针对企业主体的暂缓起诉制度。暂缓起诉也是一种检方与被告企业达成的具有考验期的协议。在这种协议中,企业被告方的义务一般是积极认罪,配合调查,接受罚款,赔偿被害人,尤其是要完成合规建设计划,重建企业合规体系,并接受检察机构派驻的合规建设监督员的监督，定期就合规建设情况向检察官汇报。在考验期结束后，由检察官认定企业合规建设的情况是否达标，从而决定是否提起公诉。可见，美国的暂缓起诉协议和我国的企业合规第三方监管机制具有异曲同工之妙，但建立附条件不起诉制度更能凸显企业整改的意愿、要求和实质，而且建立附条件不起诉制度将实质上吸收第三方监管机制，使其成为现行不起诉制度的一部分，从而取得刑事诉讼法上的正式地位。未来，刑事诉讼法的修改应当就此进行立法。

涉案企业合规改革中遇到的另一个棘手问题是重罪的处理。目前的做法是涉案企业遇到重罪问题需要逐级上报上一级检察院审核，但这并不是一个机制性办法，而只是权宜之计。长期的制度化做法应当是将涉案企业合规改革和认罪认罚从宽制度打通，使在涉案企业合规改革中遇到的重罪问题用认罪认罚从宽制度解决。这既符合认罪认罚从宽制度作为刑事诉讼法总则中的规定的总指导地位，即既适用于自然人犯罪，又适用于单位犯罪，又能解决企业刑事合规遇到的瓶颈。

Chapter 03
第三章
企业行政合规的基本问题与路径

企业行政合规包含两个内涵，一个是企业在经营过程中在行政监管机构的指导下为预防监管处罚风险而采取的治理机制，另一个是企业在经营过程中违反行政监管法律法规而导致行政责任的前提下，以加强内部控制和整改为前提换取的一种行政责任宽大处理机制。在当前的企业合规改革中，企业行政合规事实上是走在前面的，但它没有企业刑事合规那样取得巨大的社会影响。从本质上讲，企业合规改革中加强行政监管，避免企业违反行政法规，促使企业行政合规才是源头，①因此企业刑事合规的长久追求是企业行政合规。所以企业合规的底线应当是行政合规。② 正如陈瑞华教授所言，企业合规不仅是商事法和公司法研究的新课题，企业合规也涉及行政监管部门对违法违规企业的监管、调查和处罚问题，涉及监管部门对建立合规计划的企业要不要作出宽大处理的问题。③ “离开行政合规体系的建立，来孤立地看待企业的刑事合规问题，可能属于一种‘头痛医头脚痛医脚’的治理方式，难以发挥长久的治理效果。”④

---

① 参见张泽涛：《论企业合规中的行政监管》，载《法律科学（西北政法大学学报）》2022 年第 3 期。
② 参见夏金莱、许聪：《企业行政合规制度构建研究》，载《政法学刊》2022 年第 4 期。
③ 参见陈瑞华：《企业合规基本理论》（第 3 版），法律出版社 2022 年版，第 60 页。
④ 陈瑞华：《企业合规基本理论》（第 3 版），法律出版社 2022 年版，第 181 页。

第一节　行政日常监管视野下的企业合规

一、行政指导制度

企业行政合规建设中的行政指导制度包括行政合规指引和行政合规指导两种类型。其中,行政合规指导要求比行政合规指引更具约束力。行政合规指引,是指行政监管机构通过发布指引或指南的方式引导企业建立合规体系,加强合规管理的重要方式。根据指引的内容,行政合规指引可以分为综合性指引和专门性指引两类。综合性指引是由负有全面监管责任的行政机关发布的,如国资委、全国工商联等;专门性指引是由单一行政管理部门发布的,如金融监管部门、市场监管部门、证券监管部门、商务部等。目前,我国企业行政合规建设中两种指引都存在,并以后者居多。

就综合性合规指引而言,目前主要有 2006 年 6 月 6 日国资委颁发的《中央企业全面风险管理指引》、2018 年 11 月 2 日国资委颁发的《中央企业合规管理指引(试行)》、2018 年 12 月 26 日国家发展改革委员会同外交部、商务部、中国人民银行、国资委、外汇局、全国工商联联合颁布的《企业境外经营合规管理指引》,以及 2021 年 4 月 28 日商务部颁发的《商务部关于两用物项出口经营者建立出口管制内部合规机制的指导意见》等。

《中央企业全面风险管理指引》是为了指导国资委履行出资人职责的企业开展全面风险管理工作,增强企业竞争力,提高投资回报,促进企业持续、健康、稳定发展而制定的指引。指引中所称的企业风险是指未来的不确定性对企业实现其经营目标的影响。企业风险一般可分为战略风险、财务风险、市场风险、运营风险、法律风险等。由此可见,在这份指引中,所称的风险并非全部是合规风险,还包括市场风险这种非合规风险,也就是说,这份风险指引是一种综合性的风险指引,不仅仅包括合规风险。该指引所规定的风险管理流程包括如下方面:收集风险管理初始信息;进行风险评估;制定风险管理策略;提出和实施风险管理解决方案;风险管理的监督与改进。该指引通过全面风险管理所要实现的总体目标是：确保将风险控制在与总体目标相适应并可承受的范围内；确保内外部，尤其是企业与股东之间实现真实、可靠的信息沟通，包括编制和提供真实、可靠的财务报告；确保遵守有关法律法规；确保企业有关规章制度和为实现经营目标而采取重大措施的贯彻执行，保障经营管理的有效性，提高经营活动的效率和效果，降低实现经营目标的不确定性；确保企业建立针对各项重大风险发生后的危机处理计划，保护企业不因灾害性风险或人为失误而遭受重大损失。

《中央企业合规管理指引（试行）》不同于《中央企业全面风险管理指引》，是单一的行政合规指引。该指引是为推动中央企业全面加强合规管理，加快提升依法合规经营管理水平，着力打造法治央企，保障企业持续健康发展而制定的。该指引所称的合规风险，是指中央企业及其员工因不合规行为，引发法律责任、受到相关处罚、造成经济或声誉损失以及其他负面影响的可能性。所谓合规管理，是指以有效防控合规风险为目的，以企业和员工经营管理行为为对象，开展包括制度制定、风险识别、合规审查、风险应对、责任追究、考核评价、合规培训等有组织、有计划的管理活动。该指引要求中央企业按照以下原则加快建立健全合规管理体系：(1)全面覆盖。坚持将合规要求覆盖各业务领域、各部门、各级子企业和分支机构、全体员工，贯穿决策、执行、监督全流程。(2)强化责任。把加强合规管理作为企业主要负责人履行推进法治建设第一责任人职责的重要内容。建立全员合规责任制，明确管理人员和各岗位员工的合规责任并督促有效落实。(3)协同联动。推动合规管理与法律风险防范、监察、审计、内控、风险管理等工作相统筹、相衔接，确保合规管理体系的有效运行。(4)客观独立。严格依照法律法规等规定对企业和员工行为进行客观评价和处理。合规管理牵头部门独立履行职责，不受其他部门和人员的干涉。

《企业境外经营合规管理指引》是为了更好地服务企业开展境外经营业务，推动企业持续加强合规管理，根据国家有关法律法规和政策规定，参考GB/T35770—2017《合规管理体系指南》及有关国际合规规则制定的。该指引适用于开展对外贸易、境外投资、对外承包工程等“走出去”相关业务的中国境内企业及其境外子公司、分公司、代表机构等境外分支机构。法律法规或者行业监管部门另有规定的，则服从其规定。该指引所称合规，是指企业及其员工的经营管理行为符合有关法律法规、国际条约、监管规定、行业准则、商业惯例、道德规范和企业依法制定的章程及规章制度等要求。《企业境外经营合规管理指引》要求境外经营的企业遵守三大合规原则：独立性原则、适用性原则、全面性原则。其中，独立性原则，是指企业合规管理应从制度设计、机构设置、岗位安排以及汇报路径等方面保证独立性。合规管理机构及人员承担的其他职责不应与合规职责产生利益冲突。适用性原则，是指企业合规管理应从经营范围、组织结构和业务规模等实际出发，兼顾成本与效率，强化合规管理制度的可操作性，提高合规管理的有效性。同时，企业应随着内外部环境的变化持续调整和改进合规管理体系。全面性原则，是指企业合规管理应覆盖所有境外业务领域、部门和员工，贯穿决策、执行、监督、反馈等各个环节，体现于决策机制、内部控制、业务流程等各个方面。在合规治理结构上，要求在决策、管理、执行三个层级上划分相应的合规管理责任，并成立由合规委员会、合规负责人和合规管理部门三层级的合规管理机构。

专门性合规管理指引始于金融管理部门对银行、保险公司等金融企业的合规监管。国内的专门性指引主要是借鉴国外的一些做法推行开来的，其中，受其影响最大的是2005年4月，巴塞尔银行业监督管理委员会发布的《合规与银行内部合规部门》，这份合规指引为会员国银行企业建立合规体系提供了基本原则和制度框架。就国内专门性指引而言，主要有2006年10月20日原银监会发布的《商业银行合规风险管理指引》、2007年9月7日原保监会颁布的《保险公司合规管理指引》（已失效）、2020年9月11日国务院反垄断委员会制定的《经营者反垄断指南》、2021年11月15日国家市场监管总局制定的《企业境外反垄断合规指引》等。地方上也有一些专门指引，如上海市浦东新区人民检察院、中国信息通信研究院知识产权与创新发展研究中心制定的《企业知识产权合规标准指引（试行）》等。

就《商业银行合规风险管理指引》而言，该指引适用于中华人民共和国境内设立的中资商业银行、外资独资银行、中外合资银行和外国银行分行，其他金融机构参照该指引执行。该指引所称的合规是指使商业银行的经营活动与法律、规则和准则相一致。所称的合规风险，是指商业银行因没有遵循法律、规则和准则可能遭受法律制裁、监管处罚、重大财务损失和声誉损失的风险。该指引要求商业银行建立与其经营范围、组织结构和业务规模相适应的合规风险管理体系。合规风险管理体系包括如下基本要素：合规政策；合规管理部门的组织结构和资源;合规风险管理计划;合规风险识别和管理流程;合规培训与教育制度。

《企业知识产权合规标准指引(试行)》所确立的企业知识产权风险管理目标是实现对知识产权合规风险的有效识别和管理,确保公司管理和各项经营活动的合法合规,推动企业全面加强知识产权合规管理,提升依法合规经营管理水平,保障企业持续健康发展。该指引所称的涉知识产权合规风险,是指企业及其员工因知识产权不合规行为,引发法律责任,造成刑事追责、经济或声誉损失以及其他负面影响。涉知识产权的法律风险包括但不限于:专利权法律风险;商标权法律风险;著作权法律风险;商业秘密风险。该指引所确立的企业知识产权合规体系建设应当遵循的原则是:独立性、有效性、全面性、动态性和可查性原则。

行政指导是行政机关在法定职责范围内,为有效实现行政目的而实施的引导、指点、教育、劝告、建议等非强制行为。行政指导是对传统行政管理方式和执法方式的重要变革和补充,是推进依法行政、建设法治政府的重要内容,是创新社会管理、促进社会和谐的重要途径,是我国社会治理体系和治理能力现代化的重要体现。在2004年国务院发布的《全面推进依法行政实施纲要》和2021年中共中央发布的法治中国建设规划(2020～2025年)中,均明确强调要发挥和加强行政规划、行政指导等非强制性行政手段的运用,作为改进和创新执法方式的重要举措。行政指导的原则一般是:自愿、合法、合理、公开、主动、便民。行政指导的方式一般是:重点项目辅导,日常工作指导,行政监管劝勉,服务发展建议,相关事项提示,轻微问题警示,违法行为纠错,重大案件回访,行政示范,行政公示以及其他不违背法律、法规、规章的指导方法。为落实中央的这一举措,很多地方政府都出台了行政指导意见实施办法。如《南通市市政府关于全面推行行政指导工作的实施意见》《东营市人民政府关于全面推行行政指导工作的意见》《河南省食品药品监督管理局关于在全省系统推行行政指导工作的意见》《黑龙江省食品药品监督管理局关于规范销售散装食品标注信息的指导意见》等。

在针对企业的行政监管方面,行政指导制度也得到了广泛应用。比如,国家发改委针对汽车企业发布的"发展节能环保型小排量汽车"的引导政策;商务部对外资企业发布的投资产业指导目录和与投资优势产业目录等方面的指导意见；人社部会同中央网信办、交通运输部、市场监管总局、全国总工会就维护新就业形态劳动者劳动保障权益对美团、饿了么、滴滴等 11 家头部平台企业联合开展的行政指导。

行政指导不仅被广泛应用在行业性、整体性指导上，在企业监管中，也被以行政指导书的形式运用于具体处罚案例中。例如，2021 年 4 月 10 日，国家市场监管总局根据《反垄断法》第 47 条、第 49 条的规定，综合考虑阿里巴巴集团滥用市场支配地位违法行为的性质、程度和持续时间等因素，对阿里巴巴作出行政处罚决定。决定责令阿里巴巴集团停止违法行为，并处 182.28 亿元罚款。同时，决定按照《行政处罚法》处罚与教育相结合的原则，向阿里巴巴集团发出《行政指导书》，要求其围绕落实平台企业主体责任、加强内控合规管理、维护公平竞争、保护平台内商家和消费者合法权益等方面进行全面整改，并连续 3 年向市场监管总局提交自查合规报告，并建议公司主动向社会公开合规情况，接受社会监管。其行政指导书的具体内容如下。

(1)全面规范自身竞争行为，包括开展全面深入自查，检视并规范自身经营行为。不得违法实施具有或者可能具有排除、限制竞争效果的经营者集中。不得利用技术手段、平台规则和数据、算法等，实施垄断协议和滥用市场支配地位行为，排除、限制市场竞争。(2)严格落实平台企业主体责任，包括强化平台内部生态治理，不断完善服务协议、平台运营、资源管理、流量分配等交易规则，客观中立设定搜索、排序等算法，公平公正使用数据资源，切实提高平台治理规则的公开性和透明度，依法保护个人信息和隐私。按照公平合理无歧视的原则与平台内经营者开展合作，不得从事向平台内经营者收取不公平高价服务费、对平台内经营者施加不合理限制或者附加不合理交易条件、歧视性对待平台内经营者等行为。建立消费者、平台用户、社会专家等对平台企业的外部评价机制，自觉接受社会监督。(3)完善企业内部合规控制制度，包括建立并有效执行反垄断合规制度，明确合规管理要求和流程。定期开展公司高管和工作人员的合规培训，增强反垄断合规意识，提升合规能力。建立定期向监管部门报告合规情况制度。(4)保护平台内经营者和消费者合法权益，包括依法为平台内经营者和消费者提供全面、真实、准确、及时的交易信息，充分保障平台内经营者和消费者的知情权、公平交易权和自由选择权。建立并畅通投诉举报渠道，健全投诉处理制度和争议在线解决机制，制定并公示争议解决规则。对平台内经营者采取搜索降权、下架商品、暂停服务等惩罚性措施,应当及时予以公示。建立各方面反映集中的竞争问题定期分析研判制度。积极维护公平竞争促进创新发展。依法加大平台内数据和支付、应用等资源端口的开放力度,充分尊重用户选择权,不得没有正当理由拒绝交易,促进跨平台的互联互通和互相操作。带头强化行业自律,积极通过技术革新、质量改进、服务提升、模式创新等开展良性竞争,实现创新发展。坚持包容共享原则,为平台内经营者特别是中小商家提供便捷优质的服务,促进平台经济和实体经济协同发展。

从两份决定书中不难看出,这既是国家市场监督管理总局给到企业的处罚决定,又是给予企业整改、"纠偏"机会的一份强制合规意见。意见书要求阿里巴巴更加完善企业合规制度,落实平台主体责任,保护平台经营者和消费者合法权益。其中,处罚是基础和前提,合规是落脚点与寄予企业希望。可以说,是合规换来了前面比较轻之处罚。其中的亮点就在于,行政监管给予了企业一次轻装上阵的机会,让企业进行整改、重新回到正当合法运营之轨道上来。①

在督促企业合规经营中,行政指引和行政指导都具有很强的亲和性、灵活性,容易为企业主动接受,这既可以对企业形成一定的合规压力,又可以一定程度上产生企业的合规动力。② 但是这种行政指导制度是有局限性的,由于没有具体约束力,因而存在企业应付检查,合规整改流于形式的问题,也就是会出现"纸面合规"而实际没有变化的情形。当然,建立企业合规体系,还需要与其他行政手段形成合力,促进企业合规体系的完善。

二、行政强制合规义务

所谓强制合规,是指法律法规对相关企业提出明确的建立合规管理体系的义务,对拒不履行合规管理义务的企业作出行政处罚的制度。③ 法国是第一个建立强制合规制度的西方国家。当前,我国不仅通过涉案企业刑事合规来推进企业自身的合规建设,也通过行政强制合规来强化企业的内部控制,实现企业

① 张元龙:《阿里被罚 182 亿:中国行政合规第一案,指导实务执法,并激励民营企业合规体系建设》,载 http://www.148hb.com/newsview/8645.html,访问日期:2023 年 3 月 14 日。

② 参见陈瑞华:《企业合规基本理论》(第 3 版),法律出版社 2022 年版,第 188 ~ 189 页。

③ 参见陈瑞华:《企业合规基本理论》(第 3 版),法律出版社 2022 年版,第 193 页。

的治理结构现代化。我国至少已经在保险、证券等领域构建了企业强制合规制度,出台了《保险公司合规管理办法》《证券公司和证券投资基金管理公司合规管理办法》。此外,国家对中央企业也提出了全面合规管理要求,颁布了《中央企业合规管理办法》。

2016 年 12 月 30 日原保监会发布了《保险公司合规管理办法》,该办法指出,保险公司应当按照本办法的规定,建立健全合规管理制度,完善合规管理组织架构,明确合规管理责任,构建合规管理体系,推动合规文化建设,有效识别并积极主动防范、化解合规风险,确保公司稳健运营。中国保监会及其派出机构依法对保险公司合规管理实施监督检查。

2017 年 6 月 6 日中国证监会制定并经 2020 年 3 月 20 日修改了《证券公司和证券投资基金管理公司合规管理办法》,该办法指出,在中华人民共和国境内设立的证券公司和证券投资基金管理公司应当按照本办法实施合规管理。证券基金经营机构的合规管理应当覆盖所有业务,各部门、各分支机构、各层级子公司和全体工作人员,贯穿决策、执行、监督、反馈等各个环节。中国证监会依法对证券基金经营机构合规管理工作实施监督管理。中国证监会派出机构按照授权履行监督管理职责。

2022 年 8 月 23 日,国资委通过了《中央企业合规管理办法》,国资委根据国务院授权履行出资人职责的中央企业适用本办法。该办法指出,所谓合规管理,是指企业以有效防控合规风险为目的,以提升依法合规经营管理水平为导向,以企业经营管理行为和员工履职行为为对象,开展的包括建立合规制度、完善运行机制、培育合规文化、强化监督问责等有组织、有计划的管理活动。中央企业合规管理工作应当遵循以下原则:坚持党的领导;坚持全面覆盖;坚持权责清晰;坚持务实高效。其中,坚持全面覆盖原则要求将合规要求嵌入经营管理各领域各环节,贯穿决策、执行、监督全过程,落实到各部门、各单位和全体员工,实现多方联动、上下贯通。坚持权责清晰原则要求按照“管业务必须管合规”准则,明确业务及职能部门、合规管理部门和监督部门职责,严格落实员工合规责任,对违规行为严肃问责。中央企业纪检监察机构和审计、巡视巡察、监督追责等部门依据有关规定,在职权范围内对合规要求的落实情况进行监督,对违规行为进行调查,按照规定开展责任追究。

在上述行政强制合规法规中,与行政指导不同的是,都规定了所监管的企业必须遵守的义务,且指明了具体监督执行机构,以及违反义务所承担的行政责任。这说明,在央企和金融证券企业领域,行政强制合规已经得到普遍实行。例如,《证券公司和证券投资基金管理公司合规管理办法》第 32 条第 1 款规定:"证券基金经营机构违反本办法规定的,中国证监会可以采取出具警示函、责令定期报告、责令改正、监管谈话等行政监管措施;对直接负责的董事、监事、高级管理人员和其他责任人员,可以采取出具警示函、责令参加培训、责令改正、监管谈话、认定为不适当人选等行政监管措施。"第 35 条第 2 款规定:"合规负责人未按照本办法第十五条第二款的规定及时向中国证监会相关派出机构报告重大违法违规行为的,处以警告、3 万元以下罚款。"《中央企业合规管理办法》第 37 条规定:"中央企业违反本办法规定,因合规管理不到位引发违规行为的,国资委可以约谈相关企业并责成整改;造成损失或者不良影响的,国资委根据相关规定开展责任追究。"第 38 条规定:"中央企业应当对在履职过程中因故意或者重大过失应当发现而未发现违规问题,或者发现违规问题存在失职渎职行为,给企业造成损失或者不良影响的单位和人员开展责任追究。"通常而言,企业天生的逐利性决定了它们一开始并没有开展企业合规的原始动力,往往是在受到制裁或外界压力下开展的被动性合规,但在合规形成文化的环境下,企业合规则会从被动演变为主动。行政强制合规制度就是一种要求企业将合规形成一种企业文化的制度,企业因而会主动建构和完善合规制度,这是目前企业合规尚不健全情形下的一种具有良好效果的制度。因此,行政强制合规制度的运用正在被拓宽。例如,在 2021 年 6 月全国人大常委会发布的《反洗钱法》修订草案征求意见稿中就规定,金融机构和负有反洗钱义务的非金融机构,有义务依法建立健全反洗钱内部控制制度,评估本机构洗钱风险状况并制定相应的风险管理措施。

第二节　行政合规责任宽大处理的引入与发展

一、行政合规从宽处罚机制的引入

在法律责任面前获得从宽处理是我国法律的一项传统，我们在 1934 年颁发的《中华苏维埃共和国惩治反革命条例》中即可见到。该条例第 36 条规定："凡犯本条例所列各罪之一未发觉而自己向苏维埃报告者（自首分子），或既发觉而悔过忠实，报告其犯罪内容，帮助肃反机关破获其他同谋犯者（自新分子），得按照各项条文的规定，减轻处罚。"①因此，坦白从宽，抗拒从严长期以来一直是我国的基本刑事政策，时至今日演变为宽严相济刑事政策。在行政处罚领域，基于特定情况的从宽处罚也是基本原则。1933 年 10 月颁布的《中华苏维埃共和国违反劳动法令惩罚条例》第 9 条规定："凡中农、贫农及手工业者、小船主因自己的劳动力不够而使用他人劳动力以补助自己；劳动力不足者，倘得工人及职工会之同意而没有按照劳动法令的规定者，不应机械地依照本条例第二、三、四各条处罚之。"②现行《行政处罚法》第 32 条规定："当事人有下列情形之一，应当从轻或者减轻行政处罚：（一）主动消除或者减轻违法行为危害后果的；（二）受他人胁迫或者诱骗实施违法行为的；（三）主动供述行政机关尚未掌握的违法行为的；（四）配合行政机关查处违法行为有立功表现的；（五）法律、法规、规章规定其他应当从轻或者减轻行政处罚的。"当然，将宽大处理机制引入企业合规建设中，是近年来的事情，有学者将之称为"行政合规的实体激励机制"。③ 这种激励机制包含两个层面：一是对于没有建立企业合规机制的企业，实施较严厉的处罚；二是对于建立了合规管理体系或有证据证明正在建设合规

---

① 韩延龙、常兆儒：《革命根据地法制文献选编》（中卷），中国社会科学出版社 2013 年版，第 608 页。

② 韩延龙、常兆儒：《革命根据地法制文献选编》（下卷），中国社会科学出版社 2013 年版，第 1424 页。

③ 陈瑞华：《企业合规基本理论》（第 3 版），法律出版社 2022 年版，第 197 页。

体系的企业,处以较宽的处罚。前者产生的是压力,后者产生的是动力。具体而言,在现行法律法规中明确体现合规行政责任从宽处理的主要是证券领域和反不正当竞争领域。

《证券公司和证券投资基金管理公司合规管理办法》第 36 条规定:"证券基金经营机构通过有效的合规管理,主动发现违法违规行为或合规风险隐患,积极妥善处理,落实责任追究,完善内部控制制度和业务流程并及时向中国证监会或其派出机构报告的,依法从轻、减轻处理;情节轻微并及时纠正违法违规行为或避免合规风险,没有造成危害后果的,不予追究责任。对于证券基金经营机构的违法违规行为,合规负责人已经按照本办法的规定尽职履行审查、监督、检查和报告职责的,不予追究责任。"这是中国证监会在证券管理领域首次引入强制合规制度,并将合规激励机制用于合规管理领域,这对于证券企业早早建立合规体系,完善合规管理,避免违规违法行为具有极大的自我促进作用。

《反不正当竞争法》在禁止企业违法违规经营上引入了严格责任制度,将企业员工的贿赂行为,一律先推定为企业的行为。该法第 7 条规定,经营者不得采用财物或者其他手段贿赂单位或者个人,以谋取交易机会或者竞争优势。经营者的工作人员进行贿赂的,应当认定为经营者的行为,但是,经营者有证据证明该工作人员的行为与为经营者谋取交易机会或者竞争优势无关的除外。该条的例外规定实际上给建立了合规制度,进行了合规管理的企业确立了避免惩罚的正当事由,只要有关企业证明自己在反商业贿赂方面采取了有效措施并加强了监管,就可以认为履行了上述证明责任。

尽管企业合规的实体从宽激励仅在有限的法律法规中得到体现,但根据《行政处罚法》这一具有广泛适用性的法律规定,在其他未明确规定企业合规可以从宽的领域,也同样可以依据《行政处罚法》而享受从宽处理,因此,也可以说,在强制性合规义务约束下的领域,都存在合规从宽的激励制度,这是现代协商性行政监管理念和契约行政观念发展的需要,也是给予企业出路,改善营商环境,促进国家治理能力现代化提升的必然要求。

二、行政和解制度的建立

如果说企业行政合规从宽这种实体激励是在企业发生了违法违规行为,且事实清楚，证据充分的前提下，行政监管机构根据企业已经建立合规管理体系的实际程度所给予的一种“奖励”，那么，企业合规中的行政和解则是行政监管机构在对企业涉嫌违规违法活动进行调查过程中，根据企业的申请，以及监管机构的意愿，双方达成的一种结束调查，处理该事件的协议。按照这一理解，美国的暂缓起诉协议和不起诉协议都具有这种和解性质。

在美国的企业合规行政和解中，行政部门可与涉案企业达成一种行政和解协议，要求涉案企业承担相应的义务，然后在义务履行结束后决定是否撤销行政处罚决定。这些义务包括：承认违法事实，配合行政调查，缴纳高额罚款，采取补救措施，提出合规整改计划和具体方案，消除制度漏洞。对于上述承诺，行政机关会根据案件情况设定 1 ~ 10 年的考察期，派驻合规监管人或合规协调员，对企业合规建设情况进行跟踪监督和报告。考察期结束后，行政机关根据企业整改的效果作出是否撤销行政处罚的决定。① 和解制度在美国、英国和我国香港地区证券执法中发挥着积极重要的作用。美国证监会在执法工作中，将和解结案列为案件成功解决的情形之一，和解比例高达 90%。可以说，证券行政执法和解制度在美国得到了极为广泛的运用，对美国证监会执法实践起着至关重要的作用。②

近年来，随着契约行政和协商性监管理念在国内的传播，行政执法的僵硬性也得到很大调整，行政执法开始从“严刑峻法”的惩治转向与预防并重，通过调动被处罚企业的主动性降低执法成本，提高执法的社会效果，这就出现了国内的行政和解制度入法问题。当然，企业合规中的行政和解也有另外一种渊源，那就是行政诉讼中，行政和解也早已引入，并取得了良好效果，因而，将行政和解引入企业合规领域也是水到渠成的事。《行政诉讼法》第 60 条规定：“人民法院审理行政案件，不适用调解。但是，行政赔偿、补偿以及行政机关行使法律、法规规定的自由裁量权的案件可以调解。调解应当遵循自愿、合法原则，不得损害国家利益、社会公共利益和他人合法权益。”2022 年 10 月《行政复议法》修订草案明确规定，行政复议机关审理案件可以按照合法、自愿原则进行调解，

---

① 参见陈瑞华：《企业合规基本理论》（第 3 版），法律出版社 2022 年版，第 201 页。

② 参见梧桐：《〈证券期货行政执法当事人承诺制度实施办法〉发布，行政执法和解来了！》，载 https://new.qq.com/rain/a/20211129A095ZY00，访问日期：2023 年 3 月 15 日。

但不得损害国家利益、社会公共利益和他人合法权益,不得违反法律、法规的强制性规定。

在企业合规方面,最早在反垄断领域建立了类似行政和解的执法承诺制度。《反垄断法》第 53 条规定:"对反垄断执法机构调查的涉嫌垄断行为,被调查的经营者承诺在反垄断执法机构认可的期限内采取具体措施消除该行为后果的,反垄断执法机构可以决定中止调查。中止调查的决定应当载明被调查的经营者承诺的具体内容。反垄断执法机构决定中止调查的,应当对经营者履行承诺的情况进行监督。经营者履行承诺的,反垄断执法机构可以决定终止调查。"如果经营者未履行承诺的,或者作出中止调查决定所依据的事实发生重大变化的,或者中止调查的决定是基于经营者提供的不完整或者不真实的信息作出的,则反垄断执法机构有权恢复调查。尽管这种执法承诺是单方行为,但事实上是在行政执法机构认可的前提下的承诺,相对人和行政机关事实上就如何整改和如何处理问题达成了一种共识,因此,执法承诺制度本质上就是一种特定的行政和解。此后国务院反垄断机构在 2019 年颁布的《垄断案件经营者承诺指南》和 2021 年国务院发布的《证券期货行政执法当事人承诺制度实施办法》,更进一步明确了执法承诺制度的运用。

若说在反垄断领域执法承诺还是一种向行政和解接近的制度的话,那么正式建立行政和解制度的则是证券领域。2015 年 2 月 17 日,中国证监会发布了《行政和解试点实施办法》,首次在证券领域建立了行政执法和解制度。该办法所称的行政和解,是指中国证监会在对公民、法人或者其他组织涉嫌违反证券期货法律、行政法规和相关监管规定行为进行调查执法过程中,根据行政相对人的申请,与其就改正涉嫌违法行为,消除涉嫌违法行为不良后果,交纳行政和解金补偿投资者损失等进行协商达成行政和解协议,并据此终止调查执法程序的行为。显然,行政和解有利于增强当事人积极整改的意愿,降低执法成本,提高执法效率,稳定和明确市场预期,减少市场动荡,维护投资人合法权益。随着试点的成熟,行政和解的正式立法也提上了日程。2019 年《证券法》得以修订,修订后的《证券法》正式确立了行政和解制度。该法第 171 条第 1 款规定:"国务院证券监督管理机构对涉嫌证券违法的单位或者个人进行调查期间,被调查的当事人书面申请,承诺在国务院证券监督管理机构认可的期限内纠正涉嫌违法行为,赔偿有关投资者损失,消除损害或者不良影响的,国务院证券监督管理机构可以决定中止调查。被调查的当事人履行承诺的,国务院证券监督管理机构可以决定终止调查;被调查的当事人未履行承诺或者有国务院规定的其他情形的,应当恢复调查……"国务院证券监督管理机构决定中止或者终止调查的,应当按照规定公开相关信息。

2020 年 4 月 17 日,在中国证监会发布的《2019 年法治政府建设情况》中,再次明确,要稳步推进行政和解工作,有效化解行政资源与行政效率的矛盾。但相对于《行政和解试点实施办法》,《证券法》将行政和解的范围有所扩充,使得行政和解的适用空间变大。在《行政和解试点实施办法》中,能够适用和解的条件是:中国证监会已经正式立案,且经过了必要调查程序,但案件事实或者法律关系尚难完全明确;采取行政和解方式执法有利于实现监管目的,减少争议,稳定和明确市场预期,恢复市场秩序,保护投资者合法权益;行政相对人愿意采取有效措施补偿因其涉嫌违法行为受到损失的投资者;以行政和解方式结案不违反法律、行政法规的禁止性规定,不损害社会公共利益和他人合法权益。中国证监会派出机构负责查处的案件,试点期间不适用行政和解程序。也就是说,案件事实或者法律关系尚难完全明确是适用行政和解的前提,而对于行政相对人违法行为的事实清楚,证据充分,法律适用明确,和基于审慎监管原则认定不适宜行政和解的则不得适用。在《证券法》中,未再限制案件的范围,只要被调查的当事人书面申请,承诺在国务院证券监督管理机构认可的期限内纠正涉嫌违法行为,赔偿有关投资者损失,消除损害或者不良影响的,均可以适用。这显然是一个大的进步。

就前述行政和解的具体要求而言,纠正违法行为,赔偿投资人损失和消除损害或者不良影响,充分体现了企业相对人的主动性,同时,也展现了执法者的柔性,两方共同努力消除违法违规行为的危害后果,在达到法益修复和恢复法秩序的要求后,终结调查,实现了多赢的局面,因而,行政和解不仅是一种执法方式创新,即意味着我国行政法从那种以"处罚"为核心的"被动型执法方式"开始走向一种以"预防"为核心的能动型执法方式,[①]在宏观上也是治理能力的提升。

---

① 参见陈瑞华:《企业合规基本理论》(第 3 版),法律出版社 2022 年版,第 204 页。

第三节 我国未来的企业行政合规

一、加强企业行政合规建设

企业合规显然已经走入中国人的生活了，但被国人所知，和被企业所知悉的主要是当前大力推行的刑事合规，刑事合规已经成为当前推进企业合规的主战场。企业刑事合规固然可以反推企业合规体系构建，但刑法的最后性及谦抑性决定了经济生活不应该发生大量的刑事追究，刑事案件只能在违法违纪行为中占据最小比例，因此靠企业刑事合规推进企业合规建设的路径不是一条主路径，而是一条补充路径。那么，在全面依法治国的时代，守法守规主要不是被动意义上的，而应是自发自觉的选择，在这个意义上，企业行政合规才是对企业日常监管的主体，企业行政监管是在刑法之前的监管，更能发现苗头，及时疏导和制止，所以，应是企业合规的主流。就当前来看，事实恰好相反，企业行政合规并不占主要地位，除中央企业和企业境外经营有刚性合规要求外，广大的民营经济体中，并没有企业行政合规的出现，这是极不正常的现象。无疑，企业合规也是一种法治现象，如前所述，推进法治和遏制违法应当先从民事、行政手段开始，而不是先从刑事手段开始。可见，在促进企业建立合规体系上，未来行政合规大有可为，只有把精力用在行政合规上，才能充分展现依法行政和法治政府的建设水平，也才能够体现政府对营商环境改善的重视。

尽管如此，我们也开展了一些企业行政合规工作。如在中央企业和金融、证券领域推行强制合规义务，这无疑是正确的方向，但是，从未来全面加强企业合规建设出发，我们这些做法还只是开了个头，更重要的工作还没启动。比如，地方国有企业是否也要强制合规、占据中国经济半壁江山的民营经济是否要开展强制合规？显然，仅仅在部分企业和若干领域开展行政合规是不够的。正确而合理的做法是出台一部总体上的企业合规法律规范。因为企业行政合规是一项综合性极强的系统工程，涉及金融证券、建设工程、房地产行业、互联网行业、物流运输行业、教育培训行业、住宿餐饮行业、危险废物处置行业、医疗美容行业、食品药品行业、环境保护等广大领域,就企业行政合规建设而言,分门别类地推进合规,各行政监管机构在自己的领域内推进单项合规,显然不是良策,而应当是以整体名义共同推进企业各领域的合规建设。因此,出台一部企业合规法十分必要,这样可以打破九龙治水式的企业行政合规建设,从而整体提升依法治企水平,促进企业治理现代化。

在企业行政合规建设上,企业行政和解是一条新路,既可以保护企业利益,又可以避免相关人员损失,并通过企业承诺改进企业不合规问题,这是现代行政契约理念的实践结果。近年来,证券企业申请行政和解的势头逐渐提升,仅2019 年就收到行政和解申请 9 件,受理 5 件,[①]应该说,这对于有效化解行政资源与行政效率的矛盾具有促进作用。但是,就自 2015 年引入证券领域至今,只有两起成功行政和解案例而言,[②]行政和解制度的运用还没有得到重视,未来应当进一步积极开展企业行政和解工作,这是企业合规背景下推进执法方式创新的必然选择。但是,即使如此,若不能把行政和解和企业合规更好地结合起来,行政和解制度的功效空间仍然是有限的,尤其是不能全面推进企业合规体系的建设,将是十分遗憾的。真正的企业行政和解,应当不限于当前的纠正违法、赔偿损失、消除损害或不良影响,而应当是和一定考验期内重构或完善企业合规体系挂钩,以实现企业合规管理为目标决定是否重新启动处罚,这样的行政和解才能从根本上改变单一处罚问题,从而实现预防违法违规的目标。

二、完善行刑衔接机制

长期以来,“行刑衔接”不畅一直是我国刑事司法领域的一个难题。实践中,普遍存在有案不移、有案难移、以罚代刑,或者以刑代罚问题,这既是行政执

---

① 《中国证监会 2019 年法治政府建设情况》,载中国证券监管管理委员会网,http://www.csrc.gov.cn/csrc/c100028/c1000799/content.shtml,访问日期:2023 年 3 月 15 日。

② 截至 2021 年 6 月,中国证监会共实现了两例行政和解。一是 2019 年与高盛亚洲、高华证券等 9 名申请人达成行政和解协议,申请人交纳行政和解金共计人民币 1.5 亿元;二是 2020 年与司度(上海)贸易有限公司、富安达基金管理有限公司、中信期货有限公司等 5 家公司达成行政和解协议。根据行政和解协议,上海司度及其相关工作人员已交纳行政和解金人民币 6.7 亿元,富安达基金及其相关工作人员已交纳行政和解金人民币 180 万元,中信期货及其相关工作人员已交纳行政和解金人民币 1000 万元,千石资本及其相关工作人员已交纳行政和解金人民币 235 万元,国信期货及其相关工作人员已交纳行政和解金人民币 100 万元。在上述两起和解案例中,中国证监会都中止了对申请人证券违法行为的调查程序。

法不成熟的弊端,也是刑事司法不合理的体现。为此,中央多次强调要解决这一问题。在十八届四中全会通过的《中共中央关于全面推进依法治国若干重大问题的决定》中,就明确提出,健全行政执法和刑事司法衔接机制,完善案件移送标准和程序,建立行政执法机关、公安机关、检察机关、审判机关信息共享、案情通报、案件移送制度,坚决克服有案不移、有案难移、以罚代刑现象,实现行政处罚和刑事处罚无缝对接。企业行政合规处于行刑衔接的中间,有学者甚至较为极端地指出,企业合规本质上属于中国特色"行刑"衔接机制的核心组成部分。[①] 足见企业行政合规在"行刑衔接"中的地位。

关于"行刑衔接",除在行政法和刑法基本原理上已经有沟通两者衔接的法理根据之外,在实践中也已经有诸多规范指明了这一点,这是目前开展"行刑衔接"的具体依据。主要有《行政执法机关移送涉嫌犯罪案件的规定》《人民检察院办理行政执法机关移送涉嫌犯罪案件的规定》《关于在行政执法中及时移送涉嫌犯罪案件的意见》《关于加强行政执法机关与公安机关、人民检察院工作联系的意见》《环境保护行政执法与刑事司法衔接工作办法》《国家食品药品监督管理局、公安部关于做好打击制售假劣药品违法犯罪行政执法与刑事司法衔接工作的通知》。

《关于在行政执法中及时移送涉嫌犯罪案件的意见》由最高人民检察院、全国整顿和规范市场经济秩序领导小组办公室、公安部、监察部联合制定。该意见规定,行政执法机关在查办案件过程中,对符合刑事追诉标准、涉嫌犯罪的案件,应当制作《涉嫌犯罪案件移送书》,及时将案件向同级公安机关移送,并抄送同级人民检察院。对未能及时移送并已作出行政处罚的涉嫌犯罪案件,行政执法机关应当于作出行政处罚10日以内向同级公安机关、人民检察院抄送《行政处罚决定书》副本,并书面告知相关权利人。任何单位和个人发现行政执法机关不按规定向公安机关移送涉嫌犯罪案件,向公安机关、人民检察院、监察机关或者上级行政执法机关举报的,公安机关、人民检察院、监察机关或者上级行政执法机关应当根据有关规定及时处理,并向举报人反馈处理结果。人民检察院接到控告、举报或者发现行政执法机关不移送涉嫌犯罪案件,经审查或者调查后认为情况基本属实的,可以向行政执法机关查询案件情况、要求行政执法机

① 参见张泽涛:《论企业合规中的行政监管》,载《法律科学(西北政法大学学报)》2022年第3期。

关提供有关案件材料或者派员查阅案卷材料,行政执法机关应当配合。确属应当移送公安机关而不移送的,人民检察院应当向行政执法机关提出移送的书面意见,行政执法机关应当移送。

《关于加强行政执法机关与公安机关、人民检察院工作联系的意见》由最高人民检察院、全国整顿和规范市场经济秩序领导小组办公室、公安部联合发布。该意见指出,各级行政执法机关、公安机关、人民检察院要在充分发挥各自职能作用的基础上,做到信息共享、密切合作。要建立情况信息通报制度,并在加强保密工作的前提下,逐步实现各行政执法机关信息管理系统与公安机关、人民检察院的信息联网共享。行政执法机关定期向公安机关、人民检察院通报查处破坏社会主义市场经济秩序案件情况以及向公安机关移送涉嫌犯罪案件情况;公安机关定期向行政执法机关通报行政执法机关移送案件的受理、立案、销案情况;人民检察院定期向行政执法机关通报立案监督、批捕、起诉破坏社会主义市场经济秩序犯罪案件的情况。建立联席会议制度,定期或不定期召开不同层次的联席会议,沟通情况,统一认识,共同研究执法中遇到的新情况、新问题,协调解决疑难问题。行政执法机关查处的破坏社会主义市场经济秩序违法案件,根据法律和司法解释的规定,凡是达到刑事追诉标准、涉嫌犯罪的,应按照《行政执法机关移送涉嫌犯罪案件的规定》,及时向公安机关移送,并向人民检察院备案,切实防止"以罚代刑"现象的发生。对于案情重大、可能涉嫌犯罪的案件,行政执法机关在查处过程中应及时向公安机关、人民检察院通报,并可以就涉嫌犯罪的标准、证据的固定和保全等问题进行咨询,公安机关、人民检察院应当认真研究,及时答复。

《环境保护行政执法与刑事司法衔接工作办法》由环境保护部、公安部和最高人民检察院联合发布,该办法规定,环保部门在查办环境违法案件过程中,发现涉嫌环境犯罪案件,应当核实情况并作出移送涉嫌环境犯罪案件的书面报告。本机关负责人应当自接到报告之日起 3 日内作出批准移送或者不批准移送的决定。向公安机关移送的涉嫌环境犯罪案件,应当符合下列条件:实施行政执法的主体与程序合法;有合法证据证明有涉嫌环境犯罪的事实发生。公安机关对环保部门移送的涉嫌环境犯罪案件,应当自接受案件之日起 3 日内作出立案或者不予立案的决定;涉嫌环境犯罪线索需要查证的,应当自接受案件之日起 7 日内作出决定;重大疑难复杂案件,经县级以上公安机关负责人批准,可以自受案之日起 30 日内作出决定。接受案件后对属于公安机关管辖但不属于本公安机关管辖的案件,应当在24小时内移送有管辖权的公安机关,并书面通知移送案件的环保部门,抄送同级人民检察院。对不属于公安机关管辖的,应当在24小时内退回移送案件的环保部门。

由上可见,上述法律文件所规定的"行刑衔接"只是案件层面的衔接,并没有关于企业合规整改的衔接,在全面推行企业合规的时代,"行刑衔接"不应仅仅停留在办案这一技术层面,而应扩大到企业行政合规和刑事合规的衔接上。比如,如果涉案企业涉嫌犯罪而又具备合规整改的意愿和条件,能否不作为刑事案件移送?如果从社会效果和法律效果出发,某些案件不移送也未必不可以。再者,对于刑事合规案件,如果不作出起诉处理,那么,企业合规计划是否作为前提,而此时仅靠第三方监督评估机制还是也可以依靠行政监管机制?如果行政监管有空间、有能力,且熟悉业务,也未必要适用第三方监管机制。适用何种监管目标都是为了更好地促进和监督企业实现合规管理。由此可见,未来的企业行政合规在"行刑衔接"上还应当超出办案层面,进入共同的企业治理乃至社会治理视野之中,使行政执法和刑事司法实现更大的社会目标。

三、创建企业合规文化

正如第一章所言,企业合规虽然具有三层内涵。即企业日常合规、企业行政合规和企业刑事合规,合规的概念本身也是限定于依法依规经营,避免企业外部的行政和刑事责任。要实现这一"低度"的合规,需要一种道德意识和文化意识完成这一目标,从而创造一种企业本能意义上的合规,这就是合规文化。合规文化并不是合规的内涵,却是实现合规的必要路径。没有真正的合规文化,企业合规难以长久。因而,"合规文化是合规管理的基石,是保障合规管理体系有效运行的重要支撑"。"合规文化是抵制潜规则的利器。"[①]

事实上,有关企业合规的国家标准和国内强制合规文件,都在指引企业加强自身合规体系建设方面,要求企业塑造自身的合规文化,使合规文化成为企业文化的核心组成。

ISO 37301:2021《合规管理体系 要求及使用指南》是国际性非政府组织国

① 陈立彤、黄鑫淼:《首席合规官与企业合规师实务》,中国法制出版社2023年版,第141、144页。

际标准化组织(ISO)发布的最新企业合规国际标准。该标准第3.28条明确规定,合规文化是“贯穿整个组织的价值观、道德规范、信仰和行为,并与组织结构和控制系统相互作用,产生有利于合规的行为规范”。合规文化在企业内部合规中的地位如图3-1所示。

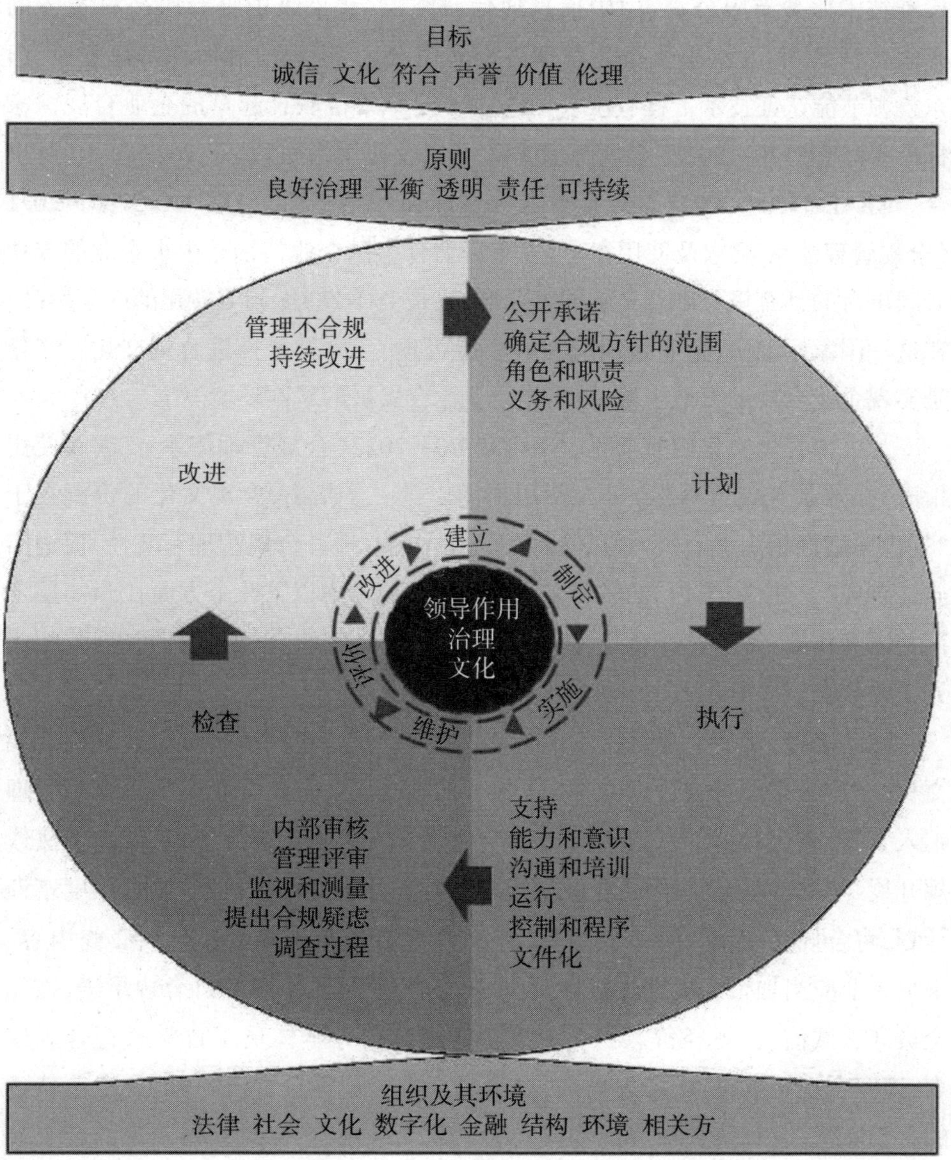

图3-1　合规文化在企业内部合规中的地位

为推动我国企业合规经营,与国际合规要求接轨,由中国标准化研究院、北京大成律师事务所、中国石油天然气集团有限公司、中标合信(北京)认证有限公司、中建科技集团有限公司、北京在礼合规信息技术有限公司、北京大成(上海)律师事务所、中国工商银行股份有限公司、中国质量认证中心、通标标准技术服务有限公司、中国信息通信研究院、北京康柏汉森医药科技咨询有限责任公司、北京申永企业管理咨询有限公司、上海段和段律师事务所、山东鲁源节能认证技术工程有限公司为主要起草单位联合起草的企业合规国家标准 GB/T35770—2022《合规管理体系 要求及使用指南》已于 2022 年 10 月出台。GB/T35770—2022《合规管理体系 要求及使用指南》是继 ISO 37301:2021《合规管理体系 要求及使用指南》发布后结合中国企业特别是中央企业的成功实践出台的具有里程碑意义的国家标准,也是 ISO 37301 同等转化的国家标准。在这一国家标准中,企业组织应在各个层级建立、维护并推进合规文化。文化是实现企业合规的天然土壤,被当作企业生存发展的基本环境。

为突出合规文化的重要性,GB/T35770—2022《合规管理体系 要求及使用指南》在附录 NA(资料性)补充使用指南中进一步指出,合规文化的价值在于“提供原则性指引,应对合规风险;增强主动合规;提升合规管理有效性,促进实质性合规”。建立、维护、推广和实施合规文化应考虑以下几个方面:“最高层定调并以身作则;管理层推动且言行一致;团队内良好的合规氛围;同事间、相关方正面影响。”

除此之外,赋予企业强制性合规义务的法律规范也明确要求企业建设合规文化。《中央企业合规管理办法》第 29 ~ 32 条规定,中央企业应当将合规管理纳入党委(党组)法治专题学习,推动企业领导人员强化合规意识,带头依法依规开展经营管理活动。中央企业应当建立常态化合规培训机制,制订年度培训计划,将合规管理作为管理人员、重点岗位人员和新入职人员培训必修内容。中央企业应当加强合规宣传教育,及时发布合规手册,组织签订合规承诺,强化全员守法诚信、合规经营意识。中央企业应当引导全体员工自觉践行合规理念,遵守合规要求,接受合规培训,对自身行为合规性负责,培育具有企业特色的合规文化。《保险公司合规管理办法》第 25 条规定,保险公司制定的合规政策是保险公司进行合规管理的纲领性文件,应当包括公司倡导的合规文化。

当前,在企业行政合规层面,主要还是要求企业建章立制,从制度层面实现合规,这当然是一条迫切的路,是现实的反映,但长远来看,企业行政合规不应仅仅在中央企业或金融领域要求企业通过合规文化来抵御合规风险,还应当将之普及于所有企业。并且在企业合规行政和解中,也应当进一步要求企业在完善内部控制的基础上打造合规文化。对于繁荣一个国家和地区而言,没有比文化更长久的生命力,同样,对于繁荣一个企业而言,文化也是生命底线。对于实现企业合规而言,合规文化才是商业风险之外永久的安全保障。

Chapter 04

第四章 美国企业合规的内部控制与激励

企业合规是一个既熟悉又陌生的概念。对其熟悉是因为其在美国已经走过了60年历程,已经形成了相对完备的企业合规制度。美国利用国内的“长臂管辖”机制,对不合规经营海外企业进行次级经济制裁。同时,随着美国积极地进行海外推广,诸多国际金融组织(典型如世界银行)逐步将其采纳为自身的行动准则,动辄取消不合规企业的参与资格。因此,企业合规已经成为企业海外经营无法回避的命题。对其不熟悉是因为其对于我国是一个舶来品,引入时间仅有10年左右。对其重视客观上还是因为近些年我国一些具有全球竞争力,走出国门的企业频频遭受美国企业合规调查与处罚。为了被动适应这一局面,帮助企业逆境突围,求生存和发展,国家层面积极倡导、审慎试点推广,力图构建适合中国特色的企业合规制度。因此,系统梳理美国企业合规制度沿革、解读美国内部控制与刑事激励机制就显得尤为必要。

第一节 美国企业合规制度的沿革

企业合规制度最早源于美国。美国《商业词典》(Dictionary of Business)对合规的解释是:为了确保政府法规得到遵守而由企业制定的系统性的步骤或做法。[①] 美国理论界对合规概念的理解大致有如下三种观点:一是认为合规意味着旨在促进企业遵守政府指引、规范、规章和法律的程序、计划和政策的综合性措施。二是认为合规即遵守法律、其他规范、地方规章以及公司内部的规定,是一个细致和复杂的过程。三是认为真正的合规乃是旨在消除或者减少犯罪或其他违规之机会的持续性行动。[②]

从立法的角度回溯,美国企业合规制度的构建和完善大致经历了6个阶段。其一,企业合规制度萌芽阶段。最初合规概念的提出源于20世纪30年代金融行业的监管创新,为了应对大萧条,美国在反垄断和证券业两大领域颁布了三部立法:《谢尔曼法》、《美国联邦贸易委员会法》(FTCA)和《克雷顿法》。在证券投资领域美国出台了《美国证券法》(1933年)、《美国证券交易法》(1934年)、《马洛尼法》(1938年)和《美国投资顾问法》(1940年)。上述立法的出台极大鼓励了企业诚信与公平竞争,企业在日常经营和信息披露方面遵守法规的意识日益增强。其二,企业合规制度的逐步完善阶段。20世纪60年代,电气设备行业反垄断事件集中爆发,这成为企业合规制度发展的催化剂,包括美国通用电气公司(GE)在内的近30家企业44个董事会成员和高管受到反垄断调查和起诉,诸多企业和自然人受到严厉处罚,包括刑事追责。此次反垄断风暴让诸多企业高管认识到合规经营的重要性。通用集团颁布了反托拉斯法的合规制度,不仅要求公司员工必须在反托拉斯法宣言书上签字,将其作为企业员工的义务,还将该活动书面化,让其他从业者知晓。其三,企业合规制度海外推广阶段。20世纪70年代后,美国证券交易委员会(Securities and Exchange Commission,SEC)开始发起对美国企业海外行贿活动的调查和披露项目,发现有近400家美国企业承认向外国官员行贿,总数额超过30亿美元。此事件直接导致了美国企业海外声誉的下降,严重破坏了市场经济公平竞争规则。针对此事件美国国会于1977年出台了美国《反海外腐败法》(Foreign Corrupt Practice Act,FCPA),以打击美国企业的海外贿赂行为。其四,企业合规制度立法进一步发展阶段。标志性事件为1988年《内幕交易与证券欺诈施行法》出

---

① See Amanda Pinto Q. C. & Martin Evans (eds.), *Corporate Criminal Liability*, 3rd Edition, Thomson Reuters, 2013, p. 364.

② 参见张远煌等:《企业合规全球考察》,北京大学出版社2021年版,第1页。

台,确立了具体的企业合规义务。例如,为防止内幕交易、信息泄露,要求企业制定限制信息传播的措施,建立规范职员行为的规章和指南,将保存重要信息的部门与其他部门进行隔离等。① 其五,刑事合规和行政监管合规并存阶段。1991 年美国联邦量刑委员会制定的《联邦量刑指南》成为美国企业合规制度发展的分水岭。美国联邦检察机关参照该标准作出是否提起公诉的决定,在与企业达成暂缓起诉协议或不起诉协议时,企业合规作为重要的考量因素。其六,普遍监管阶段。20 世纪初大规模企业欺诈丑闻,包括安然、世通、雷曼兄弟等卷入欺诈而最终宣告破产,全球第一大会计事务所安达信公司,因提供伪造文件被刑事起诉,导致企业合规的立法进一步加强。2002 年美国颁布的《萨班斯—奥克斯法利案》,把对上市公司简单的信息披露要求变为实质性监管,2010 年美国颁布的《多德—弗兰克法案》,基于应对金融危机的要求而进一步推动了企业合规的发展。②

美国合规制度对全球产生了重大影响,考察国际社会企业合规制度应当首先考察美国合规制度的缘起、完善、影响及发展新动向。美国企业合规制度发端于 20 世纪 60 年代,标志性立法为《反海外腐败法》,该法在世界上首次规定了企业合规制度。后来经过数年的发展,美国司法部于 1991 年出台了《联邦量刑指南》,首次将合规制度引入刑事领域,企业刑事合规制度兴起。21 世纪初安然公司腐败丑闻之后,美国量刑委员会对《联邦量刑指南》进行了系统修订(该修订于 2013 年 11 月 1 日开始生效),由此企业刑事合规制度中嵌入了合规文化的要素。③ 总体上看,美国企业合规制度的建立和完善也经历了螺旋上升式的改革,动因多为内生式,在诸多丑闻的推动下逐步完善和发展。并积极向国际社会海外推广,逐步被诸多国际组织接受。随着美国全球霸权的确立,通过其全球经济影响力,利用长臂管辖和次级经济制裁,其所创设和极力推广的企业合规制度展示出威力,诸多跨国公司都受其制度约束。因此有必要了解美国企业合规制度的源流、发展及全球影响。综观全貌,借以洞察国际企业合规发展的历史脉络和未来发展趋势。

---

① 参见张远煌等:《企业合规全球考察》,北京大学出版社 2021 年版,第 2 ~ 5 页。
② 参见陈瑞华:《企业合规基本理论》(第 3 版),法律出版社 2021 年版,第 429 ~ 439 页。
③ 参见张远煌等:《企业合规全球考察》,北京大学出版社 2021 年版,第 39 页。

一、美国企业合规制度的确立

20 世纪 70 年代中期美国一些媒体揭露了美国公司向外国政府官员行贿以获取商业机会的丑闻。特别是 1974 年“水门事件”,美国特别检察官发现部分公司对尼克松的竞选活动提供不正当资金支持。1977 年美国证券交易委员会调查发现,有 400 多家美国公司为了获得在海外的业务而向外国政府官员支付了 3 亿多美元的贿赂,其中有 100 多家是世界 500 强企业。此类商业腐败现象激发了美国国内对反腐败的决心,美国证券交易委员会发动鼓励公司自愿揭露内部贿赂的运动,并对引入反贿赂合规计划的公司大赦优待。进而美国于 1977 年制定了《美国反海外腐败法》(Foreign Corrupt Practices Act,FCPA)。

美国《反海外腐败法》采取单行法模式,主要由“会计条款”和“反贿赂条款”组成。“反贿赂条款”明确了美国海外腐败犯罪的构成要件,“会计条款”则是在 1934 年《证券交易法》第 13 部分修订的基础上形成的,它和“反贿赂条款”一起确保了具有秘密交易性质的贿赂账目保留在公司账簿之中。[①]

实践中,美国《反海外腐败法》(FCPA)的大多数执法行动均是通过暂缓起诉协议(DPAs)或不起诉协议(NPAs)和解结案的。但是,在联邦监管机构考虑使用缓起诉协议(DPAs)或不起诉协议(NPA)进行协商之前,通常会权衡企业是否愿意与执法机关潜在的调查进行合作,以及是否促进并提升了企业的合规文化。早期 FCPA 的效果并不理想,执法活动也十分有限。1977 ~ 2001 年证券交易委员会仅办理了 9 个案件。在 FCPA 的第一个 25 ~ 30 年的时间里,每年仅有很少的执法行动。2010 年美国司法部(DOJ)、证券交易委员会(SEC)对违反 FCPA 的 47 家企业进行指控,处以 10 亿美元的罚款、刑罚和破产清算。执法行动持续到 2011 年,针对企业已有十几项执法行动,以及超过 3 亿美元的经济制裁。[②] 究其原因,一方面,在制定初期《反海外腐败法》主要以美国国内的公司或个人的海外贿赂犯罪行为为调查对象,对其他国家企业的影响十分有限;另

---

① 参见肖扬宇:《美国〈反海外腐败法〉的新动向及我国国内法表述》,载《中国刑事法杂志》2020 年第 2 期。

② 参见[美]约瑟夫·约克奇:《美国〈反海外腐败法〉的和解方案、内部结构及合规文化》,万方、黄石译,载《河南警察学院学报》2019 年第 1 期。

一方面,美国早期向国际组织兜售企业反腐败和企业合规的理念并不顺利,短期内使美国企业在与其他国家企业的竞争中实则处于不利地位。美国试图推动经济合作与发展组织(OECD)出台类似倡议和原则遭拒绝,进而转向寻求联合国经济与社会理事会制定类似反腐败公约,当时由于巨大的南北差异最终以失败告终。

FCPA 随后通过历次修订,逐渐改变早期备受质疑和执行不力的局面,并逐步扩大美国企业反腐败立法的国际影响力。1988 年 8 月 23 日《反海外腐败法》的修正案作为《综合贸易和竞争法案》的第 5 条被通过实施。1988 年修正案在维持了原法案大部分内容的基础上,作出了一些重要的改变。修正案进一步完善了海外腐败犯罪行为的构成要件,明确了规范要件要素的含义和适用范围,避免过于严苛的规定限制美国公司的海外竞争行为。1998 年为了执行《经济合作与发展组织关于在国际商业交易中打击贿赂外国官员的公约》,美国国会再次修订了《反海外腐败法》。1998 年修正案的主要目的和内容就是扩大法案的适用范围,通过对行贿对象、行贿手段、管辖原则等要素的扩张将执法对象的范围扩大到了直接或通过代理人间接造成在美国境内发生腐败性支付行为的外国企业和个人。与此同时,美国成功推动并加入了许多国际和地区公约,如经合组织成员签订的《关于打击国际商业交易中行贿外国公职人员行为的公约》、美洲国家成员签署的《美洲反腐败公约》、欧洲委员会成员签署的《反腐败刑法公约》等。2012 年 11 月 14 日美国司法部和美国证券交易委员会联合公布了《〈反海外腐败法〉信息指引》,对《反海外腐败法》的实质性解释扩大了《反海外腐败法》的适用范围。2019 年 3 月 8 日,美国联邦检察官宣布修订《反海外腐败法》企业执法政策,对能及时适当地补救违反《反海外腐败法》行为的企业,放宽了其全面享有从宽待遇的条件。

近些年执法数量明显上升,执法对象也呈现域外特征,管辖权也呈现扩大趋势。同时,2008 ~ 2019 年《反海外腐败法》的执法活动显著增加,并将反海外腐败的执法对象从本国企业转向了外国企业。2008 ~ 2018 年被美国《反海外腐败法》罚款超过 1 亿美元的企业达到 26 家,其中 14 家是欧洲企业,仅有 5 家是美国企业。欧洲企业支付的罚款总额即将超过 60 亿美元,比同期美国企业支付的罚款总额高 3 倍。中国也是执法监管的重点地区,中国企业的涉案数量仅次于伊拉克和尼日利亚,排名第三位。《反海外腐败法》为扩大对外国企业或个人的管辖权,对"美国境内"这一规范要素进行了扩张性规定和解释,即无论任何主体是否在美国领土内,只要途经美国利用了美国邮件或州际商业的任何工具实施腐败行为,都视为在美国境内实施了腐败行为。① 根据最低限度联系原则,美国将《反海外腐败法》的适用空间,从物理空间延伸至网络通信空间。电话、传真、邮件只要途经美国,包括在国外银行利用美元进行贸易汇款,都受美国该法律管辖。由于世界各个国家的主要银行基本都加入了"环球同业银行金融电讯协会"(SWIFT),而其全球计算机数据通信网运行中心又设在荷兰和美国,因此美国可以利用其对运行中心的管辖权监控着全球200多个国家和地区近8000家金融机构的交易情况。从该意义上说,美国《反海外腐败法》可以管辖美国以外的自然人和企业之间的商业活动。

二、美国企业刑事合规制度的完善

以系列反垄断、反腐败、反内幕交易以及国防工业舞弊案为契机,美国的企业合规制度逐步刑事化。《联邦量刑指南》对企业合规的刑事化具有里程碑的意义,《萨班斯—奥克斯利法案》进一步推进了刑事合规的全球化。

第一,1991年《联邦量刑指南》及2013年修订。20世纪80年代的国防工业舞弊案促进了"企业自我揭弊计划"的实施。为了激励企业自我揭弊,在国防部的斡旋之下,美国司法部也开始考虑将合规计划作为定罪量刑时的考量因素。1991年,美国联邦量刑委员会发布了《联邦量刑指南》第八章《组织量刑指南》,由此开启了企业合规刑事化的新篇章。具体来说,《组织量刑指南》正式通过立法形式赋予了合规计划刑事法意义。该章节的序言明确指出:"本章旨在维持预防、发现和举报犯罪的内在机制,使对组织及其代理人的制裁总体上能够提供公正的惩罚、足够的威慑和对组织的激励。"此处的激励措施主要包括罚金刑的减轻以及企业缓刑。

企业罚金刑方面,《组织量刑指南》根据公司成立时是否具有犯罪目的进行了区分,成立时具有犯罪目的的组织将被科处足够导致其解体的罚金。对于其

---

① 参见肖扬宇:《美国〈反海外腐败法〉的新动向及我国国内法表述》,载《中国刑事法杂志》2020年第2期。

他组织,罚金刑的计算方法是:首先,根据组织的罪行等级(offense level)决定处罚的基数(base fine);其次,根据犯罪收益、犯罪所造成的损失以及罪过程度确定一个罚金额;最后,结合犯罪历史、合规计划等指标加减其罚金。依照该量刑标准,法院对设有有效合规计划的企业可显著减轻其罚金刑。在企业缓刑方面,《组织量刑指南》分别对判处组织缓刑的条件、缓刑判决的附加条件、对缓刑条件违反的处理等问题作出明确规定:如果在宣判时,雇员人数在50名以上,或者被要求建立且还没有建立有效的合规和伦理计划,法院应当判处组织缓刑,并设置5年以下的考验期。在判处缓刑时,法院可命令该组织按照法院规定的形式和手段,向公众公布所实施犯罪的性质、被定罪的事实,被判处刑罚的性质,以及将采取的防止类似行为再次发生的措施。①

根据美国《联邦检察官手册》(U. S. Attorney Manual),检察官在决定是否提起公诉,以及是否达成暂缓起诉协议或不起诉协议时,至少要考虑以下10个重要因素:一是犯罪的性质和严重程度;二是公司内部不法行为的普遍性;三是公司类似行为的前科,包括民事不法前科和犯罪前科;四是公司是否愿意协助调查其代表人;五是公司是否建立了合规计划;六是公司是否及时并自愿披露不法行为;七是公司是否采取补救措施,如解雇实施不法行为的员工,并与政府机构进行合作;八是起诉可能引起的附带后果,包括对股东、员工等的影响;九是对公司采取民事或行政监管措施是否已经足以产生惩罚效果;十是对公司员工的起诉是否充分;等等。

检察官在考量以上因素时享有较大的自由裁量权。通常情况下,从检察机关启动调查程序到暂缓起诉协议的达成,都要经历时间不等的谈判期间。在此期间,涉案企业为促成和解协议的达成,通常会采取诸如披露违法信息、与调查部门展开合作、完善合规计划等方面的工作。这些工作的进展情况都会成为检察官决定是否签署暂缓起诉协议时需要考量的重要因素。大量的案例显示,检察官对于那些已经建立合规计划,与调查机构展开充分合作,但合规计划有待完善的涉案企业,更愿意通过签署暂缓起诉协议来督促其完善合规计划,以实现刑罚的惩罚、威慑和矫正功能。

---

① 参见李本灿:《刑事合规的制度史考察:以美国法为切入点》,载《上海政法学院学报(法治论丛)》2021年第6期。

1991 年美国联邦量刑委员会发布的《组织量刑指南》列出了合规计划的有效性审查评估的 7 个要素：(1)基于可能存在的风险，为不同业务部门制定明确的合规标准和程序，以防止和检测违法犯罪行为。(2)高级管理人员对合规的承诺、监督和支持。例如，如果管理层对合规性的承诺有任何含糊之处，无论是上层、中层还是下层，员工都可能会觉得违反竞争法"值得冒这个风险"，以实现额外的销售额来满足内部目标。(3)在招聘员工和员工晋升过程中筛选不道德的人员。(4)持续地开展培训和教育。(5)监督、审计和报告要求以及定期对项目有效性进行自我评估。(6)纪律执行、激励与合规情况一致。(7)发现违法犯罪行为后采取纠正措施。这七个要素成为企业、律师、企业合规师设计合规计划的重要参考，也是检察官评估审查企业合规有效性的重要标准。

安然公司破产之后，美国随即制定了 2002 年《萨班斯—奥克斯利法案》，该法案要求美国量刑委员会针对 1991 年出台的《联邦量刑指南》予以检讨和修订。此后美国量刑委员会针对 1991 年《联邦量刑指南》进行了首次修订，该修订于 2013 年 11 月 1 日开始生效，旨在采取更为严厉的合规标准来倡导合规文化。修订的主要内容有：一是鼓励公司致力于法律合规以及道德行为，同时就此规定了最低标准并予以激励；二是增加了公司高管及董事会有关合规计划的职责；三是要求任何有效的合规计划都应该包括定期的风险评估。与《萨班斯—奥克斯利法案》中道德性条款相配合，修订后的《联邦量刑指南》更为强调组织内道德行为的重要性。①

第二，2002 年《萨班斯—奥克斯利法案》的出台。世纪初随着"安然""世通"事件的爆发，美国陷入了巨大的财务危机。这次危机暴露出了美国公司治理结构中的一系列问题：一是一元制公司治理结构存在内生性缺陷。截至美国财务危机爆发时，美国大公司中超过半数由公司首席执行官兼任董事长，并负责董事会成员的提名，决定审计委员会、薪酬委员会等专门委员会成员的任免，这种情况最终使得公司的日常经营完全被管理层控制，公司治理结构缺位。二是企业的激励机制催生短期行为。美国许多公司都推行了股票期权制度，在这种制度下，公司把股票期权作为报酬发给企业高管人员，使公司的利益与管理者的利益绑定，这种激励机制的实施为公司发展起到了一定作用，但是由于缺

① 参见张远煌等：《企业合规全球考察》，北京大学出版社 2021 年版，第 45 页。

乏相应的约束机制,无形中容易催生职业经理人的短期行为,他们为了实现股票上涨所带来的个人利益,往往不惜隐瞒成本,低估债务,夸大利润,粉饰业绩,帮助公司股票不断上涨,从而谋取个人的经济利益,一旦职业经理人的不当行为败露,被蒙在鼓里的股东将遭受巨大的损失。三是美国证券交易委员会监督不力。在安然事件中,对于安然1998年、1999年、2000年、2001年提交的10-K、10-Q文件,美国证券交易委员会根本就没有进行任何审查,从而使安然公司得以顺利地持续向市场披露虚假信息,这在一定程度上加速了此次财务危机的爆发。四是外部第三方审计机构缺乏独立性,由于美国法律不禁止会计师事务所同时开展审计业务与审计咨询业务,许多会计师事务所为了增加利润,逐渐将以咨询为主的非审计业务作为美国会计师事务所的主要业务。在安然事件中,仅在2000年度,在安然公司支付给安达信5200万美元的各类服务费用中,仅咨询费就占了2700万美元,面对提供巨额收入来源的上市公司,外部会计师事务所自然不敢轻易得罪,断了自身财路,所谓的"独立第三方机构"也就变得不独立了。

"安然""世通"事件发生后,美国时代华纳、QWEST等上市公司相继曝出财务造假事件,令整个美国社会备感震惊和愤怒。为了防止市场崩溃,促进经济复苏,美国政府决定对公司造假行为进行严厉打击,以有效整顿资本市场秩序,为经济发展创造公平、诚信的良好环境。在此背景下,《萨班斯—奥克斯利法案》的制定被迅速提上了日程,从2002年2月14日递交第一稿到7月30日布什总统签字正式签发,这部法律的制定仅仅用了6个多月的时间。《萨班斯—奥克斯利法案》的出台,对美国乃至整个世界的经济发展都产生了深远的影响。①

《萨班斯—奥克斯利法案》的主要改革内容是公司的会计制度,具体包括创设公众公司审计委员会、强化财务报告风控机制、加强公司信息披露、加大处罚力度、提高外部审计的独立性和避免证券分析师的利益冲突。该法案很重要的内容是,增加或修改公司欺诈的相关犯罪。增加或修改"在联邦调查和破产过程中,销毁、篡改、伪造记录的犯罪"、"销毁审计记录的犯罪"以及"公开上市交易的公司欺诈股东的犯罪"、"公司官员虚假财务报告的犯罪"、"打击报复举报

---

① 参见刘佳伟:《美国〈萨班斯—奥克斯利法案〉研究》,2016年华东政法大学博士学位论文。

人的犯罪”(最高可判处10年有期徒刑)。第一,相关财务欺诈犯罪刑事责任的严厉化。由于现有的犯罪法定刑较为轻缓,该法案显著提高了部分犯罪的法定刑。例如,电信欺诈的法定最高刑由5年监禁刑提高到了20年监禁;虚假或者误导性陈述的法定最高自由刑由10年提高到了20年;公司罚金刑由250万美元提高到了2500万美元。第二,强化企业内控。除严密刑罚体系之外,《萨班斯—奥克斯利法案》的重要一条是加强企业内部控制的条款(404条款)。该条款规定,“公司按照1934年的《证券交易法》编制的年度报告应当包括内部控制报告;公司管理层有责任建立和维护内部控制系统及相应控制程序,保证其充分有效;对于本节(a)中要求的管理层对内部控制的评价,即担任公司年度审计的会计公司应当对内部控制的有效性进行测试和评价,并出具评价报告”。[①]

三、美国企业合规体系的进一步完善和推广

1991年《联邦量刑指南》以及2013年修订之后,美国司法部还相继出台了关于公司起诉标准以及如何审查合规计划的执法指南。更新了《美国联邦商业组织起诉原则》完善公司起诉标准,还将以上起诉标准与《美国检察官手册》予以整合。美国司法部还出台了《公司合规评估补充指南》列出了检察官评估合规计划是否有效的主要指标,包括合规计划设计是否合理、是否对合规计划予以真诚善意地实施以及合规计划是否有效。前述指标细分为6个方面:合规计划的全面性;犯罪行为的性质、蔓延程度、严重性、持续时间、发生频率;涉及雇员的数量和级别;是否对合规计划中发现的过去违法行为人进行处理,如纪律处分;是否基于经验教训对合规计划进行修订完善;是否拥有有效的公司治理机制。诉讼策略方面,美国检察官以暂缓起诉协议和不起诉协议为制度基础日益注重公司起诉的策略性运用。[②] 美国企业合规制度国际化,在OECD和世界银行推广其制度。利用长臂管辖对其他国家产生域外效力。美国通过1949年

---

① 李本灿:《刑事合规的制度史考察:以美国法为切入点》,载《上海政法学院学报(法治论丛)》2021年第6期。

② 参见张远煌等:《企业合规全球考察》,北京大学出版社2021年版,第59页。

《出口管理法》和1950年《对外交易控制规则》等法律,过度扩大了对"人"的解释,逐渐将依据美法律注册的公司,美公民、居民及公司拥有、控制的企业或任何形式的组织,以及任何源自和包含源于美国的商品、技术等资产,均赋予美国"国籍"。司法实践中,美国法院在认定何为"对美国国内产生了直接、可预见的实质性影响"的标准上有非常大的自由裁量权,这就给美国法院滥用域外"长臂管辖权"提供了高度自由的操作空间。[①] 中国的中兴事件和华为事件就是典型案例,也充分说明美国国内企业合规制度潜在的国际影响。

第二节 美国刑事合规制度的发展沿革

一、美国企业刑事合规的概念

现代"合规"的概念来自英文 compliance,词典意为"顺从、遵从、服从",通常理解为"顺应性;依从性;合规"。牛津词典解释为:the practice of obeying rules or requests made by people in authority,意思是"服从规则或要求的行为"。关于刑事合规的概念界定,国际以及国内的学者未达成统一共识。但是,刑事合规这一概念已经广泛使用于各种文章、论著等研究领域以及企业合规管理和法律服务领域。法国学者比约恩·法斯特林(Bjorn Fasterling)认为,刑事合规所采用激励公司建立和维护合规程序的刑法政策,包括两个方法:第一,如果公司能够证明其拥有有效的合规程序,则可以减轻刑事制裁,这是通过《美国联邦量刑指南》在美国法律背景下实施的解决方案;第二,建立合规系统有效性的尽职调查标准,在确定公司实体的刑事责任时考虑到合规程序的存在。[②] 学者赵赤认为,刑事合规是指蕴含企业犯罪责任模式预防转型以及涉企刑法系统整合的旨在激励企业主动实施合规计划的法律制度体系;概念属性方面,刑事合规在内

---

① 参见张岳然等:《美国长臂管辖权域外滥用与中国应对策略》,载《国际贸易》2021年第3期。

② Fasterling, Björn. *Criminal Compliance—The Risks of Criminal Law on Risk*, Revue internationale de droit économique, vol. xxx, no. 2, 2016, p. 217 - 237.

涵、属性等重要方面显著区别于企业合规,刑事合规属于企业合规的发展形态和升级版本。[①] 作者认为,在综合研究域外刑事合规制度的发展沿革,以及国内单位犯罪立法和司法实践的基础上,可以从三个角度考察刑事合规概念,一是从单位犯罪的归责原则的角度,考察单位犯罪的构成要件,单位犯罪的归责原则是一个内涵和外延都在发生变化的概念,不同的经济发展阶段、行政监管方式和企业管理水平,对于认定单位犯罪的事由、标准和依据均产生重大的影响。二是从企业合规管理有效性的认定标准的角度,考察司法激励政策促进企业建立和维持发现和预防违法犯罪预防的合规管理制度。对于建立有效合规管理制度的企业,给予减轻宽大处罚的激励,可以有效促使单位加强合规管理,主动发现和预防犯罪,产生社会治理的良好效果。三是从司法矫正的角度,考察强制单位建立合规管理的制度和机制,自然人具有社区改造、缓刑考验等司法矫正制度,单位犯罪后也可以判处缓刑考察期,对其合规管理的有效性建设进行监督和评估,促使其加强合规管理,实现预防单位犯罪的社会治理目标。上述单位犯罪的归责原则、司法激励制度、缓刑考察制度属于刑事合规制度的范畴。美国在刑事合规的立法和司法方面的制度,对于世界各国的刑事合规制度具有重要的影响,深入考察美国刑事合规制度的发展沿革以及制度内容,对于我国刑事合规制度的立法,以及企业合规管理建设,具有重要的指导意义和参考价值。

二、美国企业犯罪归责原则

随着美国经济从工业资本向金融资本的转移,证券市场成为美国行政监管的重要领域。证券市场的快速发展,资本的聚集效应导致垄断加剧,企业规模的扩张导致行政监管的难度越来越大,美国单位犯罪的规责原则也在随着经济的发展而不断变化。作者考察了美国从 1934 年《证券交易法》颁布至 2002 年《公众公司会计改革和投资者保护法》,将美国刑事合规制度划分为 4 个发展阶段,一是会计控制责任阶段,二是管理控制责任阶段,三是结构控制责任阶段,

① 参见赵赤:《立足全球视野解读刑事合规内涵》,载《检察日报》2021 年 9 月 2 日,最高人民检察院,https://www.spp.gov.cn/spp/llyj/202109/t20210902_528256.shtml。

四是系统控制责任阶段。划分上述 4 个阶段的依据,是企业内部控制理论和实践发展的主要阶段。在不同的经济和社会发展阶段中,为了满足行政监管与合规要求的需要,美国企业和社会专业机构持续不断提升内部控制制度,随着企业内部控制理论和实践的发展,美国刑事合规立法也在不断进化发展。作者关于美国刑事合规立法的划分依据,主要是参照美国企业内部控制理论和实践阶段的划分标准确定的。有关美国企业内部控制的理论和发展沿革,本书在相关章节中进行专门介绍。

1. 会计控制责任

美国在刑事立法方面要求企业高级管理人员对会计控制的有效性承担刑事责任的法案,最具有代表性的是 1934 年《证券交易法》。该法要求证券发行人进行设计并维护一套内部会计控制系统,包括:(1)交易依据管理部门的一般和特殊授权执行;(2)交易的记录必须满足适当标准编制财务报表和落实资产责任的需要;(3)接触资产必须经过管理部门的一般授权和特殊授权;(4)按适当时间间隔,将财产的账面记录与实物资产进行对比,并对差异采取适当的补救措施。该部法律在美国内部控制理论和实践处于会计控制的基础上,处于美国刑事合规立法的早期阶段。

2. 管理控制责任

通过会计记录和会计监督的方式,预防和发现商业犯罪的局限性越来越明显。通过刑事立法的方式,要求企业在加强会计控制的同时,强制要求企业建立特定的内部控制管理程序,发现和预防商业贿赂等腐败犯罪。企业管理控制刑事责任的法律最典型的是 1997 年《反海外腐败法》。美国"水门事件"发生后,美国证券交易委员会于 1977 年披露,400 多家公司在海外曾经向外国政府官员、政客和政治团体支付了高达 30 亿美元的巨款,从行贿高官以达到非法目的到支付以保证基本办公的所谓"方便费用"等。这上述一系列违法行为使美国政府和上市公司高级官员的诚信度,引起美国民众的普遍质疑,民众要求加强对政府官员和大企业行为的监督,美国在上述背景下,于 1997 年发布了《反海外腐败法》,也叫《反海外贿赂法》,简称 FCPA(Foreign Corrupt Practices Act)。该法要求公司保留精确的账簿和档案记录,确保具有秘密交易性质的贿赂账目保留在公司账簿之中,必须有合理的审计、财务控制、培训制度以及防止腐败行为的政策,并适用于所有雇员、合伙人及代理商。该法的重大意义是首先要求企业建立以会计控制为主、以管理控制为辅的内部控制制度,作为预防和发现贿赂等犯罪的基本方式。这种要求企业建立相应内部控制制度的立法方式,对于反贿赂的政府监管方式,具有重大的意义。

美国为确保其跨国公司在海外业务的拓展获得公平贸易机会,要求各国际组织和各国政府统一推进反腐败的立法合作。在美国政府的持续推动下,1996年美洲国家组织通过《美洲反腐败公约》,1997年经济合作与发展组织(OECD)通过《禁止在国际商业交易中贿赂外国公职人员公约》,2003年联合国通过《联合国反腐败公约》。《联合国反腐败公约》于2006年2月12日对我国生效。因此,美国《反海外贿赂法》开启了全球合规监管的时代,也使企业的合规管理建立在进一步加强内部控制的基础上。

3. 有效控制责任

随着美国20世纪80年代反垄断、反腐败、反内幕交易等一系列案件的发生,以及大规模的国防工业舞弊行为,美国立法机构认识到,通过立法方式要求企业建立各种管理措施,仍然不能有效地发挥预防犯罪的作用,企业各种管理措施的制定和实施均是在企业内部控制环境中进行的。企业的管理环境包括治理机构、审计和监督、培训等,健全的管理环境可以保障和支持各种管理措施的制定和实施。1991年,美国量刑委员会提出了《美国联邦量刑指南》422号修正案,该修正案规定"组织犯罪的量刑"作为《美国联邦量刑指南》第八章。该章规定了企业建立有效的发现和预防违法犯罪的合规管理制度,虽然没有预防犯罪的发生,但是仍然可以达到大幅度降低处罚的目的,如果没有建立有效的合规制度,则加大处罚。该修正案一方面建立了单位犯罪在量刑方面的激励制度,另一方面,提出了合理认定"预防和发现犯罪行为的有效措施"的7项标准,被称为有效合规管理的"黄金七标准"。

有效合规管理的7项必备要素包括:合规制度和程序、合规治理机构、谨慎的授权体系、全员合规培训、审计和监督体系、惩戒机制、违规整改机制。上述7项要素已经远远超出了合规管理制度和程序的范畴,将合规管理的环境要素作为有效预防违法犯罪的必要条件。该修正案首次将合规管理的环境要求作为单位犯罪量刑的标准要求,该法案的实施对于美国企业内部控制理论的完善和实践产生了巨大的影响,同时对世界其他市场经济国家的刑事立法提供了重要的参考。为了与美国内部控制理论概念"结构控制"保持一致,有效的内部控制取决于控制环境的各个要素是否能共同发挥作用,有效合规 7 项标准的提出,刑事立法吸收了内部控制理论研究和实践发展结果,作者称为有效控制责任,是与美国企业内部控制进入结构控制阶段相对应的。有效控制责任是集合了会计控制、管理控制以及管理环境要素的刑事归责原则,使美国刑事立法对于企业预防犯罪的法律要求实现了阶段性提升。

4. 系统控制责任

虽然,1991 年《美国联邦量刑指南》和 1992 年《内部控制—整合框架》是两部具有划时代意义的刑事合规法律和企业内部控制标准,但是,上述法律和标准的发布实施,并没有阻止 10 年后美国发生的一系列上市公司财务造假舞弊案件。2001 年 12 月 2 日,美国安然公司——世界上较大的能源、商品和服务公司之一,因为大规模的虚假内幕交易、财务造假、隐瞒债务 130 亿美元,正式向破产法院申请破产保护,破产清单中所列资产高达 498 亿美元,成为美国历史上最大的破产企业。安达信会计师事务所因帮助安然公司财务造假,被判处妨碍司法公正罪后无法持续经营被迫关闭。2002 年 1 月 28 日,美国环球电讯公司正式申请破产保护,拥有 224 亿美元的资产和 124 亿美元的债务,这使它成为有史以来申请破产保护的规模最大的一家电信企业。2001 年前后,美国上市公司一系列的财务造假舞弊破产案件,造成美国证券市场在世界资本市场的信任危机,彻底打击了投资者对资本市场的信心。

在上述背景下,美国国会于 2002 年 7 月 25 日通过了《公众公司会计改革和投资者保护法案》,该法案由参议院银行委员会主席萨班斯(Paul Sarbanes)和众议院金融服务委员会主席奥克斯利(Mike Oxley)联合提出,又被称作 2002 年《萨班斯—奥克斯利法案》。该法案的制定和实施,在世界公司治理历史上,是一项革命性的刑事法案。作为萨班斯法案中较重要的条款之一,404 条款明确规定了管理层应承担设立和维持一个有效的内部控制结构的职责。法案强化了公司高管层对财务报告的责任,公司高管须对财务报告的真实性宣誓。法案的出台加重了对董事和公司高层管理人员的刑事责任,提供不实财务报告,将获 10 年或 20 年的刑事责任。法案要求上市公司必须在年报中提供内部控制结构和财务报告程序的有效性评价,并且管理层必须声明对于建立和保持充分的内部控制结构和财务报告程序的责任。法案要求注册会计师需要对企业的内部控制系统作出评价,并且对公司管理层的评估过程以及内部控制系统的评估结论进行相应的检查并出具正式意见。安然公司陆续有数 10 人被起诉，安然公司的前首席执行官杰弗里·斯基林(J. Skilling)、创始人肯尼斯·雷伊(K·Lay)被起诉，二人 2005 年 5 月 25 日被宣判有罪，分别获 185 年和 165 年监禁。

如果说 1991 年《美国联邦量刑指南》修正案发布的企业有效合规管理标准，仅对单位犯罪的量刑具有重大影响，那么 2002 年《公众公司会计改革和投资者保护法案》的颁布，则要求企业董事会和高管层必须要维持一个有效的内部控制体系，该体系确保财务报告的合规程序。该法案的实施要求上市公司建立并保持的内部控制体系，必须符合 1992 年美国 COSO 委员会发布的《内部控制—整合框架》的标准。至此，美国刑事合规立法对单位犯罪的归责原则，又进一步上升为系统性控制的认定标准。该系统性控制标准是依据内部控制的行业通行标准建立，合规管理的有效性是可以被第三方专业机构评价鉴证。因此，2002 年《公众公司会计改革和投资者保护法案》属于单位犯罪的定罪标准，1991 年《美国联邦量刑指南》修正案则属于量刑激励标准。这两部刑事合规法律，确立了美国现代刑事合规的基本制度。

2004 年，美国量刑委员会基于《公众公司会计改革和投资者保护法案》107－204 第 805(a)(2)(5)条的规定，制定了《美国联邦量刑指南》第 673 号修正案，对 1991 年《美国联邦量刑指南》第 422 号修正案中“预防和发现犯罪行为的有效措施”的 7 项标准，逐项进行扩充完善后，形成了“有效的合规与道德程序”一节，作为《美国联邦量刑指南》第八章 B 部分第 2 节，以适应《公众公司会计改革和投资者保护法案》关于内部控制有效性的规定。

第三节 美国企业刑事合规的有效性

一、企业刑事合规有效性概念

企业刑事合规有效性的概念目前没有统一的教义学定义。为了研究的需要，本书中所称的企业刑事合规有效性概念主要是基于《美国联邦量刑指南》中的有关规定,是指企业是否具备符合刑事法律规定标准要求的预防和发现雇员及其代理人违法犯罪的措施。企业合规管理措施有效性的认定,对于发生犯罪行为的企业减轻处罚具有决定性意义。1991 年《美国联邦量刑指南》第八章 A 部分第 1 节第 2 条中的"术语定义"第 k 项,对"防止和发现违法行为的有效措施"进行规定,即"防止和发现违法行为的有效措施是指应得到合理地制定、贯彻实施,从而能有效地防止和发现犯罪行为的措施。未能防止和发现现行犯罪的措施,并不意味着不是有效措施。防止和发现违法行为的有效措施标志,是组织已作出合理努力来防止和发现其雇员或其他代理人的犯罪行为。合理努力要求组织必须至少采取下列措施"。该"措施"即是我国学者普遍称为合规管理有效性的 7 项标准。上述定义界定了企业预防犯罪责任的内涵是"合理努力",企业证明其作出了合理努力的外观表现,则需要符合最低限度的 7 项原则要求。

从合规管理的目的上看,是企业有效地发现并预防了犯罪行为的发生。但是,在客观上,企业作为复杂的组织体,违法犯罪的风险始终是存在的,如果仅从犯罪的结果发生就认定合规管理是无效,那么企业对于加强合规管理的努力就失去了意义。因此,建立一个认定企业合规管理有效性的认定标准,就会促使企业努力地满足标准的要求,从而促使企业加强合规管理,最大限度地发现和预防犯罪。《美国量刑指南》规定的企业合规管理的有效性是一个刑罚的量刑原则,而并非认定企业是否构成犯罪的标准。对符合企业合规管理有效性标准的犯罪企业,法院可减轻罚金处罚,但是,对不符合有效性标准的企业增加处罚,并且可以规定缓刑考察期,强制企业实施有效的合规管理。但是,根据 2002 年《公众公司会计改革和投资者保护法》的规定,将建立和保持内部控制结构和财务报告程序的有效性作为上市公司负责人的法律责任,明知财务报告不符合要求而蓄意签署确认的声明,最高可以处以 500 万美元或者 20 年的监禁,或者二者并罚。从上述两部法律的规定可知,企业建立和保持一个充分的包括合规管理目标的内部控制体系,可以作为减轻刑事处罚的法定事由,并且可以作为上市公司负责人免除刑事责任的抗辩事由。

将合规管理的有效性作为企业的法律责任,是美国刑事合规制度的基础。这是美国企业和专业机构长期探索内部控制有效性的结果,也是美国执法机构和立法机关,长期以来对企业进行合规治理的成果。《美国联邦量刑指南》对合规管理的有效性以及有效性标准的定义,为美国企业董事会和高级管理层进行合规管理提供了可靠的法律依据,也为执法机关和检察机关在行政执法和刑事起诉中提供了度量的标准。1999年,美国司法部制定了《联邦起诉商业组织原则》("霍尔德备忘录"),2017年制定了《公司合规体系评价》,作为联邦检察官起诉商业组织时评估企业合规管理有效性的依据。上述定义和标准是美国刑事合规制度发展中的里程碑,不仅对美国企业合规治理具有重大的引导作用,而且对世界市场经济的国家和经济组织的合规制度具有革命性的影响。因此,无论是企业合规管理还是国家合规监管立法,都跨入了企业合规管理有效性标准的时代,在世界范围内推动了公司治理的发展。

二、美国刑事合规有效性的标准

《美国联邦量刑指南》是由1984年的量刑改革法专门成立的、隶属于国会的美国量刑委员会制定,经国会审查后在美国联邦法院系统适用的量刑政策。该指南于1987年11月1日生效并适用于在该天及以后实施的所有犯罪。美国量刑委员会有权每年在国会会议开始之时至5月1日间向国会提交指南的修正案。美国刑事合规管理有效性标准的初始规定,是1991年《美国联邦量刑指南》第422号修正案提出的第八章"组织犯罪的量刑"中§8A1.2(3)k的规定。此后,美国量刑委员会多次修订完善上述规定,包括2004年第673号修正案,2010年第744号修正案,2011年第758号修正案,2013年第778号修正案。本书选择1991年修正案的初始规定,以及与2004年修正案的有关规定内容原文分别进行介绍。

1991年《美国联邦量刑指南》第八章组"织犯罪的量刑"A部分"一般适用原则"第1节"第八章的适用范围"第2条"使用说明—组织"【注释】第3款"本章常用术语的定义"(k)项规定,防止和发现违法行为的有效措施标志,是组织已做出合理努力来防止和发现其雇员或其他代理人的犯罪行为。合理努力要求组织必须至少采取下列措施:(1)组织必须已经建立能合理减少犯罪行为发生可能的、供其雇员或其代理人遵循的合规标准和程序。(2)组织必须已经授予其高层人员中的一人或数人,全权负责监督对上述标准和程序的服从情况。(3)组织必须已经尽到合理注意,不把重大决策权授予该组织通过合理努力而明知或应当知道具有从事非法活动倾向的人员。(4)组织必须已经采取有效措施,将其标准和程序告知所有雇员或其他代理人。例如,要求参加培训活动,或者分发实际可行的宣传手册。(5)组织必须已经采取合理措施使其标准得到遵守。例如,利用合理设计的监测和审计制度,用以发现其雇员或其他代理人的犯罪行为;建立并公布报案制度,使得其雇员或其他代理人能够报告他人的犯罪行为,而无须担心遭到报复。(6)组织必须已经采用恰当的惩戒机制贯彻执行其标准,这些惩戒机制包括合理的、对未能发现犯罪行为的个人负责制,给予对犯罪行为负有责任的人员以适当惩戒,是执行中的必需要件。但是,惩戒的方式应视特定案情而定。(7)在发现犯罪行为之后,组织必须已经采取所有合理措施对该犯罪行为作出应对,并防止类似犯罪的再次发生——包括对其防止和发现违法行为措施的必要修改。《美国联邦量刑指南》在该项规定中同时指出,防止和发现违法行为的有效措施所必需的正确行动有赖于系列因素,包括:(1)组织的规模——防止和发现违法行为的措施的规范性要求程度,与组织的规模大小有关,组织规模较大,则通常其措施就应更为规范化。较大的组织一般会建立书面规章制度,规定其雇员和其他代理人应当遵循的标准和程序。(2)业务的性质决定了特定犯罪发生的可能性——如果组织所经营业务的性质决定了发生某些类型犯罪的重大危险,则组织管理层必须已经采取措施防止和发现这些类型的犯罪。(3)组织的前科——有前科的组织,可能表明它应当采取措施防止特定类型犯罪的发生。再犯类似犯罪行为,令人怀疑它是否采取了所有的合理措施防止类似违法行为的发生。该项规定进一步指出,如果组织不采纳,也不遵守任何适当的政府规章所提倡的工业惯例或标准,则不利于证明其采取了防止和发现违法行为的有效措施。

1991 年《美国联邦量刑指南》第 422 号修正案关于企业合规管理有效性的定义、7 项最低原则性标准,标准适用的条件,以及对行业惯例和标准的遵守情况等规定,可以帮助法官在上述 4 个方面全面地评价企业合规管理的有效性,从而作出是否可以减轻处罚的决定。《美国联邦量刑指南》在第八章组织犯罪的量刑导言中强调,本章旨在维持预防、发现和举报犯罪的内在机制,使对组织及其代理人的制裁总体上能够提供公正的惩罚、足够的威慑和对组织的激励。合规管理的有效性标准的制定,可以使"足够的威慑"和"激励"成为可以客观评价企业在合规管理方面"合理努力"的标准,实现"公正惩罚"的目的。

2002 年,针对美国安然石油公司等系列财务舞弊案件的发生,《美国公众公司会计改革和投资者保护法》第805(a)(2)(5)项规定,对于妨碍司法和严重的刑事欺诈行为的《美国联邦量刑指南》进行复核修订,并明确要求《美国联邦量刑指南》第八章中适用于组织机构的量刑指导方针对于制止和惩罚有组织刑事犯罪是充分且必要的。2004 年《美国联邦量刑指南》第 673 号修正案,响应了上述法案的要求,对 1991 年第 422 号修正案关于合规管理有效性标准进行了补充、完善,并作为第八章 B 部分“对犯罪行为造成损害之救济,有效的合规和道德措施”第 2 节“有效的合规和道德措施”,修订后的 7 项措施如下:

(1)本组织应制定预防和发现犯罪行为的标准和程序。(2)(A)该组织的治理机构应了解合规和道德程序的内容和运行,并应对合规和道德程序的实施和有效性进行合理的监督;(B)组织的高层人员应确保组织具有有效的合规和道德程序,如本指南所述,高层人员中的特定人员应被指派全面负责合规和道德程序;(C)组织内的特定人员应被委派负责合规和道德程序的日常运行,负有运行责任的人员应定期向高层人员报告,并酌情向治理机构或治理机构的相关小组报告,为履行运行责任,应给予特定人员足够的资源、适当的权力,并可以直接接触治理机构或治理机构的相关小组。(3)组织应尽合理的努力,不对组织知道或应该通过尽职调查知道的任何从事非法活动或不符合有效的合规和道德程序要求的人员授予组织的实质性权力。(4)(A)组织应采取合理的措施,定期以可行的方式沟通其标准和程序以及其他的合规和道德措施,通过有效的培训计划,向(B)款中的人员传达适合这些人员各自职责和责任的信息;(B)在(A)款中提到的人员是治理机构的成员、高层人员、享有实质性自由裁量权的人员、组织的雇员,以及适当的组织的代理人。(5)组织应采取合理的措施:(A)确保遵守合规和道德程序,包括监测和审计以发现犯罪行为;(B)定期评估组织合规和道德措施的有效性;以及(C)建立和宣传一个系统,该系统可能包括允许匿名或保密的机制,使该组织的雇员和代理人可以就潜在的或实际的犯罪行为报告或寻求指导,而不害怕报复。(6)组织的合规和道德程序应通过:(A)采取适当的激励措施执行合规和道德程序;以及(B)对从事犯罪行为和未采取合理措施防止或发现犯罪的行为采取适当的惩戒措施。(7)在发现犯罪行为后,组织应当采取合理的措施对该犯罪行为作出适当的应对,防止类似犯罪再次发生,包括对组织的合规和道德程序进行任何必要的修改。

在上述修订后的 7 项标准外,又增加了 1 款,即组织应定期评估犯罪行为的风险，并应采取适当的步骤设计、实施或修改上述7项标准中的每项要求，以降低犯罪行为发生的风险。该新增的款项被称为第8项标准。

通过对比修订前后的有效性标准，新标准主要增加了三个方面的内容，一是将建设道德与合规的文化作为合规管理体系的重要内容，使各项合规管理的措施具有更深刻的内涵以及更丰富的表现形式。二是对企业合规管理组织机构的法律责任界定得更为具体明确，董事会应了解和掌握合规和道德体系的内容和运行，并应对合规和道德措施的实施和有效性进行合理的监督，高层人员应当确保组织有有效的合规和道德体系，高层人员中的特定人员如首席合规官应被指派全面负责合规和道德体系的运行。三是在原有的7项标准的基础上，增加了定期评估犯罪行为风险的要求，在风险评估的基础上调整修改合规管理体系。需要着重指出的是，新的修正案将“预防和发现犯罪行为的标准和程序”中“标准和程序”的概念，定义为“是指能够合理地降低犯罪行为可能性的行为标准和内部控制”，而《公众公司会计改革和投资者保护法案》规定的公司负责人对建立和保持充分的内部控制结构和财务报告程序的责任，说明合规管理体系中“预防和发现犯罪行为的标准和程序”，与“财务报告程序”均属于公司内部控制结构的组成部分。该定义将刑事合规制度，与企业合规管理制度进行法律意义上的统一和衔接。

三、合规管理内部控制无效的刑事责任

2002年《公众公司会计改革和投资者保护法案》第302条、第404条、第906条关于内部控制结构和财务报告的规定，构建了上市公司管理层对于建立和保持充分的内部控制结构和财务报告的法律责任。第302条规定了上市公司的负责人在签署年度或者季度报告时，需要确认与财务报告有关的6项事实。第404条规定了管理层和会计师事务所对内部控制有效性的评价和验证的强制性要求。第906条规定了上市公司负责人在明知财务报告（包括内部控制报告）在不符合规定的要求时，仍然书面确认或者蓄意书面确认相关声明，应当承担最高500万美元的罚款或者20年的监禁或者二者并罚的刑事责任。该法案因为上述关于内部控制法律责任的有关规定，被称为自1934年《证券交易法》颁布以来，最为严厉的法案。该法案极大地改变了美国上市公司的治理规

则。上市公司高级管理层首席执行官、首席财务官或者负有相应职责的人员，为了满足法案的要求，避免内部控制无效而承担法律责任，必须全面完善与加强财务报告以及以合规管理为目标的内部控制体系建设。上市公司的管理层必须对内部控制的有效性进行评价，并通过会计师事务所的验证。本书将上述有关条款的具体内容引述如下：①

关于上市公司对财务报告的责任。该法案第302条规定，SCE（美国证券交易委员会）应当依据规则要求所有发行人的主要执行负责人、首席财务负责人或履行相似职务的人员，在呈报的每一份年度或季度报告中书面确认：（1）签署的公司负责人已经复核了该报告。（2）基于该负责人的了解，报告中不存在对重要事项的任何不真实陈述，或遗漏了与出具审计报告所处环境相关的必要的重要事项的陈述，不误导。（3）基于该负责人的了解，报告中包括的财务报告和其他财务信息，在所有重要方面公允地反映了发行人在报告期内的财务状况和经营成果。（4）签署的公司负责人——（A）对建立和保持内部控制负责；（B）设计了这些内部控制，以保证这些负责人了解与发行人及其合并报告的下属机构有关的重要信息，尤其是那些在定期报告编制期内的信息；（C）评价了报告发布前90天内发行人内部控制系统的有效性；（D）在报告中陈述了对发行人内部控制系统有效性的评价结论。（5）签署的公司负责人向发行人的审计师和董事会的审计委员会（或履行相同职能的人员）披露了——（A）内部控制的设计和运作中的所有重大缺陷，这些缺陷可能影响发行人记录、处理、汇总和报告财务数据的能力，并且已经向审计师指明所有内部控制的重要弱点；（B）涉及发行人管理层或其他在内部控制系统中具有重大作用人员的任何欺诈行为，无论该欺诈行为严重与否。（6）签署的公司负责人已在报告中指明，在内部控制评估结束之后，内部控制系统或其他对内部控制具有重大影响的因素是否发生了重大变化，包括对重大缺陷或重要弱点进行的任何改正。

管理层对内部控制的责任。② 法案第404条（a）款规定，SEC应当制定规则，要求所有的年度报告须包括内部控制报告，它应当：（1）声明管理层对建立

---

① 参见高山、何敏编：《2002年萨班斯——奥克斯利法案》（中英文对照译本），ZETA—CIA研究中心译，法律出版社2004年版，第94页。

② 参见高山、何敏编：《2002年萨班斯——奥克斯利法案》（中英文对照译本），ZETA—CIA研究中心译，法律出版社2004年版，第130页。

和保持充分的内部控制结构和财务报告的责任;(2)包含一个对发行人最近会计年度末的内部控制结构和财务报告程序的有效性评价。该条(b)款同时规定,每个为发行人编制或签发审计报告的在册会计师事务所均应验证并报告发行人管理层所做的评价。

关于管理层刑事责任的规定。法案第906条规定,由发行人向SEC申报的包含财务报表的定期报告,应当附送一份有发行人的首席执行官和首席财务官(或同等职位的负责人)签署的书面声明。声明应确认包含财务报表的定期报告完全遵循《1934年证券交易法》第13(a)条或第15(d)条的要求,并且包含在定期报告中的信息在所有的重要方面公允地表达了发行人的财务状况和经营成果。任何人在明知随声明附送的定期财务报告不符合要求时,书面确认声明,将会被处以不超过100万美元的罚款或10年以下的监禁,或两者并罚;或者在明知随声明附送的定期财务报告不符合要求时,蓄意书面确认声明,将会被处以不超过500万美元的罚款,或20年以下的监禁或二者并罚。

自1992年美国COSO委员会发布《内部控制—整合框架》后,上市公司依据该框架建设的内部控制体系,既包括财务报告内部控制,也包括合规风险内部控制,既包括财务报告可靠性目标,也包括合规目标。内部控制体系有效性的评价,包括合规管理的有效性评价内容。美国刑事合规有效性标准是最低限度的合规管理的原则要求,如果企业的合规管理不符合最低标准的要求,那么企业内部控制体系是无效的。从这个意义上,2002年《公众公司会计改革和投资者保护法案》,要求上市公司管理层建立和保持包括合规管理目标在内的内部控制体系的有效性,对于改善公司治理以及资本市场的健康、良性发展具有重大的促进意义。

四、检察起诉程序中的合规有效性评价

美国司法部作为负责美国联邦政府刑事起诉的机关,为了确定企业犯罪合规管理的有效性,制定了相应的审查和评估程序。在美国司法部的《联邦检察官手册》第九章第28节"联邦政府起诉商业组织的原则"中,专门规定了对企业合规体系有效性、充分性进行审查的内容(JM 9-28.800)。在司法部部长助理Brian Benczkowski签发的名为"刑事案件中监察员的选择"的备忘录中,指导检察官在作出起诉决定时考虑"企业是否对合规计划和内部控制系统投入了充足

的资源和改进”以及“是否对合规计划和内部控制的补救改进进行了测试，以证明相关补救改进措施未来是否能够预防或检测到类似的不当行为”，进而以确定监察员是否合格、胜任。美国司法部刑事局制定的《企业合规管理体系有效性评价》，用于指导检察官评价企业合规管理和内部控制体系的有效性的工作。

美国刑事合规制度对世界各国和国际组织的刑事合规立法和企业合规管理制度的建设产生了广泛和深远的影响。例如，英国司法部《2010 年贿赂法》规定企业组织应采取包括 6 项原则的合规体系以最大限度地降低贿赂风险，国际标准化组织（ISO）2016 年发布了指南 ISO 37001《反贿赂管理体系》标准包括 11 项要素，在 2021 年发布了 ISO/DIS 37301《合规管理体系要求与指南》规定了 5 个要素，上述法律和标准规定的合规管理要素，与上述美国刑事合规有效性标准高度一致。

第四节　美国刑事合规激励制度

《美国联邦量刑指南》1991 年第 422 号修正案首次规定了企业防止和发现违法行为的有效措施，可以作为减轻处罚的情节，并且规定了企业如果没有上述的有效措施，高层人员参与、放任或放纵犯罪则加重处罚的情形以及判处缓刑的条件，使用正、负两方面激励措施，促使企业建立有效的合规管理体系。现将有关规定引述如下。

一、关于减轻处罚的规定

《美国联邦量刑指南》第八章 C 部分第二节第 5 条第（f）[§8C2. 5（f）] 款规定，企业有效的合规管理可以减轻刑事处罚，并且明确了认定合规管理有效性的前提条件。“如已有防止和发现违法行为的有效措施，但仍然发生某犯罪行为，则减少 3 点。但是，本款不适用于某些人员参与、放任或放纵犯罪行为的情形，这些人员即组织的高层人员，组织内雇员人数在 200 以上的、实施犯罪行为的下属单位的高层人员，或对防止和发现违法行为的措施负有管理或执行责任的人。如组织的直接主管人员参与犯罪,则可以反推出,该组织没有防止和发现违法行为的有效措施。但是,本款也不适用于这种情形,即组织在发现罪行之后,不合理地推迟向有关政府当局报案。"①

关于有效的合规管理可以减轻处罚的金额,该指南进行了明确的规定。美国联邦法院根据犯罪后果的严重程度认定犯罪等级,由犯罪等级可以确定对应的基本罚金额,然后结合犯罪的加重或者减轻的情节认定犯罪点数,犯罪点数决定了罚金倍数,最终的罚金数额 = 基本罚金额 × 罚金倍数。该指南规定了组织犯罪的加重和减轻处罚的具体事由,上述 § 8C2. 5(f)款即规定了企业有效合规可以减少 3 点(犯罪点数)。该款所在的第 5 条同时规定,企业罚金的起算基本点数为 5 点,在起算责任点数 5 点的基础上减少 3 点,剩余责任点数则为 2 点。根据该节第 6 条(即 § 8C2. 6)关于"最小和最大的罚金倍数"的规定,2 点责任点数对应的罚金倍数为最小 0. 4 倍,最大 0. 8 倍,法院在组织犯罪等级对应的基本罚金额不变的情况下,根据企业是否已有防止和发现违法行为的有效措施,可以在基本罚金数额的 0. 4 ~2 倍之间确定罚金倍数。具体说,如果组织已经具备了有效的措施,最低可以判处基本罚金数额的 0. 4 倍的罚金,也就是可以按照基本罚金数额的 40% 计算罚金,如果组织不具备有效的合规管理措施,则法院最高可以判处基本罚金数额 2 倍的罚金。是否具备有效的合规管理措施,罚金数额差别还是非常显著的。企业有效的合规管理可以减轻罚金处罚,是美国的刑罚激励制度在企业治理中的首次应用。

二、关于进一步适用偏离规则的规定

《美国联邦量刑指南》对于企业降低罚金的激励措施,不局限于 § 8C2. 5(f)有关减少 3 点基本点数的规定,可以进一步适用"偏离规则"。《美国法典》第 18 章第 3553 节(b)规定的"偏离规则",是指在法院发现"案件中具有某种加重或减轻情节,或者具有在某种程度上,量刑委员会在设置那些应判处与其描述不同的刑罚的指南条款时没有充分考虑的情节"。该指南据此制定了第八章 C

① 吕忠梅主编:《美国联邦量刑指南——美国法官的刑事审判手册》,法律出版社 2006 年版,第 433 页。

部分第4节(§8C4)“偏离适用罚金幅度的指南”,其中第八章C部分第4节第10条(§8C4.10)规定了“防止和发现违法行为的强制性措施(政策说明)”,即“如果组织的责任点数根据8C2.5(f)(防止和发现违法行为的有效措施)而得以减少,而且该组织已经按照特别针对该组织的法院命令或者行政命令贯彻其措施,则可以适用上调的偏离规则,以部分或全部冲抵这种所适用的罚金”。①

也就是说如果企业已经具备防止和发现违法行为的措施但是仍然没有防止犯罪行为的发生,按照法院或者行政监管机构的命令进一步贯彻落实相应的整改措施,在原减少罚金的基础上再次减少罚金。由于组织罚金的起算点数为5点,根据该项规定,如果在原有减少3个责任点数的基础上,再进一步调整减少2点,则基本点数剩余为0。根据有关罚金倍数的规定,0点以下责任点数对应的罚金最小倍数为0.05,最大倍数为0.20,也就是最高可以免除95%的基本罚金。

三、关于加大处罚的规定

《美国联邦量刑指南》8C2.5同时规定,在企业没有防止和发现违法行为的有效措施情况下,加重处罚的情形。该§8C2.5(b)项规定如下:

参与或者放任(放纵、容忍、包庇)犯罪,在数项皆可适用时,取其点数最大者:

(1)有以下情形之一者,加5点:

(A)组织的雇员人数在5000以上,并且

(i)该组织高层人员参与、放任或放纵犯罪;

(ii)直接主管人员放任犯罪,并影响整个组织。

(B)实施犯罪的下属单位的雇员人数在5000以上,并且

(i)该下属单位的高层人员参与、放任或放纵犯罪;或

(ii)直接主管人员放任犯罪,并影响整个下属单位。

---

① 吕忠梅主编:《美国联邦量刑指南——美国法官的刑事审判手册》,法律出版社2006年版,第445页。

(2)有以下情形之一者,加4点:

(A)组织的雇员人数在1000以上,并且

(i)该组织高层人员参与、放任或放纵犯罪;

(ii)直接主管人员放任犯罪,并影响整个组织。

(B)实施犯罪的下属单位的雇员人数在1000以上,并且

(i)该组织高层人员参与、放任或放纵犯罪;

(ii)直接主管人员放任犯罪,并影响整个组织。

(3)有以下情形之一者,加3点:

(A)组织的雇员人数在200以上,并且

(i)该组织高层人员参与、放任或放纵犯罪;

(ii)直接主管人员放任犯罪,并影响整个组织。

(B)实施犯罪的下属单位的雇员人数在200以上,并且

(i)该组织高层人员参与、放任或放纵犯罪;

(ii)直接主管人员放任犯罪,并影响整个组织。

(4)组织的雇员人数在50以上,并且直接主管人员参与、放任或放纵犯罪,加2点。

(5)组织的雇员人数在10以上,并且直接主管人员参与、放任或放纵犯罪,加1点。

上述关于减轻、进一步减轻、增加罚金的规定,被称为"胡萝卜加大棒"的刑罚激励制度。对于§8C2.5(b)增加责任点数、加重罚金处罚的规定,该节的"背景知识"进行了理论性的说明,"根据(b)增加责任点数,有赖于三个相关原则,第一,当管理组织的人员或代表组织行事且拥有实质裁量权的人员参与、放任或放纵犯罪行为时,组织责任更重。第二,组织越大,其管理越专门化,在其管理人员对犯罪行为的参与、放任或放纵就更加违反信托地位或滥用职权。第三,组织规模越大,当对犯罪的放任具有普遍影响力时,发生导致现行犯罪的可能性也就越大。因为组织规模的增大和经营管理的专业化具有连续性,所以(b)根据组织规模和涉案实质裁量权的层次和范围而不断增加责任点数"。

在§8C2.5(f)款(防止和发现违法行为的有效措施)中规定,如组织的直接主管人员参与犯罪,则可以反推出,该组织没有防止和发现违法行为的有效措施,因此8C2.5(b)款规定了直接主管人员参与或放任(放纵、容忍、包庇)犯罪,

增加处罚。该两款的规定前后呼应一致。该指南援引了公司治理中的信托理论作为加重处罚的理论依据,规模越大的企业,高级管理层对合规管理的信托责任越大,高层人员或者直接主管人员参与或者放任犯罪,不仅不减轻对企业的处罚,而且要加重处罚。

四、关于适用缓刑的规定

《美国联邦量刑指南》8D1.1(a)规定了法院应当对企业判处缓刑的情形,其中涉及企业合规管理的有4项,具体包括如下:如果在宣判时,雇员人数在50名以上的组织还不具备防止和发现违法行为的有效措施;如果该组织在前罪判决后5年之内再实施类似犯罪行为或实施构成现行犯罪之组成部分的行为;如果某组织或发生犯罪行为的下属单位的高层人员参与现行犯罪行为,并且该人员在前罪判决后5年之内再实施类似犯罪行为或实施构成现行犯罪之组成部分的行为;如果为了确保该组织有所变化,以降低再次发生犯罪行为的可能性。因此,有必要判处缓刑。

该指南对具有相应规模的组织适用缓刑的目的之一,就是确保组织能够在缓刑期间建立和实现有效的合规建设计划。该指南8D1.2条规定了对企业判处缓刑的期限,如果罪行属于重罪,则缓刑期限不得少于1年,但是不得超过5年,如果罪行不属于重罪,则缓刑期限不得超过5年。在上述的缓刑期间内,可以确保企业有充分的时间和条件建立并实施合规管理体系,有效发挥合规管理体系预防和发现违法行为的作用。该指南8D1.3规定了法官判处缓刑必须附加的两项强制性条件,一是在缓刑期限内不得再行实施犯罪,二是在赔偿金、通知被害人、拘留或者限制拘留某处选择其一作为缓刑条件。

《美国联邦量刑指南》在8D1.4规定了建议法官判处缓刑时附加的条件,即任意性缓刑条件。如果企业不能满足或者达到缓刑条件,则法院可以撤销缓刑。在根据上述8D1.1(a)规定的4种情形判处企业缓刑时,可以包括如下缓刑条件:(1)该组织应当制订并向法院提交一项防止和发现违法行为的措施计划,包括对该措施的实施计划。(2)在防止和发现违法行为的措施得到法院批准后,该组织应当向其雇员和股东通报其犯罪行为以及该防止和发现违法行为的措施。(3)组织应当按照法院规定的期间和方式,定期向法院或缓刑官报告该组织实施其防止和发现违法行为的措施的进展情况。(4)为了监督该组织是否遵循其防止和发现违法行为的措施,该组织应当提交下列材料:(A)缓刑官或法院聘请的专家对组织在有关事务所保存的账簿和记录所进行的定期或不公开检查的报告;(B)对组织内知情人员的询问记录。法院聘请专家的相关费用应由该组织承担。

通过以上规定可以看出,50 人以上规模的尚未建立合规管理体系的企业,以及在前罪未满 5 年的情况下,必须判处缓刑。法院在对企业判处缓刑时,以法院委派的缓刑官或者法院聘请的专家对企业合规管理措施进行监督、检查的方式,确保企业合规计划的有效实施。《美国联邦量刑指南》8D1.5 规定了违反缓刑条件的后果,如果发现该组织违反缓刑条件,法院则可以延长缓刑期限,判处更严格的缓刑条件,或撤销缓刑并对该组织重新量刑。该指南在该条的使用说明中指出,在重复发生严重违反缓刑条件行为的情形下,指派管理人或信托人可能是确保组织遵守法院命令的适当方法。

1991 年《美国联邦量刑指南》将企业合规管理体系的有效性,作为减轻、加重和判处缓刑的条件,在世界范围内的单位犯罪理论和立法方面,均是重大的突破。从此,各国立法均逐渐将加强合规管理的内部控制责任,确保合规管理体系的有效性,作为企业刑事责任认定和判处罚金数额的依据。从传统对企业犯罪追究刑事责任的方式,过渡到激励、强制企业进行有效合规管理的方式。

Chapter 05 第五章

美国企业合规管理制度

2006 年，国资委发布《中央企业全面风险管理指引》，要求中央企业建立健全全面风险管理体系，包括风险管理策略、风险理财措施、风险管理的组织职能体系、风险管理信息系统和内部控制系统。根据上述规定和要求，中央企业陆续建立了全面风险管理体系。2008 年，财政部、中国证监会、审计署、中国银监会、中国保监会等五部委发布《企业内部控制基本规范》，适用于国内的大中型企业。2010 年，财政部等上述五部委发布了《企业内部控制应用指引第 1 号——组织架构》等 18 项应用指引、《企业内部控制评价指引》和《企业内部控制审计指引》，上述指引自 2011 年 1 月 1 日起在境内外同时上市的公司中施行，自 2012 年 1 月 1 日起在上海证券交易所、深圳证券交易所主板上市公司施行，我国上市公司和大中型国有企业按照上述规定和指引先后建立了内部控制制度。2018 年 11 月，国资委发布《中央企业合规管理指引（试行）》以后，中央企业普遍开始加快建立健全合规管理体系。该指引规定了协同联动的合规管理体系建设原则，要求推动合规管理与法律风险防范、监察、审计、内控、风险管理等工作相统筹、相衔接，确保合规管理体系有效运行。2022 年 10 月，国资委发布的《中央企业合规管理办法》中进一步规定，中央企业应当结合实际建立健全合规管理与法务管理、内部控制、风险管理等协同运作机制，加强统筹协调，避免交叉重复，提高管理效能。在上述规定中，特别是合规管理与内部控制、风险管理的关系，是协同运作机制建设中重要的、需要解决的关键问题，只有三个方面的管理体系协同运作，才能确保合规管理发挥应有作用，实现发现和预防合规风险的管理目标。鉴于我国风险管理和内部控制制度在制定和实施过程中,主要借鉴和参考了美国 COSO 委员会内部控制和风险管理框架的有关内容,而两个框架的重要基础就是合规管理制度。因此,考察美国企业合规管理与内部控制、风险管理的历史渊源和关系,对于我国企业建设合规管理体系具有重要的参考价值和借鉴意义。

第一节 美国企业合规管理与内部控制

企业依法合规经营是内部控制的目标之一,合规管理通过内部控制的方式实现。如何采取各种内部控制措施,建立内部控制机制,发现和预防合规风险,是美国市场经济进入金融资本占据主导地位后,特别是发展到垄断阶段,成为美国证券监管机构、行政执法部门、社会中介专业机构共同努力的目标。美国企业合规管理制度的建立和发展,是企业内部控制和风险管理理论长期探索和实践的结果。

一、内部控制的基本概念

要考察美国企业合规管理与内部控制的关系,首先要厘清内部控制的基本概念。对中国企业来说,"内部控制"是一个舶来词。[①] 弗里曼在《战略管理:一种利益相关者的方法》一书中提出:"利益相关者是能够影响一个组织目标的实现,或者受到一个组织实现其目标过程影响的所有个体和群体。"在利益相关者理论中,外部的利益相关者包括股东、投资者、消费者、政府监管机构等,内部的利益相关者包括董事会、监事会、经理层、工会、员工等。结合内部控制的理论以及美国 COSO 委员会关于内部控制的定义,依据我国财政部等五部委发布的《企业内部控制基本规范》的有关规定,笔者认为,内部控制是由公司的内部利益相关者,为了满足外部利益相关者对公司经营效率和效果、财务报告的真实性、法律法规的遵循等期望,所采取内部治理控制措施的总和。为进一步理解

① 参见李心合:《超越内控:从内部控制到全面控制》,载《财务与会计》2023 年第 4 期。

内部控制的概念，可以按照语义学的方法理解与内部控制对应的“外部控制”概念，外部控制是指外部的利益相关者，为了促使公司提高经营的效率和效果、财务报告的可靠性、合规经营的水平和能力，采取股东大会的监督和决策、行政执法监管、立法司法活动、国家政策等各种外部治理方式的总和。

通过考察内部控制的内涵属性可知，内部控制的思想和方法是一个古老的概念，在历史上，世界不同的文化或国家以及各种组织内部可能都会有独特的控制风险的方法，如中国古代的重要工程项目，秦代长城所用的墙砖或者皇帝宫殿中的地砖，采取背面刻制工匠名字的方法，近代的工程项目如大渡河铁索桥的铁链上，铸造有铁匠的姓名，在重要建筑材料上刻制姓名，记录材料的来源，是一种界定、追查工匠责任、保证工程质量的控制方式，与现代企业中各种岗位人员在生产环节中签字承诺的性质相同。组织内部最原始、最成熟的控制方式是内部牵制的方式，在《周礼》的记载中，中国早在西周时代的国库管理中，并分为职内、职出和职币三个岗位，分别负责收入、支出和盘点登记。所谓牵制，是指岗位之间在职能上的相互制约，不能有一个岗位完全支配一项业务活动而没有交叉检查和约束。我国财政部等五部委发布的《内部控制基本规范》规定“不相容职务分离控制”的方式，就属于内部牵制的方法。从不相容职务分离控制的角度设计一项完整的经济活动流程，主要由 5 个岗位的人员分工完成：授权批准岗位、业务经办岗位、会计记录岗位、财产保管岗位、稽核检查岗位。不相容职务分离控制是内部控制中最重要、最基本、最典型的控制方式。

根据公司治理的委托代理理论（Principal-agent Theory），随着生产力的大发展和公司规模的扩大，一方面，生产经营活动的分工进一步细化，公司的股东、财务投资人、机构投资者等所有者，不能对公司的经营管理活动直接行使指挥控制权；另一方面，具有专业知识的董事、高级管理人员等，有精力、有能力“代理”行使公司所有者的经营管理权。在公司治理结构中的委托代理的关系，由于股东作为委托人与董事作为代理人的基本利益追求并不一致，股东追求的是公司利润分红，而董事追求劳动报酬、奖金和闲暇时间最大化，这必然导致两者的利益冲突。在没有有效的制度安排下，内部利益相关者作为代理人很可能最终损害委托人——外部利益相关者——的利益。而内部控制制度就是一项委托代理的制度安排，该制度安排要求公司董事会和高级管理人员和全体员工等“内部人”，保证维护公司股东、投资者、消费者、债权人等“外部人”的利益，避免“外部人”受到“内部人”违规经营、财务舞弊、经营效率低下等行为的损害。因此,建立和保持内部控制体系的有效运行,是“内部人”维护“外部人”利益的一种机制安排。

外部利益相关者最关心的公司目标包括,实现企业战略、提高生产经营的效率、保护企业资产的完整安全、财务报告的可靠性和准确性、确保遵守法律法规等,任何危及上述目标实现的风险,内部利益相关者均应当进行有效的预防和控制,也就是内部控制。在上述重要的目标中,确保遵守法律法规的目标就是合规目标,为了确保遵守法律的管理活动,就是合规管理内部控制。根据上述内部控制与合规管理的逻辑推理和分析,合规目标的实现有赖于实现合规目标的内部控制机制的建立以及有关内部控制措施的有效实施。从上述各项经营目标的关系而言,合规目标的实现是其他目标实现的根本保障,特别是财务报告可靠性和准确性以及企业资产的安全完整性目标的实现。从外部利益相关者保护的角度观察,市场经济发展的历史,是企业内部控制理论和实践不断进步和成熟的历史。美国企业的内部控制制度经过百余年的发展,从 20 世纪初期的会计控制发展阶段,逐步发展到 20 世纪 90 年代的系统控制控制阶段,最终实现内部控制标准的统一。美国企业合规管理作为内部控制的基本目标之一,始终伴随内部控制制度的发展,最终通过刑事合规制度——外部立法和司法的治理方式,实现了企业内、外部利益相关者的利益平衡。因此,通过考察从美国企业内部控制与刑事合规制度的关系,可以为研究探索我国企业合规管理建设路径,提供有益的借鉴。

二、美国企业内部控制的发展沿革

企业内部控制制度是一个历史的、动态的演变进化过程。在西方从自由市场经济发展到垄断阶段之后,不正当竞争、市场垄断、虚假信息披露等行为,越来越严重地破坏公平竞争的市场秩序,损害了广大投资者的利益。20 世纪的美国作为最发达的资本主义市场经济国家,公众企业的财务舞弊、垄断等问题成为政府进行市场监管的重点领域。解决财务舞弊问题可以保障众多投资者的利益,制止垄断、不正当竞争等违法行为可以保证公平的市场环境,但是仅仅依靠监管机构的检查和处罚,越来越不能遏制企业普遍的财务舞弊行为和严重的违法行为。美国作为自由市场竞争最充分的国家,基于遏制企业的违法犯罪行为的需要,政府从日常检查事后处罚的监管模式,逐步过渡到加强企业内部控制的治理模式。如何设计内部控制的制度,发现和防止财务舞弊和违法行为,成为证券市场的审计机构和政府监管机构共同努力的方向。

美国长期以来施行的是中介机构行业自我管理的方式,政府并不干预中介机构对企业内部控制有效性评价的审计准则制定。本书主要从内部控制的目标和构成要素两个角度考察美国内部控制的发展变化。一方面,考察企业合规管理与内部控制的关系;另一方面,从内部控制的构成要素的角度,可以对比我国企业内部控制在实践中的发展状况,从而将我国企业合规管理在内部控制的基础上提高和加强。经过美国证券市场的审计中介机构、监管机关和立法部门的共同探索,从单一的会计控制直至全面系统化的控制方式,经历了长达半个多世纪的时间。

会计控制阶段。1936 年,"内部控制"第一次作为专业词语,出现在美国注册会计师协会(AICPA)出具的《注册会计师对财务报表的审查》报告中。该报告正式提出了"内部控制"的概念;"为保护现金和其他资产,检查账簿记录准确性而在公司内部采用的各种手段和方法。"会计控制的思想和方法无论在西方还是我国社会的发展中,都具有悠久的历史渊源,特别是现代会计学之父、意大利传教士卢卡·帕乔利(1445—1517)在 1494 年出版了《算术、几何与比例论》,使复式记账法成为准确记录、核算经营成果的科学方法。随着复式记账法的广泛运用,会计工作逐步成为企业生产经营的核心职能,同样也是内部控制最基本的工具,通过规范的会计工作实现财务报告的可靠性成为企业内部控制最主要的目标。现代会计工作成为证券市场进行有效运作的基础,股东和市场投资者,依据经过审计的财务报告作出投资决策,证券监管机构围绕上市公司财务报告的真实性、可靠性、准确性展开行政监管。将会计工作进行标准化、规范化,自然成为证券市场立法的基础。非上市公司的股东、董事会同样也依赖于会计记录、核算以及监督职能,了解掌握企业的经营状况,控制企业的生产经营活动的开展。

管理控制阶段。1949 年,AICPA 所属的审计程序委员会(CPA)发表了《内部控制:系统协调的要素及其对管理部门和独立会计师的重要性》的专题报告,将内部控制界定为:一个企业为保护资产完整、保护会计资料的准确和可靠、提高经营效率、贯彻管理部门制定的各项政策,所制定的政策、程序、方法和措施。从该概念中可以看出,该定义对内部控制提出了三个目标:合法性、合规性、完整性。1953年,AICPA在《审计程序说明》中将内部控制分为两部分:会计控制和管理控制。1958年,CPA发布新的内部控制定义:"内部控制分为内部会计控制和内部管理控制,内部会计控制是与财产安全和财务记录的可靠性有直接联系的所有方法和程序,内部管理控制是与经营效率和贯彻管理方针有关,通常只和财务记录有间接关系。"这也就是通常所说的内部控制"制度二分法"。随着通信、交通、互联网的逐步普及,企业的生产经营从紧密型的协作,到跨地域、跨国家、跨行业的巨大的网状结构。各生产经营单位和职能部门专业化、精细化的分工,使会计工作难以有效、及时、准确地掌握企业所有的经营活动状态。企业更多地依靠各方面的规范化制度,组织生产经营各方面的运作,会计工作同样在企业各项制度的基础上展开。审计要结合企业的规章制度复核、验证会计工作的过程和结果。美国在水门事件后颁布了《反海外腐败法》,使企业内部控制的重要性得到前所未有的加强。① 从AICPA上述关于内部控制的定义中可以看出,美国企业的内部控制虽然以财务报告的可靠性为主要目标,但是已经将合规管理包含在内部控制中。从合规管理的角度上,美国的审计机构已从20世纪50年代开始,将合规目标作为内部控制不可分割的一部分,而《反海外腐败法》则是该时期内部控制的立法成果之一。

结构控制阶段。1988年4月,AICPA发布《审计准则公告第55号》,该份公告提出了内部控制结构包括控制环境、会计系统和控制程序三个要素,并首次使用了"内部控制结构"的概念,步入"结构三分法"阶段。铁亮、田中禾认为,控制环境是实现内部控制目标的环境保证,会计制度是内部控制结构的关键要素,控制程序是保证内部控制结构有效运行的机制。这一概念突破了"制度二分法"的局限,特别强调管理者对内部制度的态度、认识和行为等控制环境因素的重要作用,且不再区分内部会计控制和内部管理控制。② AICPA在经过会计控制阶段和管理控制阶段50余年的长期摸索实践后,通过《审计准则公告第55

---

① 参见方红星:《审计模式演进视角下的内部控制——兼评相关的新审计准则》,载《财会学习》2006年第5期。

② 参见铁亮、田中禾:《美国内部控制理论发展研究》,载《财会通讯·综合》2010年第28期。

号》公告的发布认识到,内部控制环境是会计控制和管理控制的基础,要控制环境建立、加强或削弱内部控制的各种因素,它反映了董事会、总经理阶层、业主和其他人员对内部控制的态度和职责。控制环境包括公司治理结构、组织结构、人员素质和职业道德、企业文化、责任分配等方面。一个组织的内部控制环境对企业内部控制的执行和效果有着显著而关键的基础性影响。从现代合规管理的角度上,首先要明确企业的内部环境,针对具体的环境状况,实施合规管理措施,这种合规管理的方式即建立在上述内部控制理论和实践的基础上。

内部控制整合阶段。1992 年 9 月,美国 COSO 委员会发布《内部控制—整合框架》(Internal Control-Integrated Framework),在其中提出被各界广为接受的内部控制定义,内部控制是一个受到董事会、经理层和其他人员影响的过程,该过程的设计是为了提供实现以下三类目标的合理保证:经营的效果和效率、财务报告的可靠性、法律法规的遵循性。该框架包括 5 个要素即控制环境、风险评估、控制活动、信息与沟通、监督活动,自此内部控制进入了“五要素”时代。该框架被公认为是一部在设计、执行、实施内部控制以及评估内部控制有效性方面的权威框架。该框架自发布后对美国以及世界各国的内部控制立法产生了广泛的影响,我国财政部等五部委《企业内部控制基本规范》采用了该框架的基本内容。2013 年 5 月,美国 COSO 委员会发布了新版的《内部控制—整合框架》,对原框架进行了优化和诠释,最重要的优化内容之一是将原框架中的基本概念性内容演变为具体原则,并与 5 个要素结合在一起,为设计和实施内部控制系统、理解内部控制的基本要求提供了清晰的思路。① 鉴于美国 COSO 委员会的内部控制框架将“法律法规的遵循”作为三个目标之一,对于企业合规管理具有重要的理论指导价值,是世界上第一部实现企业合规管理有效性的管理工具。从此,企业合规从接受和满足行政监管强制性要求的被动地位,转变为企业主动进行法律风险预防和控制的治理方式。

风险管理阶段。美国在 2000 年前后发生的上市公司财务造假系列舞弊案件,体现了在企业内部控制监管方面的严重不足。2002 年美国国会紧急通过的《公众公司会计改革和投资者保护法案》正式确立了上市公司的董事会和管理

---

① 美国 Treadway 委员会发起组织委员会(COSO):《内部控制—整合框架(2013)》,财政部会计司组织翻译,中国财政经济出版社 2014 年版,第 1 页。

层对维护内部控制有效性应当承担的刑事责任,随后,COSO 委员会在 2004 年发布了《风险管理—整合框架》(以下简称 ERM),将在内部控制整合框架"五要素"中的"风险评估"要素扩充为目标设定、风险识别、风险分析、风险应对 4 个要素,在内部控制"三目标"的基础上增加了"战略目标",创建了风险容量、风险承受度、固有风险和剩余风险等风险管理工具,形成了风险管理框架的体系。COSO 将企业风险管理定义为,企业风险管理是一个过程,它由一个主体的董事会、管理层和其他人员实施,应用于战略制定并贯穿于企业运营之中,旨在识别可能会影响主体的潜在事项、管理风险以使其在主体的风险容量之内,并为主体目标的实现提供合理保证。该风险管理框架的发布,一方面,将内部控制为主要经营管理目标的实现提供合理保障,提升为企业主要类型的风险实现有效控制的高度;另一方面,风险管理将 COSO 委员会 1992 年的内部控制框架中的财务报告目标扩大为各种类型的报告,并在内部控制三类目标的基础上,增加了战略目标,从而使内部控制升级到公司治理的层面,成为有效控制治理风险的工具。2017 年,COSO 委员会对风险管理整合框架进行修订并将名称修改为《风险管理—战略与绩效的整合》,强调风险管理是企业的一种核心能力。合规目标自 1992 年 COSO 委员会内部控制框架发布以来,至 2004 年风险管理框架的发布,均属于主要目标之一,内部控制和风险管理作为企业合规的两种管理工具,终于发展为成熟的管理模型。COSO 的上述两个框架为世界各国和国际组织的合规监管提供了强大的制度工具,也为企业的其他利益相关方对企业依法经营行为的监督提供有效的手段。

美国行政监管机构和司法机关在美国企业内部控制理论和实践发展的基础上,不断利用企业内部控制的研究成果和实践经验,在行政监管和刑事司法立法方面提供法律保障,确立并引导企业内部控制制度的完善和实施。其中,1977 年《反海外贿赂法》、1991 年《美国联邦量刑指南》第八章"组织犯罪的量刑"、2002 年《公众公司会计改革和投资者保护法案》等在世界范围内影响深远的刑事法案,均是美国企业内部控制在各阶段理论和实践的基础上制定和实施的。美国企业内部控制理论和实践的主要推动者是美国职业团体,如会计师、审计师等中介机构,并最终为行政和司法机关接受。对比我国内部控制和刑事立法发展,我国内部控制主要是行政监管机关制定的有关规章或者规范性文件,如财政部等五部委 2008 年发布的《企业内部控制规范》以及在 2011 年发布的内部控制配套指引，上市公司根据行政监管机关的要求被动实施。随着我国经济步入新时代高质量发展时期，企业风险管理特别是合规管理成为每个企业无法回避的考验，美国企业内部控制和风险管理方面的有益经验和实践成果，可以作为我国企业合规管理的借鉴和参考。

与此对应，上述《美国联邦量刑指南》第673号修正案中，在"黄金7要素标准"之外规定了企业应定期评估不合规风险并不断寻找改进的方法，这两方面的要求通常被称为有效合规管理的"第八要素"。[①] COSO风险管理框架与内部控制框架一方面互相补充，另一方面又互为手段，两个框架与刑事合规分别从公司治理和立法规制内外两个方面，促使企业的战略目标以及经营、报告与合规目标的实现。

第二节 美国COSO内部控制框架

美国COSO委员会在1992年发布《内部控制—整合框架》报告之后，因安然公司等系列财务舞弊和会计造假案的发生，2002年美国国会通过了《公众公司会计改革和投资者保护法案》，在该法案的实施中发现，COSO委员会的内部控制框架是最适合执行该法案的内部控制标准。为了配合《公众公司会计改革和投资者保护法案》对公司治理的要求，美国COSO委员会在2004年发布了《风险管理—整合框架》，将作为风险管理基础工具的内部控制提升到风险管理的高度。2013年，为了适应世界的多重改变特别是技术对内部控制的影响，COSO委员会对1992年《内部控制—整合框架》进行了修订。本书为了研究美国企业合规管理与美国内部控制的关系，特别对COSO新版的内部控制进行重点介绍。

---

① 2020/美国Treadway委员会发起组织委员会（COSO）：《合规风险管理指南——应用COSO企业风险管理框架》，载美国Treadway委员会网，https://www.coso.org/Shared%20Documents/Compliance-Risk-Ma。

一、内部控制概念和体系的整合

为了深入研究财务报告舞弊产生的原因并寻找解决之道，1985 年，由美国管理会计师协会、美国注册会计师协会、美国会计协会、财务经理人协会、内部审计师协会，联合创建了美国反虚假财务报告委员会(Treadway Commission)，两年后，该委员会向上述 5 个发起组织提出建议，共同整合不同的内部控制概念和定义，为建立内部控制及其有效性评价提供一个务实的、能被广泛接受的标准。上述发起组织基于该建议成立了 COSO 委员会(Committee of Sponsoring Organizations of the Treadway Commission)专门研究内部控制问题。1992 年 9 月，COSO 委员会发布了《内部控制—整合框架》(Internal Control-Integrated Framework)。2013 年，COSO 委员会发布了新版的《内部控制—整合框架》，对原版进行了修订，但是基本保留了原版的内部控制定义。

美国 COSO 委员会将内部控制定义为："内部控制是一个由主体的董事会、管理层和其他员工实施的，旨在为实现运行、报告和合规目标提供合理保证的过程。"[①]COSO 委员会关于内部控制的定义，对世界各国的内部控制制度产生了重大的影响。我国《企业内部控制基本规范》借鉴了 COSO 委员会的上述定义，规范第 3 条规定："本规范所称内部控制，是由企业董事会、监事会、经理层和全体员工实施的、旨在实现控制目标的过程。"……鉴于美国公司法中没有监事会的概念，我国公司法中监事会的职能在美国公司法中是由董事会中的独立董事行使的，因此，上述定义规定的内部控制实施的主体是相同的。

关于"控制目标"，美国 COSO 委员会对内部控制框架设定了三种类别的目标：(1)运营目标——组织运营的效果和效率，包括运营和财务业绩目标，保护资产安全，以避免损失；(2)报告目标——内外部的财务和非财务报告的可靠性、及时性、透明度以及监管标准制定机构和组织政策所要求的其他方面；(3)合规目标——遵守组织所适用的法律法规及规章。上述目标是一个系统性管理的目标，是将企业的三大方面的风险即运营风险、报告失实风险、违规风险作为

---

① 美国 Treadway 委员会发起组织委员会(COSO)：《内部控制—整合框架(2013)》，财政部会计师组织翻译，中国财政经济出版社 2014 年版，第 16 页。

预防和控制目标,三大目标的确立使内部控制从传统控制方式升级到现代的系统化控制模式,由财务职能部门主导财务报告风险控制,进化到业务运营部门主导运营风险控制、合规部门主导法律风险控制的综合治理模式。

从该框架的定义,可以看出该框架可以作为合规管理的工具。正如 2103 年框架在关于内部控制的定义部分明确指出的,“根据不同的需要,本框架的使用者也可以关注于与报告相关的内部控制或与法律法规及规章等合规要求相关的内部控制”。[①] 从 COSO 委员会《内部控制—整合框架》的结构和内容上分析,该框架可以作为包括合规目标在内的各类企业风险的管理工具,并不局限向内外部各类利益相关者提供的各类报告,符合“可靠性、及时性、透明度以及监管标准制定机构和组织政策所要求的其他方面”的要求。正如该框架第一部分“摘要”所述“一个能够将内部控制的应用从财务报告扩展至其他报告形式及运营、合规目标的契机”。充分说明了,合规目标与报告目标、经营目标使用统一、整合的管理框架控制风险。

COSO 委员会发布的《内部控制—整合框架》列举了业务交易流程方面的控制活动,如授权和批准、验证、核对、实物控制、对账、监督控制,以及在运营或者合规流程方面的经营业绩分析和职责分工等活动。我国《企业内部控制规范》第 28 条规定,控制措施一般包括:不相容职务分离控制、授权审批控制、会计系统控制、财产保护控制、预算控制、运营分析控制和绩效考评控制等。我国法规对内部控制方式的规定更简洁、明了,但是在概念表述上更接近财务管理的措施,而 COSO 委员会关于控制活动的表述,除了财务报告目标以外,同样也适用于运营与合规目标的控制。

二、COSO 内部控制的要素和原则

2013 版的内部控制框架体系设定了 5 个要素和代表要素基本概念的 17 项原则。5 个要素是公司实现目标必不可少的组成部分,17 项原则是从要素相关的基本概念中直接总结出来的,公司通过遵循所有的原则从而实现有效的内部

① 美国 Treadway 委员会发起组织委员会(COSO):《内部控制—整合框架(2013)》,财政部会计师组织翻译,中国财政经济出版社 2014 年版,第 17 页。

控制。所有的原则均适用于运营、报告及合规目标①。COSO 强调“主体可以应用本框架遵循国外某种关于商业安排的特定法律法规,这就是合规目标类别内的某个子目标”。从内部控制框架的功能设定而言,预防和发现高风险生产经营领域的犯罪行为,可以作为内部控制合规目标的子目标。所谓高风险生产经营领域是结合企业的规模、行业、经营模式等风险特点予以确定的。COSO 委员会指出,“有效的内部控制体系可以将影响目标实现的风险降至可接受的水平。这些风险可能是一种、两种或全部三种目标类别。这就要求:内部控制五要素中的每个要素以及相关原则必须同时存在并持续运行;五要素以整合的方式共同运行”。评估内部控制体系的有效性,就是确定 5 个要素及其相关的 17 项原则是否“同时存在并共同持续运行”。本书从 2013 版内部控制框架的第一部摘要引用有关的要素介绍,说明内部控制 5 个要素及其所述原则的内容。为表述的准确性,本书引用 COSO 原文中“主体”的概念,在原文中“主体”包括各类型的组织,在本书中可以作为“企业”或者“公司”的概念理解。

要素一:控制环境。控制环境是为在组织中实施内部控制提供基础的一系列标准、流程和结构。董事会和高级管理层应在高层建立基调,强调内部控制的重要性(包括期望的行为准则)。与控制环境相关的 5 项原则包括:(1)组织应展现对诚信和道德价值的承诺;(2)董事会应展现出其独立于管理层,并对内部控制的开展与成效实施监督;(3)管理层为实现目标,应在董事会的监督下确立组织架构、汇报路线、合理的权力与责任;(4)组织应展现出其对吸引、培养和留用符合组织目标要求的人才的承诺;(5)组织为实现目标,应要求员工承担内部控制的相关责任。

要素二:风险评估。风险评估通过动态和反复的过程以识别和评估影响组织目标实现的各种风险,能够为形成管理风险的决策奠定基础。管理层应考虑各种可能会阻碍其目标实现的外部环境及内部商业模式的变化。与风险评估相关的 4 项原则包括:(1)组织应设定清晰明确的目标,以识别和评估与目标相关的风险;(2)组织应对影响其目标实现的风险进行全范围的识别和分析,并以此为基础决定应如何管理风险;(3)组织应在评估影响其目标实现的风险时,考

① 美国 Treadway 委员会发起组织委员会(COSO):《内部控制—整合框架(2013)》,财政部会计师组织翻译,中国财政经济出版社 2014 年版,第 26 页。

虑潜在的舞弊行为；(4)组织应识别并评估对其内部控制体系可能造成重大影响的改变。

要素三：控制活动。控制活动是通过政策和程序确立的行动，旨在确保管理层关于降低影响目标实现风险的方针已经落实。在主体的各个层级、业务流程的各个环节以及技术环境中都应实施控制活动。与控制活动相关的三项原则包括：(1)组织应该选择并执行那些可以将影响其目标实现的风险降至可接受水平的控制活动；(2)针对信息技术，组织应选择并执行一般控制活动以支持其目标的实现；(3)组织应通过政策和程序实施控制活动。政策是建立预期，程序是将政策付诸行动。

要素四：信息与沟通。信息对于主体履行内部控制责任，促进目标实现而言是非常必要的，沟通应同时发生内部与外部。对组织日常控制提供必要的信息沟通，可以使员工了解内部控制责任以及他们的实现目标的重要性。与信息沟通相关的三项原则包括：(1)组织应获取或生成和使用高质量的、相关的信息支持内部控制的持续运行；(2)组织应在内部对内部控制目标和责任等必要信息进行沟通，从而支持内部控制的持续运行；(3)组织应就影响内部控制发挥作用的事项，与外部进行沟通。

要素五：监督活动。主体应通过持续评估，单独评估或者两者的组合，以确认内部控制的5个要素(包括实现每个要素各原则中的控制活动)是否存在并持续运行。对在监督中发现的问题应进行评估，并及时沟通存在的问题，如有重大事项应向高级管理层和董事会报告。与监督活动相关的两项原则包括：(1)组织应选择、开展并实施持续和(或)单独评估，以确认内部控制的各要素存在并持续运行；(2)组织应评价内部控制缺陷，并及时与整改责任方沟通，必要时还应与高级管理层和董事会沟通。

三、COSO 内部控制有效性标准

在美国企业内部控制进入整合阶段后，内部控制有效性的标准发生了根本的变化。田中禾、铁亮认为，COSO 委员会的内部控制框架是原先的“方法程序观”向“过程观”的转变、从“静态”向“动态”的转变，是内部控制发展的根本性

变革。[①] 任何一种内部控制体系都应当是可以验证的评价标准，COSO 委员会将内部控制有效性的定义为，有效性的内部控制体系可以为主体目标的实现提供合理的保证。有效的内部控制体系可以将影响目标实现的风险降至可接受的水平，这些风险可能涉及一种、两种，或者全部三种目标类别。这就要求：(1)内部控制 5 个要素中的每个要素以及相关原则都必须同时存在并持续运行；(2)5 个要素以整合的方式共同运行。[②] “存在”是指在内部控制体系的设计和实施以实现特定目标的过程中，应确定各要素和相关原则存在，“持续运行”是指在内部控制体系的执行以实现特定目标的过程中应确定各要素和相关原则持续存在，“共同运行”是指确定 5 个要素共同持续运行，将影响目标实现的风险降至可接受的水平。上述有效性标准从理论上容易理解，但是在实践中证明难度较大。无论如何，该框架无论是作为财务报告内部控制的有效性评价，还是合规管理内部控制有效性的评价，都是美国法律规定的内部控制有效性标准，同样也作为其他国家和国际组织进行内部控制评价重要的参考依据。

四、COSO 内部控制框架的实施和影响

1991 年《美国联邦量刑指南》增加了第八章组织犯罪的量刑，第 422 号修正案规定了“防止和发现违法行为有效措施”，也就是被我国学者称为认定刑事合规有效性的“黄金 7 标准”。该修正案同时规定，“如果组织不采纳，也不遵守任何适用的行业惯例或任何适用的政府法规所要求的标准，则不利于证明其采取了防止和发现违法行为的有效措施”。1992 年 COSO 委员会发布了《内部控制—整合框架》，作为审计师参考采用的行业标准。虽然 COSO 内部控制框架在美国审计师行业中的影响较大，但是难以被认定为上述第 422 号修正案规定的应当遵守的“任何适用的行业惯例”。因此，属于自愿采用的内部控制准则，不具备必须遵守的条件。上述自愿采用的阶段一直延续到 2002 年《公众公司会计改革和投资者保护法案》的实施。在《公众公司会计改革和投资者保护法

---

① 参见铁亮、田中禾：《美国内部控制理论发展研究》，载《财会通讯·综合》2010 年第 28 期。

② 美国 Treadway 委员会发起组织委员会(COSO)：《内部控制—整合框架(2013)》，财政部会计司组织翻译，中国财政经济出版社 2014 年版，第 31 页。

案》的执行阶段,美国公众公司会计监督委员会(PCAOB)于2004年3月9日发布了第二号审计标准《与财务报告审计相关的针对财务报告的内部控制的审计》,在其中“管理层用于开展其评估的框架”一节中,明确管理层要依据一个适宜且公认的由专家群体遵照应有的程序制定的控制框架,来评估公司财务报告内部控制的有效性。在美国上市公司采用的内部控制框架中,COSO的内部控制框架最符合上述审计标准的要求。该标准认为,COSO内部控制框架能确认内部控制的三大主要目标,即运营的效果和效率、财务报告的可靠性以及遵守适用的法律和规章。运营目标和合规目标与财务报告的表达与披露直接相关,有必要含在财务报告的内部控制中,而这三大目标都会对财务报告产生重大的影响,是关于财务报告的内部控制的组成部分。基于《公众公司会计改革和投资者保护法案》的实施,上市公司董事和管理层必须将COSO的内部控制框架作为建设内部控制的标准,至此,美国上市公司的合规管理,统一建立在COSO内部控制框架的基础上。

美国COSO委员会发布的内部控制框架在美国以及世界证券市场的发展史上都具有划时代的意义,该框架对世界主要的市场经济发达国家的公司治理和证券市场监管制度产生了深远的、广泛的影响。1995年,加拿大控制规范委员会(Criteria of Control Board,COCO)发布了《控制指南》(Guidance on Control)和《评估控制指南》(Guidance on Assessing Control)(以下统称COCO指南)。1998年,受英国伦敦股票交易所委托,英国特许会计师协会(The Institute of Chartered Accountants in England and Wales,ICAEW)成立了专门委员会,负责英国企业内部控制相关法律规范的探究与拟定工作,特恩布尔(Turnbull)先生担任主席。1999年9月,发布了《特恩布尔报告》(Turnbull Report)。《特恩布尔报告》所提出的内部控制框架是具有样板作用的,与美国COSO内部控制框架的贡献不相上下。在2005年,由韩国上市公司协会等行业协会联合发布的《内部会计管理制度标准规则》,为提升上市公司财务报告的准确性和真实性以增强内部控制系统的有效性,要求各个上市公司根据自身的实际情况恰当适用该标准规则。2007年,法国的内部控制框架是由法国金融管理局(Autorite des Marches Financiers,AMF)发布的,其前身是于2003年颁布的《金融管理法》,该法律包含关于企业内部控制的规定。日本企业会计审议会(Business Accounting Deliberation Council,BADC)于2007年拟定并颁布了《财务报告内部控制评价与审计准则》和《财务报告内部控制评价与审计实施准则》。

我国财政部、证监会、审计署、银监会、保监会于 2008 年联合发布了《企业内部控制基本规范》,适用于国有企业和上市公司,该制度是以 COSO 的内部控制方案为基础的。以该基本规范为基础的企业内部控制制度已经成为我国国有企业和上市公司管理的基本制度。

第三节 美国刑事合规与内部控制的关系

《美国联邦量刑指南》建立了企业有效合规管理的最低标准,《内部控制—整合框架》建立了包括实现合规目标的内部控制通用标准,两个标准的目标具有一致性。因此,可以将企业刑事合规的标准,作为检验企业内部控制体系有效性的最低要求。鉴于 COSO 委员会 1992 年发布的《内部控制—整合框架》和 1991 年《美国联邦量刑指南》修订案规定的企业合规有效性标准,距今已经 20 余年,期间经过多次修订,本书选用其最新的版本,即 2013 年版的《内部控制—整合框架》和 2021 年版的《美国联邦量刑指南》,本书将内部控制框架 17 项原则与刑事合规“7 +1”标准进行比较分析,总结它们的共同之处和各自特点,从而为我国企业建设合规管理体系提供参考样本。

一、刑事合规标准与内部控制框架的对比

COSO 委员会为了适应美国刑事合规制度,特别是针对合规与道德措施的有效性标准在企业的实施,在 2020 年发布了《合规风险管理指南—应用 COSO 风险管理框架》,通过将 COSO 企业风险管理框架与合规与道德标准框架相结合,将两个框架中的各个概念整合在一起,为 COSO 企业风险管理框架在识别、评估和管理合规风险方面的应用提供指导。[①] 理论界也有学者将刑事合规标准

---

① 2020/美国 Treadway 委员会发起组织委员会(COSO):《合规风险管理指南——应用 COSO 企业风险管理框架》,载美国 Treadway 委员会网,https://www.coso.org/Shared%20Documents/Compliance-Risk-Management-Applying-the-COSO-ERM-Framework.pdf。

与内部控制标准相比较，美国学者罗恩·克拉尔将两套标准的共同点进行分析后认为，“应用 COSO 框架将极大地提高组织展示对法律遵从性的承诺的能力”。[①] 作者参考有关学者的研究方法，将 2021 年《美国联邦量刑指南》合规与道德的有效性标准与 COSO《内部控制—整合框架》(2013 年修订版)的有关原则进行对比后，将相同或者相近的原则逐项对比关联如下。在以下的对比中，将合规与道德的有效标准简称标准，将内部控制中的各项原则简称原则。

标准(1)：本组织应制定预防和发现犯罪行为的标准和程序。——对应原则(1)(12)

——原则(1)，组织应展现对诚信和道德价值的承诺。

——原则(12)，组织应通过政策和程序实施控制活动。政策是建立预期，程序是将政策付诸行动。

标准(2)：(A)该组织的治理机构应了解合规和道德措施的内容和运行，并应对合规和道德措施的实施和有效性进行合理的监督。——对应原则(2)

(B)组织的高层人员应确保组织有效的合规和道德措施，如本指南所述。高层人员中的特定人员应被指派全面负责合规和道德措施。——对应原则(3)(10)

(C)组织内的特定人员应被委派负责合规和道德措施的日常运行。负有运行责任的人员应定期向高层人员报告，并酌情向治理机构或治理机构的相关小组报告。为履行运行责任，应给予特定人员足够的资源、适当的权力，并直接接触治理机构或治理机构的相关小组。

——原则(2)，董事会应展现出其独立于管理层，并对内部控制的开展与成效实施监督。

——原则(3)，管理层为实现目标，应在董事会的监督下确立组织架构、汇报路线、合理的权力与责任。

——原则(10)，组织应该选择并执行那些可以将影响其目标实现的风险降至可接受水平的控制活动。

标准(3)：组织应尽合理的努力，不将组织知道或应该通过尽职调查知道的

① Ron Kral, *Integrating a Compliance & Ethics Program with a Control FrameworkLeveraging COSO's Internal Control-Integrated Framework*, The EDP Audit, Control, and Security Newsletter Volume 57, 2018 - Issue 6ages 11 - 17 | Published online: 11 Jul 2018.

任何从事非法活动或不符合有效的合规和道德措施要求的任何人员授予组织的重大自由裁量权。——对应原则(3)(8)

——原则(8)组织应在评估影响其目标实现的风险时,考虑潜在的舞弊行为。

标准(4):(A)组织应采取合理的措施,定期并以可行的方式沟通其标准和程序以及其他的合规和道德措施,通过有效的培训计划,向(B)款中的人员传达适合这些人员各自职责和责任的信息;(B)在(A)款中提到的人员是治理机构的成员、高层人员、重要权力人员、组织的雇员,以及适当的组织的代理人。——对应原则(5)(13)(14)

——原则(5),组织为实现目标,应要求员工承担内部控制的相关责任。

——原则(13),组织应获取或生成和使用高质量的、相关的信息来支持内部控制的持续运行。

——原则(14),组织应在内部对内部控制目标和责任等必要信息进行沟通,从而支持内部控制的持续运行。

标准(5):组织应采取合理的措施:(A)确保遵守合规和道德措施,包括监测和审计以发现犯罪行为;(B)定期评估组织合规和道德措施的有效性;以及(C)建立和宣传一个系统,该系统可能包括允许匿名或保密的机制,使该组织的雇员和代理人可以就潜在的或实际的犯罪行为报告或寻求指导,而不害怕报复。——对应原则(16)

——原则(16),组织应选择、开展并实施持续和(或)单独评估,以确认内部控制的各要素存在并持续运行。

标准(6):组织的合规和道德措施应通过:(A)采取适当的激励措施执行合规和道德措施;以及(A)对从事犯罪行为和未采取合理措施防止或发现犯罪的行为采取适当的惩戒措施。(B)在(A)款中提到的人员是治理机构的成员、高层人员、重要权力人员、组织的雇员,以及适当的组织的代理人。——对应原则(4)

——原则(4),组织应展现出其对吸引、培养和留用符合组织目标要求的人才的承诺。

标准(7):在发现犯罪行为后,组织应当采取合理的措施对该犯罪行为作出适当的应对,防止类似犯罪再次发生,包括对组织的合规和道德措施进行任何必要的修改。——对应原则(17)

——原则(17),组织应评价内部控制缺陷,并及时与整改责任方沟通,必要时还应与高级管理层和董事会沟通。

标准(8):在实施第(b)款(作者注:指标准1~7)时,组织应定期评估犯罪行为的风险,并应采取适当的步骤设计、实施或修改第(b)款规定的每项要求,以降低犯罪行为发生的风险。——对应原则(6)(7)(9)(15)

——原则(6),组织应设定清晰明确的目标,以识别和评估与目标相关的风险。

——原则(7),组织应对影响其目标实现的风险进行全范围的识别和分析,并以此为基础决定应如何管理风险。

——原则(9),组织应识别并评估对其内部控制体系可能造成重大影响的改变。

——原则(15),组织应就影响内部控制发挥作用的事项,与外部进行沟通。

作者根据上述关联对比的结果制作了《刑事合规与道德标准和内部控制原则对比表》,见表5-1。

表5-1　刑事合规与道德标准和内部控制原则对比

刑事合规与道德标准		内部控制原则
标准一	本组织应制定预防和发现犯罪行为的标准和程序。——对应原则(1)(12)	原则(1):组织应展现对诚信和道德价值的承诺。 原则(12):组织应通过政策和程序实施控制活动。政策是建立预期,程序是将政策付诸行动
标准二	(A)该组织的治理机构应了解合规和道德措施的内容和运行,并应对合规和道德措施的实施和有效性进行合理的监督。——对应原则(2)	原则(2):董事会应展现出其独立于管理层,并对内部控制的开展与成效实施监督
	(B)组织的高层人员应确保组织有有效的合规和道德措施,如本指南所述——对应原则(3)。高层人员中的特定人员应被指派全面负责合规和道德措施。——对应原则(10)	原则(3):管理层为实现目标,应在董事会的监督下确立组织架构、汇报路线、合理的权力与责任。 原则(10):组织应该选择并执行那些可以将影响其目标实现的风险降至可接受水平的控制活动
	(C)组织内的特定人员应被委派负责合规和道德措施的日常运行。负有运行责任的人员应定期向高层人员报告,并酌情向治理机构或治理机构的相关小组报告。为履行运行责任,应给予特定人员足够的资源、适当的权力,并直接接触治理机构或治理机构的相关小组。	——

续表

刑事合规与道德标准		内部控制原则
标准三	组织应尽合理的努力,不将组织知道或应该通过尽职调查知道的任何从事非法活动或不符合有效的合规和道德措施要求的任何人员授予组织的重大自由裁量权。——对应原则(3)(8)	原则(8):组织应在评估影响其目标实现的风险时,考虑潜在的舞弊行为
标准四	(A)组织应采取合理的措施,定期并以可行的方式沟通其标准和程序以及其他的合规和道德措施,通过有效的培训计划,向(B)款中的人员传达适合这些人员各自职责和责任的信息;(B)在(A)款中提到的人员是治理机构的成员、高层人员、重要权力人员、组织的雇员,以及适当的组织的代理人。——对应原则(5)(13)(14)	原则(5):组织为实现目标,应要求员工承担内部控制的相关责任。 原则(13):组织应获取或生成和使用高质量的、相关的信息来支持内部控制的持续运行。 原则(14):组织应在内部对内部控制目标和责任等必要信息进行沟通,从而支持内部控制的持续运行
标准五	组织应采取合理的措施:(A)确保遵守合规和道德措施,包括监测和审计以发现犯罪行为;(B)定期评估组织合规和道德措施的有效性;以及(C)建立和宣传一个系统,该系统可能包括允许匿名或保密的机制,使该组织的雇员和代理人可以就潜在的或实际的犯罪行为报告或寻求指导,而不害怕报复。——对应原则(16)	原则(16):组织应选择、开展并实施持续和(或)单独评估,以确认内部控制的各要素存在并持续运行
标准六	组织的合规和道德措施应通过:(A)采取适当的激励措施执行合规和道德措施;以及(A)对从事犯罪行为和未采取合理措施防止或发现犯罪的行为采取适当的惩戒措施。(B)在(A)款中提到的人员是治理机构的成员、高层人员、重要权力人员、组织的雇员,以及适当的组织的代理人。——对应原则(4)	原则(4):组织应展现出其对吸引、培养和留用符合组织目标要求的人才的承诺
标准七	在发现犯罪行为后,组织应当采取合理的措施对该犯罪行为作出适当的应对,防止类似犯罪再次发生,包括对组织的合规和道德措施进行任何必要的修改。——对应原则(17)	原则(17):组织应评价内部控制缺陷,并及时与整改责任方沟通,必要时还应与高级管理层和董事会沟通

续表

刑事合规与道德标准		内部控制原则
标准八	在实施第(b)款时,组织应定期评估犯罪行为的风险,并应采取适当的步骤设计、实施或修改第(b)款中规定的每项要求,以降低犯罪行为发生的风险。——对应原则(6)(7)(9)(15)	原则(6):组织应设定清晰明确的目标,以识别和评估与目标相关的风险。 原则(7):组织应对影响其目标实现的风险进行全范围的识别和分析,并以此为基础决定应如何管理风险。 原则(9):组织应识别并评估对其内部控制体系可能造成重大影响的改变。 原则(15):组织应就影响内部控制发挥作用的事项,与外部进行沟通
	——	原则(11):针对信息技术,组织应选择并执行一般控制活动以支持其目标的实现

二、刑事合规与内部控制关系的分析

罗恩·克拉尔在将合规与道德标准与 COSO 内部控制框架对比结合后得出结论:"不要认为 COSO 框架仅仅是评估财务报告内部控制有效性的监管工具。相反,你可以把它看作一个有价值的框架,同时它也可以解决其他报告、合规和操作目标,包括预防和发现欺诈行为。"①通过上述标准和原则的对比,结合作者考察的两个框架的理论和发展的情况,我们可以发现美国的内部控制和刑事合规制度的关系。

(一)刑事合规建立在内部控制理论发展的基础上

随着美国从产业资本阶段发展到金融资本阶段,证券市场成为企业主要的资金来源,保护投资者的利益成为美国政府对上市公司监管的重要责任。为了保证上市公司信息披露的真实性、可靠性,监督企业依法合规经营,美国刑事合规立法的主要路径是加强上市公司的内部控制责任。美国作为西方最发达的市场经济国家,内部控制的制度主要是在审计中介机构行业自律的基础上发展

① Ron Kral,"Integrating a Compliance & Ethics Program with a Control FrameworkLeveraging COSO's Internal Control-Integrated Framework",The EDP Audit,Control,and Security Newsletter Volume 57,2018 - Issue 6ages 11 - 17 | Published online: 11 Jul 2018.

的,在 2002 年《公众公司会计改革和投资者保护法案》颁布之前,政府不过多地干预审计准则的制定和执行,审计机构和上市公司可以自行选择适用内部控制准则。美国的内部控制经过近百年的发展,经历了会计控制阶段[1936 年美国注册会计师协会(AICPA)《注册会计师对财务报表的审查》]、管理控制阶段(1953 年 AICPA《审计程序说明》)、结构控制阶段(1988 年 AICPA《审计准则公告第 55 号》)、系统控制阶段(1992 年 COSO 委员会《内部控制—整合框架》)等数个阶段,直至《公众公司会计改革和投资者保护法案》的实施阶段,正式规定了上市公司对内部控制准则的选择适用标准,即"一个适宜且公认的由专家群体遵照应有的程序制定的控制框架",符合该规定的主要是 COSO 的内部控制框架。COSO 的内部控制框架在 2013 年经过了修改完善。在内部控制框架的基础上,COSO 委员会于 2004 年发布了《风险管理—整合框架》,并于 2017 年修订为《风险管理—战略与绩效的整合》。在美国内部控制发展的过程中,美国刑事合规的立法同步发展。

在美国刑事合规的立法中,1934 年《证券交易法》规定了会计控制,1997 年《反海外腐败法》规定了管理控制,1991 年《美国联邦量刑指南》规定了有效控制标准,2002 年《公众公司会计改革和投资者保护法案》规定了系统控制,可见,没有审计行业关于上市公司内部控制准则的发展革新,以及企业的内部控制实践,美国刑事合规立法活动就没有相应的理论和实践基础。当然,在美国的刑事立法活动吸收了内部控制的实践成果之后,通过刑事立法的方式将其中最重要、最核心、最基本的内部控制准则上升为法律规定进行普遍的适用,因此,可以说,美国刑事合规立法建立在内部控制不断发展的基础上。

(二)刑事合规指导和促进了企业内部控制的完善

刑事合规法律固定了基本的内部控制准则后,进一步促进了企业内部控制实施标准的统一。经过长期的发展和探索,美国企业的内部控制和刑事合规立法成果,最终稳定在 COSO 委员会《内部控制—整合框架》、《风险管理—整合框架》以及 2002 年《公众公司会计改革和投资者保护法案》、2004 年《美国联邦量刑指南》这 4 部主要的法律文件上,美国的内部控制和刑事合规进入了成熟期。在美国有关制度的影响下,世界主要的经济体迅速完善了内部控制和刑事合规方面的立法工作。特别是国际标准化组织(ISO)在 2014 年发布了《合规管理体系指南》,并于2017年将该指南升级修订为《合规管理体系—要求及使用指南》,作为可认证的管理体系标准。该认证标准的发布,将内部控制和刑事合规的标准化,进行了更大范围的普及。该标准第1章规定:本文件适用于所有类型的组织,不论其类型、规模、性质,也不论其是公共的,私营的或非营利性的。该标准将COSO内部控制要素和原则以及《美国联邦量刑指南》有效合规和道德标准,进行了有机的融合并进行相应的发展,更加适合各种类型的组织"建立、制定、实施、评价、维护和改进有效的合规管理体系"。从这个意义上,该指南的实施可以理解为2.0版的内部控制。

为了适应世界合规管理制度的发展,美国COSO委员会于2020年发布了《合规风险管理—应用COSO企业风险管理框架》,通过将COSO企业风险管理框架与《美国联邦量刑指南》有效的合规和道德框架相结合,将两个框架中的各个概念整合在一起,创建一个应用工具,从而为COSO企业风险管理框架在识别、评估和管理合规风险方面的应用提供指导。该应用工具的发布,进一步将合规风险的有效预防和控制,与企业现有的风险管理和内部控制运行,更深入地予以融合。

如果1991年COSO内部控制框架的发布属于内部控制的1.0时代,2004年COSO风险管理框架的发布使内部控制进入了2.0时代,那么,自2017年ISO《合规管理体系—要求与使用指南》至2020年COSO《合规风险管理—应用COSO企业风险管理框架》的发布,标志着在世界范围内,因为合规管理的发展成果,使内部控制进入了3.0时代。

(三)刑事合规和内部控制制度共同促进了公司治理与市场监管的进步

美国作为最发达的市场经济国家,国家对上市公司的监管与公司内部治理制度进行了长期的探索和实践,其制度模式和实践成果,为其他国家和经济体提供了有价值的借鉴和参考。内部控制是企业的治理机制,有效的内部控制可以保障上市公司股东和广大投资者的利益,国家从立法和执法监管角度,要求上市公司实施和执行统一的内部控制标准和要求,有利于防止上市公司的欺诈和舞弊行为的发生,保证股东和投资者以及其他公众利益。对不能有效进行内部控制的上市公司,立法和行政监管进行责任追究。在公司治理的角度上,风险管理服务于公司的战略目标,是公司治理制度的内容。COSO风险管理框架的目标包括战略、运营、报告、合规 4 个方面,内部控制作为风险管理目标的工具,是风险管理的组成部分。在公司治理的角度上,刑事合规制度是刑事法律在刑罚上对企业建立有效的内部控制的激励制度。

第四节　美国企业合规管理制度的借鉴

一、合规管理保障财务报告内部控制目标的实现

自 1949 年 CPA《内部控制:系统协调的要素及其对管理部门和独立会计师的重要性》发布后,美国企业内部控制进入了管理控制阶段,企业内部控制包括贯彻管理部门制定的各项政策、程序、方法和措施。从我国企业实施内部控制的历史和经验的角度考察,在单一的会计控制下不能解决财务报告可靠性的情况,通过制定和实施管理制度和程序,保障会计记录信息和财务报告的准确性和真实性,是保障财务报告可靠性的必经之路,我国企业对此具有全面的认识和体会。美国在管理控制阶段的探索一直进行到 1988 年以 AICPA 发布《审计准则公告第 55 号》为标志的结构控制阶段,该公告提出内部控制结构包括控制环境、会计系统和控制程序三个要素。虽然美国结构控制的阶段比较短暂,即 1988 年至 1992 年内部控制整合阶段仅有 4 年的时间,但是在该阶段提出了控制环境的概念和要求。控制环境包括公司治理、组织机构、道德和文化、人员的职业素质和角色责任等方面,可以看出,公司的控制环境的状况构成了是否具备内部控制有效开展的基础条件。

从合规管理的角度上,内部控制的控制环境同样包括对合规管理目标的支持。但是,截至结构控制阶段,内部控制的目标,除了保障财务报告可靠性以外,合规管理仅作为保障财务报告可靠性实现的方式,并没有成为内部控制独立的管理目标。这一局面在 1992 年发展到内部控制整合阶段之后,具有了重大的突破,合规目标成为内部控制的三大目标之一,合规目标不仅从财务报表可靠性的目标中分离出来,而且成为企业预防和发现违法行为的独立管理机制。COSO 的内部控制整合框架一经发布,即成为合规管理的理论工具和有效

性评价标准。从此，美国企业逐步形成了以COSO的内部控制整合框架为建设基础和评价标准，有别于财务报告内部控制体系的合规管理内部控制体系。从美国刑事合规政策角度分析，2002年《公众公司会计改革和投资者保护法案》规定董事会和高级管理人员对承诺维护财务报告内部控制体系承担刑事责任，并且在之后的实施中要求上市公司适用COSO的内部控制框架。2004年《美国联邦量刑指南》关于第八章组织犯罪的量刑的修正案（第673号）吸收了COSO内部控制的理论和实践成果，形成"有效的合规与道德"的标准，成为美国司法刑事合规"黄金标准"。

从上述美国企业合规管理与内部控制发展的关系分析，美国企业的内部控制初期是围绕财务报告可靠性建设的管理体系，合规管理为财务报告可靠性提供支持和保障的管理机制，在COSO的内部控制整合框架可以分别适用经营目标的内部控制、财务报告的内部控制和合规内部控制三个独立的内部控制体系建设。说明无论美国现代企业的合规管理体系建设，还是美国司法刑事合规制度，均建立在COSO的"内部控制—整合框架"的基础上。

对比我国内部控制与合规管理的关系，我国上市公司和大型国有企业在2010年开始正式实施内部控制制度，财政部等五部委在2010年发布的《企业内部控制应用指引第1号——组织架构》等18项指引，包括发展战略、人力资源、社会责任、企业文化、资金活动、采购业务、资产管理、销售业务、研究与开发、工程项目、担保业务、业务外包、财务报告、全面预算、合同管理、内部信息传递、信息系统等18个方面的经营管理活动。上述配套指引的发布，全面规范了企业制度建设，提升了企业合法化管理水平。但是在实际实施过程中，主要的目标都是围绕财务报告内部控制展开的，企业的法务工作仅作为财务报告内部控制体系的监督对象，而不是作为合规管理的职能部门共同参与内部控制的建设和实施。由于法务职能部门和经营职能部门没有发挥在内部控制方面的主导作用，因此其合规管理方面的职能被严重削弱。直至2018年，国资委发布《中央企业合规管理指引（试行）》后，企业合规管理才成为独立的管理活动，该指引提出了加快建立健全合规管理体系的要求。2019年10月19日，国资委发布了《关于加强中央企业内部控制体系建设与监督工作的实施意见》（国资发监督规〔2019〕101号），要求建立健全以风险管理为导向、合规管理监督为重点，严格、规范、全面、有效的内控体系，提出了将风险管理和合规管理要求嵌入业务流程，促使企业依法合规开展各项经营活动，实现“强内控、防风险、促合规”的管控目标。2022 年 10 月，国资委发布《中央企业合规管理办法》，该办法吸收、修订、扩充了上述指引的部分内容，提出中央企业应当针对反垄断、反商业贿赂、生态环保、安全生产、劳动用工、税务管理、数据保护等重点领域，以及合规风险较高的业务，制定合规管理具体制度或者专项指南。

国资委自 2018 年以来发布的有关合规管理的规章、规范化文件，可以认为，我国政府在监管层面已经将合规管理作为与财务报告内部控制并行的、独立的管理体系。目前，我国的合规管理体系建设的理论和标准尚未统一，企业法务、律师、学术理论界、审计等相关专业人员对合规管理的若干基本问题，尚需要进一步厘清和统一认识，诸如在合规管理体系建设的基本理论，合规管理有效性评价的标准，合规与法务在职能上的区别，合规职能部门与其他职能部门的关系，合规审计标准和依据等诸多问题需要深入地探索和实践。

二、内部控制框架是合规管理开展的基础

通过梳理美国内部控制制度的理论和实践发展历史，可以看到，美国合规管理始终伴随着财务报告内部控制的发展而成熟的，这是因为美国行政监管的主要对象是上市公司，监管的方式是提高财务报告信息披露的可靠性。合规管理与生产经营管理的方式方法基本相同，通过建立各项制度、流程和各种控制活动实现依法经营的合规目标。内部控制自 20 世纪 80 年代末进入结构控制后，控制环境成为合规管理有效开展的基础，合规管理的理论也同时有了跨越式的发展。1987 年，COSO 委员会成立，专门为研究内部控制问题进行了大规模的调查研究，成立了 8 个研讨小组，包括为联邦立法者和规章制定者，金融服务行业的主管，以及美国律师协会的商部会计和法律委员会代表分别设置研讨小组，内部控制问题不仅对包括会计准则和标准，以及法律团体、司法、行政监管等企业的主要利益相关方，均提出了各方面的意见和建议。从最终的研究结果即 1992 年《内部控制—整合框架》报告的内容中，呈现为整合了三大目标的通用标准框架，在该框架的五要素和各要素关注点的描述中，并没有专门对任何一个目标进行区别规定，可以称为“三体合一”，即经营风险控制体系、财务报告风险控制体系、法律风险控制体系三个方面的管理体系，融合为统一的内部控制体系。在

该框架的执行纲要中介绍，该框架提供“一套工具，将内部控制推广到各类型的组织，无论行业或法律形式，无论在组织层面，经营单元层面或职能层面”。比如，在该框架的内容中，不存在内部控制职能部门、合规管理职能部门、经营管理职能部门或者类似的描述。通过研究该框架的理论内容，以及考察 30 余年在世界范围的实践发展，该框架提供了世界主要的国际经济组织、金融机构以及国际标准机构，在财务报告内部控制制度和合规管理制度的基础理论框架。

美国企业的内部控制制度是建立在发达的市场经济的基础上，具有高度成熟的职业经理人、执业经验丰富的公司律师，以及高水平的专业会计职业人才队伍，上市公司在经营管理、财务管理和法务管理均衡的前提下发展。而我国在这三个方面的专业人才水平参差不齐，发展状况极端不平衡，特别是高水平的法律人才严重落后于企业合规管理的需要。因此，自 2011 年内部控制制度实施以来，无法准确、全面地理解和执行内部控制的理论和制度。虽然，财政部在 2012 年 2 月 23 日发布的《企业内部控制规范体系实施中相关问题解释第 1 号的通知》（财会〔2012〕3 号）中明确强调，我国企业内部控制规范体系不局限于财务报告内部控制，更多突出全面内部控制的要求。但是，近 10 年以来，之所以众多企业将内部控制理解为财务报告内部控制，主要是因为企业以财务职能部门为主推动内部控制制度的建设，由于财务部门专业和职能的局限性，经营职能部门和法律部门被动接受，内部控制制度的实施和执行面临难以克服的认识和理解障碍。上述我国企业内部控制的建设在理解认识以及人才发展方面的问题，随着我国经济的发展和人才结构的变化，特别是高水平法律人才队伍的迅速壮大，为企业合规管理提供了人力资源。在政策层面上，随着国资委自 2018 年开始全面启动中央企业合规管理制度建设以来，国务院各部委、最高人民检察院都迅速将企业合规管理的有效性作为对企业监管的政策要求。国资委在《关于加强中央企业内部控制体系建设与监督工作的实施意见》中规定，建立健全以合规管理监督为重点的内控体系，并将风险管理和合规管理要求嵌入业务流程。上述财政部和国务院国资委等监管机构的规章和文件，明确了合规管理与内部控制的关系，合规管理与财务报告内部控制均属于企业内部控制的子体系。

既然 COSO 委员会的内部控制框架是合规风险管理与财务报告风险管理体系共同的理论基础，财务报告内部控制体系在发展中形成了各种专门的制度和控制措施,那么合规风险内部控制体系的建设发展也同样需要建设专门的管理制度和控制措施。我国企业如何进一步研究和认识合规管理的规律和特点,建设有中国特色的、符合我国企业实际需要的合规管理体系,除以《中央企业合规管理办法》和《中央企业合规管理指引(试行)》以及各种有关合规管理的法律法规为依据,还可以进一步借鉴美国刑事合规制度、合规管理制度、国际组织的合规管理标准,完善我国刑事合规的立法,补足我国企业内部控制建设的短板,加强企业合规管理制度建设。

Chapter 06 第六章

国际组织和区域性组织的企业合规要求

企业合规原本是国内法的概念,随着经济全球化的发展,加上美国的积极倡导和推动,国际组织也纷纷在特定领域开始制定相应文件,规范企业在全球的良性经营和发展。国际组织开始注意到企业海外贿赂和腐败风险,倡导诚信经营,并通过相关措施对贿赂和腐败进行惩处以节约资源、降低交易成本,维护正常的商业环境。

第一节　国际组织企业合规规范文件

企业合规不仅在国内法层面予以回应,国际组织也相应出台了企业合规规范性文件。例如,国际透明组织制定的《反贿赂业务原则》、经济合作与发展组织(以下简称 OECD)制定的《内部控制、道德和合规良好实践指南》、世界银行制定的《世界银行集团诚信合规指南》、世界银行与反腐经济论坛共同制定的《反贿赂基本原则》、国际商会制定的《ICC 反腐败规则》、国际标准化组织制定的《ISO 19600:2014 合规管理体系指南》、《ISO 37301:2021 合规管理体系要求及使用指南》和《ISO 37001:2016 反贿赂管理体系要求及使用指南》以及联合国系统内《联合国反腐败公益》等。其中影响力较大的有国际标准化组织(以下简称 ISO)、OECD、世界银行以及联合国系统出台的相关规定,下文拟作重点介绍。

一、ISO 企业合规规范指引

ISO 为非政府间组织,现有 164 个成员国,总部设在瑞士日内瓦。作为非营利性组织,ISO 下设 249 个技术委员会,出台了 22,500 项国际标准。该组织的宗旨和目的是让产品相互兼容,能很好地配合和工作;识别产品和服务的安全问题;分享好的想法和解决方案、技术诀窍和最佳管理实践。企业通过提供全球接受的产品和服务以提高竞争力,从而轻松地进入新市场。通过提供质量、兼容性和安全性更高的产品来提高利润,从而更好地利用现有资源来降低成本,从世界各地领先专家的知识和最佳实践中受益。监管机构通过协调各国法规以促进全球贸易,增加整个供应链的可信度,使各国更容易进行外包和专业化。①

ISO 在企业合规管理方面也出台了相应的国际标准。ISO 于 2016 年批准成立了 ISO/TC 309 组织治理技术委员会,主要负责与组织的指导、控制和应负责任相关的治理领域的标准化工作,并延续 ISO/PC 271 合规管理体系项目委员会、ISO/PC 278 反贿赂管理体系项目委员会解散后的工作。ISO/TC 309 下设 WG 4 合规管理体系工作组,负责合规管理领域国际标准的制定和维护。目前 ISO/TC 309/WG 4 已发布的国际标准有《ISO 19600: 2014 合规管理体系指南》和《ISO37301: 2021 合规管理体系要求及使用指南》。ISO 还于 2016 年出台了《ISO 37001:2016 反贿赂管理体系要求及使用指南》。以下分别进行介绍。

(一)《ISO 37301:2021 合规管理体系——要求及使用指南》

该指南分为前言、内容简介、正文和附件 4 个部分。前言介绍了指南的修订经过及自愿适用性。内容简介指出:"组织若想获得长期成功,就需要根据相关方的需求和期望,建立并维护合规文化。换言之,合规不仅是基础,也是获得成功与持续发展的机会。合规反映了组织履行义务的过程和结果。组织通过将合规嵌入管理文化,并要求员工遵守相关义务来实现持续合规。合规管理在

---

① ISO In Brief, https://www.iso.org/files/live/sites/isoorg/files/store/en/PUB100007.pdf,访问日期:2023 年 5 月 1 日。

保持独立的同时,还需与组织其他管理程序及其操作要求形成一体。一个有效的、全面的合规管理体系能够反映组织对于相关法律、监管要求、行业规范、组织标准、良好治理标准、普遍接受的最佳实践、道德和行业期望的遵守情况。组织合规是由应用核心价值观的领导层、普遍的治理标准、道德和行业标准所共同塑造的,能否将合规融入员工行为,主要取决于各级领导和组织的价值观,以及员工对合规举措的认可程度。本文件的目标之一是帮助组织发展和传播积极的合规文化,从而改善商业机会和可持续性,保护和提高组织的声誉和信誉。考虑相关方的期望,证明组织对有效和高效的管理其合规风险的承诺,增加第三方对组织实现持续成功能力的信心,最大限度地降低发生违规行为的风险以及随之而来的成本和声誉损失。本文件中的要求和指南旨在具有普适性,在使用上可能因组织合规管理体系的规模、成熟程度以及组织活动和目标的背景、性质和复杂性而异。”

正文包括10个部分,分别是:适用范围、规范性引用、术语和定义、组织环境、组织领导、规划、支持、执行、执行评估和改进。适用范围指出,本文件规定了在组织内建立、开发、实施、评估、维护和改进有效的合规管理体系的要求和指南。本文件适用于所有类型的组织,无论活动的类型、规模和性质如何,也无论该组织是来自公共、私营还是非营利部门。组织环境项下合规风险评估要求组织应在合规风险评估的基础上识别、分析和评价其合规风险,组织应通过将其合规义务与其活动、产品、服务和运行的相关方面相关联来识别合规风险;组织评估与外包和第三方过程相关的合规风险;应定期评估合规风险并在情况或组织环境发生重大变化时进行评估;组织应保留有关合规风险评估和解决合规风险措施的文化信息。组织领导部分规定了治理机构和最高管理者的职责和权限包括:确保合规管理体系符合本文件的要求;向治理机构和最高管理者报告合规管理体系的绩效。治理机构应确保根据合规目标的实现情况衡量最高管理者,就合规管理系统的运作对最高管理者进行监督。最高管理者应分配充足和适当的资源以建立、制定、实施、评价、维护和改进合规管理体系,确保建立及时报告合规情况的高效系统。确保战略和业务目标与合规义务之间的一致性,确立并维护问责机制,包括记录处分和后果,确保将合规绩效纳入人员绩效考核。合规团队负责合规管理体系的运行,包括促进合规义务的识别、记录合规风险评估、使合规管理体系与合规目标保持一致、监控和衡量合规绩效、分析和评估合规管理体系的绩效，以确定是否需要采取纠正措施，建立合规报告和记录系统，确保按计划的时间间隔审查合规管理体系，建立一个提出问题并确保问题得到解决的制度。合规团队应进行以下监督：实现已识别的合规义务的责任在整个组织中得到适当分配，合规义务被纳入政策、过程和程序，所有相关人员均按要求接受培训，建立合规绩效指标。

附件部分主要对正文内容依次进行补充说明。例如，在合规文化部分指出，支持合规文化发展的因素包括：一套明确的公开价值观；管理层积极、明确地实施和遵守价值观；无论职位如何，处理违规行为的一致性；指导、辅导和以身作则；对包括尽职调查的关键职能的潜在人员进行适当的聘前评估；强调合规性和组织价值观的入职或培训计划；持续的合规培训，包括对所有人员和相关利益方的培训进行更新；就合规问题持续进行沟通；评估合规行为并构建实现合规关键绩效指标和结果的绩效评估系统；对合规管理成就和成果的明确认可；在故意或过失违反合规义务的情况下，及时和适当地进行纪律处分；组织战略与个人角色之间的明确联系，强调合规性对于实现组织成果至关重要。就内部和外部的合规性进行公开和适当的沟通，合规文化的证据可表示为以下程度：以上各项均已执行；利害相关方认为上述事项已经实施；员工了解与其自身活动及业务活动相关的合规义务的重要性；解决不合规的纠正措施并根据需要在组织的所有适当级别中采取行动；合规职能的作用及其目标受到重视；允许并鼓励员工向适当级别的管理层提出合规关切。

（二）《ISO 37001：2016 反贿赂管理体系要求及使用指南》

腐败的全球经济代价令人震惊，它破坏了所有国家改善其公民生活的努力。世界经济论坛估计，2018 年有 2.6 万亿美元（占全球 GDP 的 5%）因腐败而损失。尽管许多国家做出了最大努力，但这种情况并没有真正改善，世界上受腐败影响最大的是穷人和最脆弱的人。据报道，各国政府每年花费 7.5 万亿美元为世界公民提供医疗保健，但其中 500 亿美元（7%）因腐败而损失。ISO 技术委员会（TC）为此专门出台了相关文件为全球反腐进行指引。例如，TC 309 中的专家首先制定了 ISO 37000，为组织提供了治理指导。随后 TC 成员通过发布 ISO 37001（反贿赂管理），ISO 37002（举报）和 ISO 37301（合规管理）来建立坚实的基础。TC 309 专家目前正在制定内部调查标准，并且正在制定一项新提案,以制定反欺诈措施标准。综上所述,这些标准可用于为全球反腐败斗争提供更加综合的方法。①

ISO/TC309 组织于 2016 年 9 月成立,旨在解决"与组织的方向、控制和问责有关的治理领域的标准化问题"。TC309 负责以下方面的标准:发布于 2021 年 9 月 14 日的《合规管理体系 ISO 37301》,发布于 2021 年 4 月 13 日的《反贿赂管理体系 ISO 37001》,发布于 2016 年 10 月的《举报管理体系 ISO 37002》,发布于 2021 年 7 月 27 日的《治理成熟度模型 ISO 37004》。自 2021 年 6 月开始开发《创建和使用指标 ISO 37005》,《有效组织治理指标:指南 ISO 37006》,自 2021 年 6 月开始制定《效率衡量指南 ISO 37007》,自 2021 年 2 月开始制定《组织内部调查:指南 ISO 37008》,自 2021 年 9 月开始制定《利益冲突指南 ISO 37009》。②

ISO 37001 可以被任何组织使用,无论是在公共、私营或志愿部门,在任何国家。它是一种灵活的工具,可以根据组织的规模和性质及其面临的贿赂风险进行调整。这一国际标准允许所有类型的组织通过采取反贿赂政策、指定人员监督反贿赂合规、培训、风险评估和对项目和商业伙伴的尽职调查、实施财务和商业控制、建立报告和调查程序来预防、发现和解决贿赂问题。③

《ISO 37001:2016 反贿赂管理体系要求及使用指南》要求并为建立、实施、维护、评审和改进反贿赂管理体系提供了指导。该系统可以是独立的,也可以集成到一个整体管理系统中。《ISO 37001:2016 反贿赂管理体系要求及使用指南》涉及组织活动的以下方面:公共、私营和非营利部门的贿赂;受组织贿赂;组织人员代表组织或为组织利益进行贿赂;组织的商业伙伴代表组织或为组织利益进行贿赂;组织贿赂;就组织的活动向组织的人员行贿;就组织的活动向组织的商业伙伴行贿;直接和间接贿赂(例如,通过第三方或由第三方提供或接受的贿赂)。

---

① InterviewKevin BrearChair of ISO/TC 309, Governance of organizations(effective 1 January 2022) https://www.iso.org/news/ref2772.html,访问日期:2023 年 5 月 1 日。

② Https://committee.iso.org/home/tc309,访问日期:2023 年 5 月 2 日。

③ Https://www.iso.org/iso - 37001 - anti-bribery-management.html,访问日期:2023 年 5 月 2 日。

二、OECD 企业合规制度

OECD 成立于 1961 年，总部设在巴黎，截至目前拥有 38 个成员国。OECD 致力于为更美好的生活制定更好的政策，目标是制定促进所有人繁荣、平等、机会和福祉的政策。与政府、政策制定者和公民一起，致力于建立基于证据的国际标准，并为一系列社会、经济和环境挑战寻找解决方案。从改善经济表现和创造就业，到加强教育和打击国际逃税，OECD 提供了一个独特的论坛和知识中心，用于数据和分析，交流经验，分享最佳实践，并就公共政策和国际标准制定提供建议。[①]

OECD 在合规方面的规定包括：1996 年《关于双边援助采购反腐败计划的建议》、1997 年《关于打击国际商业交易中贿赂外国公职人员行为的公约》、1999 年《OECD 公司治理原则》及其第二次修订《G20/OECD 公司治理原则》(2015)、2006 年《OECD 跨国企业指南》、2006 年《关于贿赂和官方支持的出口信贷问题的建议》、2009 年《关于进一步打击国际商业交易中贿赂外国公职人员行为的建议》《执行〈打击国际商业交易中贿赂外国公职人员公约〉具体条款的良好做法指南》《内部控制、道德和合规良好实践指南》。

下面介绍《G20/OECD 公司治理原则》(2015)[②]

《G20/OECD 公司治理原则》的相关内容。是公司治理的国际标准。《G20/OECD 公司治理原则》帮助决策者评估和改进公司治理的法律、监管和体制框架，以支持经济效率、可持续增长和金融稳定。《G20/OECD 公司治理原则》于 1999 年首次发布，后经 2004 年和 2015 年修订，现已成为全球决策者、投资者、企业和其他利益相关者的国际基准。它们还被采纳为金融稳定委员会健全金融体系的关键标准之一，并成为世界银行《公司治理领域标准和规范遵守情况报告》(ROSC)的基础。

《G20/OECD 公司治理原则》的内容包括序言、正文及附件，正文分为 6 个

---

① Https://www.oecd.org/about/，访问日期：2023 年 5 月 2 日。

② G20/OECD Principles of Corporate Governance https://www.oecd-ilibrary.org/docserver/9789264236882-en.pdf?expires=1679373674&id=id&accname=guest&checksum=BE3EA28DA695573800A25D8E16F97D48，访问日期：2023 年 5 月 4 日。

章节:(1)确保建立有效公司治理框架的基础;(2)股东权利、公平待遇和主要所有权职能;(3)机构投资者、股票市场等中介机构;(4)利益相关者的作用;(5)公开透明;(6)董事会的职责。《G20/OECD 公司治理原则》附有对《G20/OECD 公司治理原则》的注释,旨在帮助读者理解其基本原理。

序言部分指出,《G20/OECD 公司治理原则》宗旨的目的主要是通过向股东、董事会成员和高管,以及金融中介机构和服务提供商提供适当的激励,让他们在制衡框架内履行自己的职责来实现。这些原则主要针对上市公司,包括金融公司和非金融公司。正文部分的主要内容如下。

1. 确保建立有效公司治理框架的基础。公司治理框架应促进市场的透明和公平,促进资源的有效配置,坚持法治,支持有效监督执法。在制定公司治理框架时,应考虑到其对整体经济表现、市场诚信及其对市场参与者的激励以及促进透明和运作良好的市场影响。影响公司治理实践的法律和监管要求应符合法治、透明和可执行原则。不同部门之间的职责分工应该明确,并为公众利益服务。股票市场监管应支持有效的公司治理。监督、监管和执法机构应有权力、诚信和资源,以专业和客观的方式履行职责。此外,他们的裁决应该及时、透明和充分解释。应加强跨境合作,包括通过双边和多边安排交换信息。

2. 股东权利和公平待遇。公司治理框架应保护和便利股东行使权利,确保公平对待所有股东,包括少数股东和外国股东。所有股东都应有机会在其权利受到侵犯时获得有效的救济。股东的基本权利应包括:(1)所有权登记的安全方法;(2)转让、转让股份;(3)及时、定期地获取公司有关和重大信息;(4)参加股东大会并表决;(5)选举和罢免董事会成员;(6)分享公司的利润。股东应充分了解并有权批准或参与有关公司基本变化的决定,例如:(1)对公司章程或类似管理文件的修订;(2)增发股份的授权;(3)非常交易,包括全部或几乎全部资产的转让,实际上导致了公司的出售。股东应有机会有效参与股东大会并在股东大会上投票,并应被告知股东大会的规则,包括投票程序;股东应及时获得关于股东大会的日期、地点和议程的充分资料,以及关于将在会议上决定的问题的充分和及时资料。股东大会的程序应考虑公平对待所有股东。同一系列股票的所有股东应被平等对待。使某些股东能够获得与其股权不相称的影响或控制程度的资本结构和安排应予以披露。关联交易的批准和进行应确保妥善解决利益冲突,保护公司及其股东的利益。应保护小股东免受直接或间接采取行动的控股股东或为了控股股东的利益而采取的滥用行为,并应拥有有效的补救手段。应禁止滥用自我交易。应允许公司控制市场以有效和透明的方式运作。

3. 机构投资者、股票市场等中介机构。公司治理框架应在整个投资链中提供健全的激励措施,并使股票市场以有利于良好公司治理的方式运作。以受托人身份行事的机构投资者应披露有关其投资的公司治理和投票政策,包括决定使用其投票权的程序。投票应由托管人或被提名人按照股份受益所有人的指示进行。以受托人身份行事的机构投资者应披露他们对可能影响其投资关键所有权行使的重大利益冲突是如何管理的。公司治理框架应要求提供与投资者决策相关的分析或建议。代理顾问、分析师、经纪人、评级机构和其他机构应尽职披露并客观中立,避免利益冲突。应禁止内幕交易和市场操纵,并执行适用的规则。对于在其成立管辖区以外的管辖区上市的公司,应明确披露适用的公司治理法律和法规。在交叉上市的情况下,确保公正和透明。股票市场应提供公平和有效的价格发现,以帮助促进有效的公司治理。

4. 利益相关者的作用。公司治理框架应承认依法或通过相互协议确立的利益相关者的权利,并鼓励公司和利益相关者在创造财富、就业和财务状况良好企业的可持续性方面进行积极合作。应尊重法律规定或通过相互协议确立的利益相关者的权利。在利益相关者的利益受到法律保护的情况下,利益相关者应当有机会在权利受到侵犯时获得有效的救济。应允许建立员工参与的机制。利益相关者在参与公司治理的过程中,应当及时、定期地获得相关、充分和可靠的信息。利益相关者,包括员工个人及其代表机构,应能够自由地向董事会和主管公共当局表达他们对非法或不道德做法的关切,他们的权利不应因此受到损害。公司治理框架应辅之以有效、高效的破产框架和有效执行债权人的权利。

5. 公开透明。公司治理框架应确保及时和准确地披露与公司有关的所有重大事项,包括公司的财务状况、业绩、所有权和治理。信息披露应包括但不限于以下方面的重要信息:公司的财务及经营业绩;公司目标和非财务信息;主要股份所有权,包括受益所有人和投票权;董事会成员和主要管理人员的薪酬;有关董事会成员的资料,包括他们的资历、甄选程序、其他公司董事职位,以及他们是否被董事会视为独立人士;关联方交易;可预见的风险等。信息应按照高质量的会计、财务和非财务报告标准编制和披露。年度审计应由独立、称职和合格的审计师按照高质量的审计标准进行，以便向股东提供外部和客观的保证，即财务报表公平地反映了公司在所有重要方面的财务状况和业绩。外部审计师应对股东负责，并对公司负有在进行审计时保持应有的专业谨慎的责任。传播信息的渠道应使用户能够平等、及时和具有成本效益地获得有关信息。

6. 董事会的职责。公司治理框架应确保对公司的战略指导，董事会对管理层的有效监督，以及董事会对公司和股东的问责。董事会成员应在充分了解情况的基础上，本着诚信、尽职调查和谨慎的态度行事，并以公司和股东的最大利益为出发点。如果董事会的决定可能会对不同的股东群体产生不同的影响，那么董事会应该公平对待所有股东。董事会应该采用高标准的道德标准。它应该考虑利益相关者的利益。董事会应履行一定的关键职能，包括：审查和指导公司战略、主要行动计划、风险管理政策和程序、年度预算和业务计划，设定绩效目标，监察执行及公司表现，监督重大资本支出、收购和剥离，监控公司治理实践的有效性，并在需要时进行改善。

三、世界银行企业合规制度

世界银行集团认为腐败是其到2030年消除极端贫困和促进发展中国家最贫困的40%人口共享繁荣两大目标面临的重大挑战。通过欺诈、腐败、勾结和胁迫等手段挪用发展项目资金，会削弱政府、捐助者和世界银行实现减贫、吸引投资和鼓励善治目标的能力。用于支付回扣或贿赂的资金必定来自整体项目融资的某些部分，通常会导致价格上涨，质量或性能下降，这意味着项目的效率更低。当不合格的投标人通过操纵投标和其他反竞争活动获得合同时，合格的投标人对该系统失去信心并停止投标。公众对根深蒂固的腐败现象的认识削弱了对政府机构的信任，导致接受不合格的公共服务和基础设施，并形成一种不鼓励举报欺诈和腐败指控的环境。最后，腐败游戏的最终输家是人民自己。腐败对穷人和最弱势群体的影响尤为严重，增加了成本，减少了获得卫生、教育和司法等服务的机会。药品和医疗设备采购中的腐败行为推高了成本，并可能导致不合格或有害的产品。非正式的服务支付对穷人的影响尤其严重。

1996年世界银行集团行长詹姆斯·沃尔芬森在其年度会议讲话中表示，世界银行将向实施国家反腐败计划的政府提供援助,并强调必须对付腐败毒瘤——这是世界银行集团行长首次发表此类声明。自1999年以来,世界银行集团一直在对从事与世界银行资助活动有关的可制裁行为的公司和个人实施制裁。世界银行集团制裁制度的目的一直是并将继续是协助世界银行集团履行规定的信托义务,确保委托给它的资金用于预定目的。这一目的可以通过多种方式实现,主要是通过(1)禁止腐败行为者获得世界银行集团的融资(制裁)和(2)威慑。前者直接保护世界银行的融资,而后者寻求通过对不当行为施加"代价"——通过取消资格,或在特殊情况下,赔偿或其他补救措施——来抑制被申请人(特定威慑)和其他人(一般威慑),从而降低信托风险。围绕制裁的宣传增强了其威慑作用。此外,世界银行集团过去10年在反腐败和制裁方面的经验反映了国际共识,表明通过强加旨在改善被制裁方诚信文化和减少再犯的条件来恢复信誉是降低诚信风险的关键手段。

2001年世界银行诚信管理机构(Institutional Integrity,INT)成立。INT的作用是调查对世界银行集团融资业务中欺诈和腐败的指控,并在发现不当行为时予以制裁。2007年的《追回被盗资产倡议》是联合国毒品和犯罪问题办公室与世界银行之间的一项伙伴关系,与发展中国家和金融中心合作,防止将腐败所得洗钱,促进更系统和及时地归还被盗资产。该组织已积极协助冻结或追回超过10亿美元的被盗资金。2010年为了确保在一家国际金融机构偷钱,会受到所有国际金融机构的惩罚,5家多边开发银行(MDB)同意,被一家国际金融机构禁止的实体将因同样的行为受到其他多边开发银行的制裁。2018财年,世界银行集团共向其他多边开发银行发放了73笔交叉贷款。目前世界银行正在推进政府科技,在科技的推动下,使政府运作和服务变得简单、透明和高效。将大数据、人工智能和区块链纳入政府核心业务(如公共财政管理、采购、监测和评估以及税收)的系统中,可以发现腐败模式并有助于预防腐败。此外,向公民和企业提供数字化的公共服务可以最大限度地减少人与人之间的互动,从而减少索取和收受贿赂的机会。[①] 自1996年以来,世界银行的《采购指南》和《顾问指南》使世界银行能够制裁在采购货物或服务、选择顾问或执行任何由此产生的

① Anticorruption Fact Sheet, https://www.worldbank.org/en/news/factsheet/2020/02/19/anticorruption-fact-sheet.,访问日期:2023年5月5日。

合同方面被发现从事欺诈或腐败行为的公司和个人。自1999年以来,已有330多家公司和个人因在世界银行资助的项目中从事欺诈和腐败行为而受到世界银行的制裁。这两套准则目前都载有欺诈、腐败、勾结、胁迫和妨碍等具体可惩处罪行的定义。

世界银行集团在21世纪之初制定了一系列的诚信合规操作指南和制裁规范,比较有代表性的是世界银行《诚信合规指南》。该文件是世界银行合规体系中的核心文件,它不仅是合规的一份综合指导性指南,也是世界银行解除除名制裁的主要依据。2010年9月世界银行出台《诚信合规指南》,总结了被许多机构和组织认为是良好治理和反欺诈与腐败的良好实践标准和原则。该指南获得了广泛的国际认可,为此后的国际合规标准发展和演进奠定了良好基础。它不仅是合规的一份综合指导性指南,也是世界银行解除除名制裁(或有条件的不除名)的主要条件。该文件主要用11个部分解释世界银行诚信合规体系的要求:第一部分为禁止不当行为,对在行为守则或类似文件或通信中明文规定和明确禁止的不当行为进行禁止,这是首要条件;第二部分为责任,规定了领导层、个人责任和合规部门的职责;第三部分为合规计划启动、风险评估和审查;第四部分为内部政策,包括对员工的尽职调查、限制前政府官员的参与、各种娱乐费用的支出、政治捐款、慈善捐助和赞助、好处费、记录保存、欺诈和串通,等等;第五部分为商业伙伴,规定需鼓励对公司有影响力的商业伙伴对合规计划进行同等承诺;第六部分是内部控制,包括对公司内部的财务控制、不当行为下的合同义务规定、建立决策流程;第七部分为培训与沟通,对象是各级员工;第八部分为奖励制度,包括积极的奖励措施和纪律处分措施;第九部分为举报制度,包括报告的义务、提供咨询的义务、完善举报的渠道、定期认证;第十部分为纠正不当行为,包括在不当时间启动调查程序、相关的纠正措施;第十一部分为集体行动,提倡建立了完善合规计划的实体帮助有需要的其他实体制定计划。

作为世界银行集团不断努力改善其制裁制度的一部分,现有的附解除条件的制裁已成为世界银行集团根据2010年9月生效的修订后的《制裁程序》发起的案件的默认或"基准"制裁。今后,建立(或改进)和实施世界银行集团满意的诚信合规计划将是终止禁令(或有条件的不禁令)的主要条件;或者在某些已经丧失资格的情况下,提前终止丧失资格。2010年9月,世界银行廉政副行长任命了一名廉政合规官(ICO)。除了监督被制裁公司(或个人行为准则)的诚信合规情况外,ICO 还将决定是否满足合规条件,2010 年 2 月,OECD 理事会通过了《内控、道德与合规的良好做法指引》,该指引是注重在政府间层级进行反腐败指引的文件,致力于帮助各种规模的公司保护其正当商业行为、远离海外腐败的风险。

在世界银行集团资助的项目中打击腐败。世界银行集团的反腐败方针设计了前瞻性政策,即在其自身项目中预测和管理风险。世界银行集团对所有项目进行严格审查,并与客户合作减少已发现的潜在腐败风险。世界银行集团独立的制裁体系包括廉政副行长,负责调查世界银行资助项目中的欺诈和腐败指控。在项目中建立公众投诉机制,鼓励和授权监督,在项目实施过程中积极监督。一旦欺诈和腐败指控得到证实,涉及不当行为的公司将被禁止参与世界银行集团资助的任何新活动。迄今为止,世界银行集团已公开禁止或以其他方式制裁了 1000 多家公司和个人。在 2020 财年,世界银行集团禁止或以其他方式制裁了 49 家公司和个人,并承认其他多边开发银行的 72 项交叉禁令。截至 2020 财年末,已有 372 家实体受到有条件释放的制裁,通过这一过程,企业有机会改善其内部合规计划,以换取制裁解除。①

《关于预防和打击国际复兴开发银行贷款和国际开发协会信贷和赠款资助项目中的欺诈和腐败行为指南》旨在预防和打击在国际复兴开发银行(IBRD)或国际开发协会(IDA)资助的投资项目筹备和/或实施过程中可能发生的与使用国际复兴开发银行或国际开发协会融资所得有关的欺诈和腐败。它们规定了适用于接收、负责存放或转移此类收益,或就此类收益的使用作出决定或施加影响的个人和实体的一般原则、要求和制裁。制裁"成员国以外"的任何贷款收益接受方(和/或,如果该等接收人是实体而非自然人,则是其任何代表);制裁包括(但不限于)取消本项目参与资格,或一定时间内不能参加世界银行项目的竞标。

2016 年 6 月 13 日发布的《世界银行集团政策:对欺诈和腐败的制裁》要求建立一个行政系统,对与世界银行集团融资或担保业务有关的欺诈和腐败指控

① Https://www.worldbank.org/en/topic/governance/brief/anti-corruption,访问日期:2023 年 5 月 6 日。

进行裁决并实施制裁，并指出应受制裁的做法和可能的制裁形式。2016 年 10 月 18 日发布的《世界银行集团政策：制裁委员会章程》规定了世界银行集团制裁委员会的作用、组成、权限和职责。2009 年 2 月 17 日修订的《世界银行集团制裁指南》为相关人员提供指导。

四、联合国反腐败公约

国际社会一直以来都很重视遏制和打击腐败行为，在区域和联合国的范围内制定了一系列反腐败法律文件。其中，区域反腐败公约主要有：1996 年《美洲反腐败公约》、1997 年《打击涉及欧洲共同体官员或欧洲联盟成员国官员的腐败行为公约》、1999 年《反腐败刑法公约》和《反腐败民法公约》以及 2003 年《非洲联盟预防和打击腐败公约》。在联合国范围内，2000 年 12 月通过了《联合国打击跨国有组织犯罪公约》，2003 年 10 月通过了《联合国反腐败公约》。上述法律文件，构成了完整的国际反腐败法律体系。其中，《联合国反腐败公约》作为第一个在全球范围内具有法律约束力的反腐败公约，在整个反腐败法律体系中占有核心的位置。[①]

联合国大会于 2000 年 12 月通过决议，要求为谈判制订一项联合国反腐败公约。联合国随后成立了《联合国反腐败公约》(Anti-Corruption Convention) 特委会和相关的政府间专家工作组，负责公约的起草工作。特委会先后举行了 7 届会议，于 2003 年 10 月 1 日在维也纳举行的第七届会议上确定并核准了《联合国反腐败公约》草案。2003 年 10 月 31 日第 58 届联合国大会全体会议审议通过了《联合国反腐败公约》，同年 12 月 9～11 日在墨西哥南部城市梅里达举行的联合国国际反腐败高级别政治会议上开放供各国签署，并在第 30 个签署国批准后第 90 天生效。同年 12 月 10 日，中国外交部副部长张业遂代表中国政府在《联合国反腐败公约》上签字。2005 年 10 月 27 日，第十届全国人大常委会第十八次会议以全票通过决定，批准加入《联合国反腐败公约》。截至 2005 年 9 月已有 33 个国家批准了公约。《联合国反腐败公约》于 2006 年 2 月 12 日对我国生效。

---

① 参见张茜：《〈联合国反腐败公约〉履约审议机制研究》，华东政法大学 2019 年博士学位论文。

《联合国反腐败公约》于2005年12月14日正式生效。这是联合国历史上通过的第一个用于指导国际反腐败斗争的法律文件,对预防腐败、界定腐败犯罪、反腐败国际合作、非法资产追缴等问题进行了法律上的规范,对各国加强国内的反腐行动、提高反腐成效、促进反腐国际合作具有重要意义。公约的宗旨在于促进和加强各项措施,以便更加高效而有力地预防和打击腐败。促进、便利和支持预防和打击腐败方面的国际合作和技术援助,包括在资产追回方面。提倡廉政、问责制和对公共事务和公共财产的妥善管理。

《联合国反腐败公约》确立了反腐败五大机制。第一,预防机制。预防机制包括规定专门的预防腐败机构,建立科学的非选任公职人员的管理制度,建立以透明、竞争、客观为标准的公共采购制度,简化行政程序,防止私营部门的腐败,促进社会参与,打击洗钱活动等。第二,刑事定罪和执法机制。刑事定罪方面公约将贿赂外国公职人员及国际公共组织官员,贪污、挪用、占用受托财产,利用影响力交易等行为确定为犯罪。对腐败的制裁,除刑事定罪外,还包括取消任职资格、没收非法所得等,反腐败专门机关还有权采取特殊侦查手段。保护措施包括保护举报人、证人、鉴定人、被害人,对因腐败而受到损害的人员或实体予以赔偿或补偿等。第三,国际合作机制。公约规定缔约国应当就打击公约规定的犯罪进行国际合作,包括引渡、司法协助、执法合作等。引渡须满足两个基本条件,一是被引渡人有本公约所涵盖的犯罪行为。二是请求国和被请求国同为本公约缔约国,且符合双重犯罪原则。第四,资产追回机制。公约规定缔约国应当对外流腐败资产的追回提供合作与协助,包括预防和监测犯罪所得财产的转移、直接追回财产、通过国际合作追回财产、资产的返还和处置等。第五,履约监督机制。公约规定设立缔约国会议,负责监督公约的实施。

五、国际组织合规制度评价

综上可以看出,国际社会试图在企业合规领域进行调整和规制。总体而言,除了《联合国反腐败公约》之外,其他多为自愿性规则并无强制拘束力,仅对成员国的国内立法起到指导、蓝本借鉴和帮助的作用。从这个意义上说,其对成员国权利义务的实际影响力十分有限,是否遵守相关指南或标准完全出于成员国自愿。同时还应看到,虽然这些国际组织软法还不具备类似条约那样的法律拘束力,但其并非毫无意义。例如,国际标准化组织《ISO 37301:2021 合规管理体系要求及使用指南》于 2021 年 4 月 13 日出台,作为 2014 年《合规管理体系指南》(ISO 19600)的更新替代标准,获得世界的广泛认可,事实上直接被各国采用或者通过转化为国内标准适用,使其在标准领域产生事实上的影响力。作为 A 类认证标准,有助于企业在国际竞争中获得更多商机,处于优势地位。我国在《ISO 37301:2021 合规管理体系要求及使用指南》出台后也积极启动国内标准的修订工作,出台了最新国家标准 GB/T 35770－2022/ISO 37301:2021 取代之前的 GB/T35770－2017。"在环境保护、公共卫生、人权等国际法的某些领域,国际组织决议之类的规范性文件越来越多,它们既没有严格法律意义上的拘束力,也不是完全没有任何法律意义。"①

从长远看国际组织的决议可能成为条约和习惯的有力证明和先导。国际条约中的很大一部分源于对国家普遍实践和国际习惯的确认,而国际习惯的产生离不开普遍的国家实践和国家同意。上述联合国专门机构成员国非常广泛,基本涵盖了世界上的所有国家,其标准、建议和指南是各国利益协调的产物,是各国立场一致的具体表现,因此是一项国际习惯的有力证明和先决条件。从这个意义上说,国际组织的决议对新的国际习惯和条约形成起到了重要的铺垫作用。国际组织决议构成国际法非正式渊源,对国际原则和规则的解释和释义起到补充作用。《国际法院规约》第 38 条作为国际法渊源的权威解释经常被引用,其指出"法院对于陈诉各项争端,应依国际法裁判之,裁判时应适用:……(子)不论普通或特别国际协约,确立诉讼当事国明白承认之规条者。(丑)国际习惯,作为通例之证明而经接受为法律者。(寅)一般法律原则为文明各国所承认者。在第五十九条规定之下,司法判例及各国权威最高之公法学家学说,作为确定法律原则之补助资料者"。广泛历史意义上的国际法渊源包括一般国际法原则和确定法律原则之辅助资料,而辅助资料就包括司法判例、国际法学说和重要国际组织决议。"特别是其中一些涉及有关国际法原则、规则及制度的所谓规范性决议,其因具有广泛的代表性和舆论价值,具有重

① 龚向前:《试析国际法上的"软法"——以世界卫生组织"软法"为例》,载《社会科学家》2006 年第 2 期。

大的道德及政治影响力,所以在国际司法活动中作为确定法律原则之补助资料,其地位和作用应高于司法判例和国际法学说。"①

第二节 欧盟数据合规制度

一、欧盟数字治理政策的立法演进及实践

数字技术正在改变人们的生活,欧盟委员会将欧洲未来发展的十年定义为"数字十年"。明确关注数据、技术和基础设施,旨在打破其他国家的标准,加强其数字主权标准制定。欧盟将花费2500亿欧元用于推动数字化,预计到2030年欧盟将启动430亿欧元的政策投资支持《芯片法案》,2030年实现80%的欧盟人口具备基本的数字技能。

为此欧盟自2020年以来通过了一系列规范和推动数字技术发展的政策文件和立法,包括:(1)《数字服务法》(2022年3月生效),旨在以公民为中心,借助欧洲价值观实现用户、平台和公共机构的责任平衡。更好地保护消费者及其在线基本权利,为在线平台建立强大的透明度和明确的问责框架,在单一市场内促进创新、增长和竞争力。(2)《数字市场法案》,该法案与《数字服务法》一起形成欧洲数字战略的核心,旨在让一些大型在线平台充当数字市场的"看门人",确保这些平台在网上以公平的方式行事。(3)《欧洲芯片法案》将解决半导体短缺问题,并加强欧洲的技术领先地位。它将动员超过43亿欧元的公共和私人投资,以准备、预测和迅速应对未来的供应链中断。(4)《欧洲数据法案》(2022年2月生效),欧洲数据战略的关键支柱,为数据创建一个单一市场将使其能够在欧盟内部和跨部门自由流动,促进跨部门和成员国的数据共享,以造福企业、研究人员和公共行政部门。

国际数字伙伴关系基于数字市场的公平竞争环境、安全的网络空间和维护网络基本权利三个原则,大力促进核心利益和价值观呈现。欧盟将借助欧洲价

① 梁西主编:《国际法》,武汉大学出版社2003年版,第49页。

值观以开放且自信的方式制定全球和双边数字贸易协议。

(一)政策文件

1.《2030 数字十年政策计划》。[①]

2021 年 3 月 9 日,欧盟委员会在其《数字指南针:数字十年传播的欧洲方式》中提出到 2030 年欧洲数字化转型的愿景。乌苏拉·冯德莱恩总统在 2021 年 9 月的国情咨文中提出了“数字十年之路”,这是一个实现这些数字目标的强有力的治理框架。它呼吁共同努力和投资,在欧洲创造一个能够引领未来的数字环境,同时赋予人们和他们的企业力量。欧洲议会和欧盟理事会于 2022 年 7 月达成了一项政治协议。预计到 2030 年,欧盟成员国将与欧洲议会、欧盟理事会和欧盟委员会合作,制定数字政策,以实现以下 4 个领域的目标:提高公民的基本和高级数字技能;提高人工智能、数据和云等新技术在欧盟企业(包括小企业)中的应用;进一步推进欧盟的互联互通、计算和数据基础设施建设;实现公共服务和管理在线化。[②]

在未来几个月中,委员会将与会员国一起制定关键绩效指标(KPI),用于在年度数字经济和社会指数(DESI)框架内监测实现各项目标的进展情况。同时,会员国将制定其国家战略路线图,说明它们计划在国家层面为实现该计划的目标和具体目标而制定的政策、措施和行动。从 2023 年起,委员会将发布其年度进展报告《数字十年状况》,就实现具体目标和目的的进展情况提供最新情况、评估和建议。

2.《欧洲数字权利和原则宣言》[③]

该宣言由欧洲议会、委员会和理事会主席于 2022 年 12 月签署,反映了对这些权利和原则的共同政治承诺。数字权利和原则宣言将指导数字化转型,围

① Decision (EU) 2022/2481 of The European Parliament and of the Council of 14 December 2022 establishing the Digital Decade Policy Programme 2030, L 323/4 Official Journal of the European Union 19. 12. 2022.

② First cooperation and monitoring cycle to reach EU 2030 Digital Decade targets kicks off https://ec.europa.eu/commission/presscorner/detail/en/ip_23_74,访问日期:2023 年 5 月 2 日。

③ European Digital Rights andPrinciples https://digital-strategy.ec.europa.eu/en/policies/digital-principles#:~:text = The% 20digital% 20principles% 20commit% 20to, integrity% 20of% 20our% 20online% 20environment.,访问日期:2023 年 5 月 4 日。

绕欧盟价值观进行塑造。它还将确保人们有能力享受数字时代带来的机遇。数字权利和原则宣言将指导数字化转型,围绕欧盟价值观进行塑造。委员会希望确保人们有能力充分享受“数字十年”带来的机会。因此,它提出了一套反映欧盟价值观的欧洲数字权利和原则,并促进实现可持续的、以人为本的数字化转型愿景。这些原则围绕6个主题形成:将人及其权利置于数字化转型的中心、支持团结和包容、确保在线选择的自由、促进参与数字公共空间、提高个人的安全、保障和赋权以及促进数字未来的可持续性。

(1)以人为本,推动数字化转型

技术应该服务和造福所有生活在欧盟的人,并赋予他们追求自己愿望的能力。它不应侵犯他们的安全或基本权利。该宣言的签署方将承诺确保数字化转型惠及所有人,并改善所有生活在欧盟的人的生活。他们将采取措施确保生活在欧盟的人的权利在网上和线下都得到尊重。欧盟将在国内和国际舞台上推广这种做法。

(2)团结与包容

每个人都应该获得技术,这应该是包容性的,并促进人们的权利。该宣言提出了一些关键领域的权利,以确保数字化转型不会让任何人掉队,确保付出额外努力,将老年人、农村地区人口、残疾人、边缘化、弱势或被剥夺权利的人以及代表他们行事的人包括在内。具体而言,签署方将承诺在若干领域采取行动,包括链接数字教育、培训和技能;公平公正的工作条件;数字公共服务等领域。

(3)自由选择

每个人都应该有权在网上作出自己的明智选择,这包括与人工智能和算法交互时。该宣言旨在通过促进以人为本、值得信赖和合乎道德的人工智能系统来保证这一点,这些系统的使用符合欧盟价值观。而且,它推动了算法和人工智能使用的更大透明度。选择自由还包括根据客观、透明和可靠的信息自由选择每个人使用的在线服务。这反过来又确保每个人都有能力在数字世界中竞争和创新。

(4)参与数字公共空间

数字技术可用于促进公众参与。每个人都应该能够访问一个值得信赖、多样化和多语言的在线环境,并且应该知道谁拥有或控制他们正在使用的服务。

这鼓励了多元的公共辩论和参与民主。数字原则还强调需要创造一个数字环境，保护人们免受虚假信息、信息操纵和其他形式的有害内容(包括骚扰和基于性别的暴力)的侵害。而且，它支持访问反映我们文化和语言多样性的数字内容。

(5)安全、安保和赋权

每个人都应该能够获得安全、可靠和隐私保护的数字技术、产品和服务。数字原则致力于保护个人、企业和公共服务部门的利益免受网络犯罪的侵害，并对抗那些试图破坏我们在线环境安全性和完整性的人。该宣言呼吁每个人都根据欧盟法律对其个人和非个人数据进行有效控制。它特别关注儿童和年轻人，确保他们应该在网上感到安全和有能力。

(6)可持续性

数字和绿色转型紧密相连。虽然数字技术为气候变化提供了许多解决方案，但我们必须确保它们本身不会助长问题。数字产品和服务的设计、生产和处置应减少其对环境和社会的影响。还应提供更多关于此类服务对环境的影响和能源消耗的信息。

(二)实践

其一，与日本、韩国和新加坡建立数字伙伴关系。

欧盟—新加坡数字伙伴关系是欧盟与亚洲主要伙伴签署的第三个数字伙伴关系。第一个数字伙伴关系于2022年5月在第28届欧盟—日本峰会期间与日本达成，第二个数字伙伴关系于2022年11月与韩国达成。该伙伴关系建立了一个年度高级别会议——数字伙伴关系委员会，由欧盟方面的布雷顿专员和三个伙伴国的相关部长领导。数字伙伴关系委员会提供政治指导，确定实施的优先事项，并评估已取得的进展。[①]

2022年2月22日在巴黎举行的印度—太平洋合作部长级论坛上通过了欧盟、新加坡和其他国家关于隐私和个人数据保护的联合宣言，该宣言表达了以人为本的数字化转型方法的共同愿景，其中有效保护个人数据发挥着至关重要

① EU and Singapore launch Digital Partnership https://ec.europa.eu/commission/presscorner/detail/en/IP_23_467.

的作用。强调信任的数据自由流动对促进跨境数据流动的重要性。

数字伙伴关系将规定每年审查进展情况的机制,并确定未来合作的领域和可能的成果。建立一个部长级的年度会议,即“欧盟—新加坡数字伙伴关系理事会”。理事会将评估数字伙伴关系的进展情况,并为下一步行动提供政治指导。

(1)数字贸易领域。双方应在《欧盟新加坡自由贸易协定》的基础上,就数字贸易原则达成共识,涵盖与数字贸易相关的问题,如无纸化贸易、电子发票、电子支付、电子交易框架、数字身份、贸易文件的数字化和识别、在线消费者保护、防止未经请求的电子商业信息、网络安全、保护源代码和密码等。(2)数字基础设施方面。数据双方将为包括数据中心和海底电信电缆在内的安全、有弹性和可持续的数字基础设施营造有利环境。这些努力可包括:①共享各自方法的信息,以开发安全、有弹性和可持续的数字基础设施;②促进海底电信电缆的迅速和有效的安装、维护和修理;③评估与网络和海底电缆中断有关的信息共享框架的必要性。(3)6G 技术领域。双方将致力于实现 6G 的全球共同愿景,促进全球 6G 生态系统的发展,包括 6G 标准化。(4)数据自由流动方面。双方将努力确保可信的跨境数据流动符合数据保护规则和其他公共政策目标,包括公共安全和公共秩序。这些努力可包括通过适用数据保护合同范本及其使用指南促进合作。(5)网络安全方面。双方认识到网络安全威胁削弱了对数字贸易的信心,网络安全措施不应制造不合理的贸易壁垒。双方愿继续开展活动,加强在网络安全监管框架和技术标准制定方面的信息共享。双方还将继续在网络安全认证和标准领域开展合作。这可能包括在适当情况下,在双方有相容办法的情况下,探讨可能的相互承认安排,以减少行政负担和合规成本。(6)半导体供应链领域。双方愿意在供应链监测、供应链中断预警信息交换、有效预警机制等方面开展合作,并充分利用新加坡作为物流枢纽的优势。(7)人工智能领域。双方将增强在人工智能试验台和测试方面的合作,促进新加坡、东盟和欧盟之间人工智能技术和解决方案的跨境访问,增强人工智能主题的研究合作,包括人工智能技术的可信度、可采用率和透明度。(8)在线平台治理。作为促进更安全、以人为本的网络环境的一部分,欧盟和新加坡将讨论政府、当局和包括网络平台在内的数字服务应采取的行动。双方还将讨论法律确定性、基于风险的方法和公民社会赋权,作为在线平台监管的一些关键组成部分。(9)数字身份和电子认证。双方将确定使用电子签名的试点项目和时间表,双方将确定和实施相互承认数字身份的可能用例,以促进双方数字身份制度的兼容性和互用性。(10)中小企业数字转型。双方应探讨中小企业能力建设合作,包括中小企业如何通过平台推广产品、开展合作、扩大市场覆盖等,帮助中小企业和初步创业企业适应数字贸易。(11)增强数字教育和技能培训。为了提高所有人的数字技能,特别是劳动力和信息通信技术专业人员的数字技能,双方打算探讨在能力和能力建设项目上的合作,如欧盟数字技能和就业联盟。(12)金融领域的数字化。双方打算就数字金融的发展交换信息并分享最佳实践,特别是在加密资产的监管方法方面。①

其二,欧盟—美国贸易和技术理事会(TTC)。

欧盟—美国贸易和技术理事会(TTC)是一个跨大西洋论坛,在共同的民主价值观基础上促进贸易和技术相关问题的合作。欧盟—美国贸易和技术委员会致力于根据对民主、自由和人权的共同承诺应对全球贸易和技术挑战。TTC的目的是加强贸易和投资,加强技术和工业领导地位,促进创新,促进新兴技术和基础设施,并鼓励基于共同民主价值观的兼容标准和法规。TTC 的工作通过 10 个工作组进行。工作组将政治决定转化为具体的可交付成果,协调技术工作并向政治层面报告。

这 10 个工作组包括:技术标准、气候与清洁技术、安全供应链、ICTS 的安全性和竞争力、数据治理和技术平台、滥用技术威胁安全和人权、两用物品出口管制合作、投资筛选合作、促进中小企业获取和使用数字技术、全球贸易挑战。

二、欧盟《通用数据保护条例》数据合规制度

1995 年《数据保护指令》历经 4 年多的协商,于 2016 年 4 月 27 日通过,2018 年 5 月 25 日正式生效。2018 年 5 月 25 日正式生效的《通用数据保护条

① EU-SINGAPORE DIGITAL PARTNERSHIP, https://digital-strategy.ec.europa.eu/en/library/eu-singapore-digital-partnership.

例》(General Data Protection Regulation,GDPR)[①]是欧盟数据治理的重大事件。欧盟数据保护从指令上升为条例具有重要意义,一改此前指令仅对个别具体成员国发布,且需要成员国在一定时间内转化为国内法,并无法回避成员国在指令适用上的酌处权问题。条例意味着相关规定在欧盟境内可以普遍适用,具有整体拘束力并无须成员国国内法转化可以直接适用。该条例设定了较高和相对严厉的个人数据保护标准,极大保障了立法在欧盟全境的直接适用。“除设置一系列严密的预防、保护和惩戒制度体系、突出强调数据控制者(Data Controller)和数据处理者(Data Processor)的义务外,GDPR 还对数据跨境流动的概念、规制方式作出全新的规定,深刻地影响了跨国企业和国际组织的全球化运营。”[②]特别是其第 3 条“地域范围”的规定将对欧盟贸易伙伴产生直接或间接影响。

GDRP 通过后受到世界的广泛关注,该条例设定了较高和相对严厉的个人数据保护标准,且由于欧盟的全球影响力,该条例适用于世界范围内所有面向欧盟从事经营活动的企业。GDPR 一方面要保证个人数据的保护和安全,另一方面允许使用个人数据有效促进商业竞争和社会的现代化。通过对国际数据传输工具的进一步审查,在保证充分保护数据安全的前提下确保数据跨境流动的顺利进行,不妨碍创新和贸易。GDPR 通常被认为是一项严厉的立法,但其也有一些灵活的例外,如公司内部之间传输的约束性企业规则、联合承包商之间数据传输的标准合同条款以及允许数据控制者为谋求正当利益传输数据。

GDPR 的制定和生效有条约法基础。根据《欧盟基本权利宪章》第 8 条,欧盟公民享有个人信息权。这类权利是欧盟内部的基本权利,仅欧盟公民才能享有。同时《欧盟基本权利宪章》第 51 条(适用范围)规定:“本宪章之各项规定

---

① Regulation (EU) 2016/679 of the European Parliament and of the Council of 27 April 2016 on the protection of natural personswith regard to the processing of personal data and on the free movement of such data, and repealing Directive 95/46/EC (General Data ProtectionRegulation),国内学者又译为《统一数据保护条例》《通用数据保护条例》《一般数据保护条例》,主要区别在于对“General Data”理解与翻译的不同。笔者采用《通用数据保护条例》。

② 叶开儒:《数据跨境流动规制中的“长臂管辖”——对欧盟 GDPR 的原旨主义考察》,载《法学评论》2020 年第 1 期。作者解析了 GDPR 相较 1995 年《数据保护指令》的核心变化,包括传统属地管辖原则向影响主义原则产生域外效力。GDPR 增强了数据主体权利的保护模式,解析了背后深层次的历史和文化原因。

依辅助原则适用于欧洲联盟各机构及部门并适用于各成员国实践欧盟法的过程中。”欧洲议会以充分保护个人信息权为目的研究和制定了GDPR。1981年制定的《关于个人数据自动化处理的个人保护公约》经过1999年、2001年和2012年三次补充和修订,完成了该条约的现代化改革。虽然该条约向非欧盟国家开放加入,根据第27条(非成员国或国际组织的加入)规定,该公约的加入方式并非采用“申请制”,而是“邀请制”。公约委员会应该在新的缔约国加入前,充分评估该国的个人数据保护水平是否符合本公约的规定,能够确保在缔约方管辖的公共和私人领域范围内,所有个体的个人数据在被处理时均得到有效的保护,从而使个体权利(尤其是隐私权)和基本自由得到尊重。到目前为止,缔约方中欧洲理事会成员国26个,非欧洲理事会成员国仅有乌拉圭。欧盟以外的大部分国家均未加入该条约。

(一)地域范围

GDPR第3条规定了条例适用的地域范围,指出“本条例适用于设立在欧盟境内的控制者或处理者对个人数据的处理,无论其处理行为是否发生在欧盟境内。对于设立在欧盟境外的控制者和处理者对欧盟境内数据主体的个人数据进行处理,如果涉及下列情况,则适用本条例:(a)向欧盟境内数据主体提供商品或服务,无论此项商品或服务是否需要数据主体向其支付对价,或(b)对数据主体发生在欧盟境内的行为进行监控。设立在欧盟境外的控制者,如果其设立地依据国际公法而要适用欧盟成员国的法律的,其对个人数据的处理适用本条例”。GDPR第3条通过“经营场所标准”和“目标指向标准”设定了宽泛的地域管辖范围。根据第3(1)条的“经营场所标准”,如果个人数据的控制者或者处理者在欧盟境内设立了经营场所,在经营场所开展业务的场景下发生的数据处理行为受到该法管辖,无论数据处理行为的具体位置是否在欧盟境内;根据第3(2)条的“目标指向标准”,该法的地域适用范围进一步延展至在欧盟境内没有设立经营场所的数据控制者或处理者,它们直接收集、处理或者监控欧盟境内数据主体个人数据的行为也将被纳入GDPR的管辖范围。

1995年欧盟出台的《数据保护指令》中的第4条涉及该指令的域外效力。指令强调属地管辖原则,即判断欧盟是否享有管辖权,是根据数据控制者设立机构以及使用设备的实际位置来确定。属地管辖的属地局限于一定的地域范围,因此在一定程度上影响了该指令的域外适用。欧盟在95指令的基础上制定了GDPR,就管辖的原则而言,GDPR采用了一种与指令截然不同的方式,它将目标指向一般管辖原则,即如果处理活动涉及向欧盟境内自然人提供商品/服务,或是对其实施监控即便数据控制者/处理者设立在欧盟境外,GDPR也将适用于规范此类行为。调整后的GDPR的适用范围解决了欧洲数据保护法当时面临的最大难题之一,即根据原指令欧盟对处理大量欧盟数据主体的第三国数据控制者/处理者缺乏管辖权。随后,2019年11月12日欧盟数据保护委员会出台了《关于GDPR地域范围的第3/2018号指南》。该指南对GDPR的域外适用条件作了进一步释明,为GDPR是否适用于欧盟境外的数据处理行为提供了可操作性指引。

(二)原则

该部分包括与个人数据处理相关的原则、处理的合法性、同意的要件、关于信息社会服务相关条件、特殊种类的个人数据处理、有关刑事定罪和犯罪的个人数据的处理、无须识别个人数据的处理。其中个人数据处理相关的原则需满足合法性、公平性和透明性,目的限制、数据最小化、准确性、存储限制、完整性和保密性和问责制。具体而言,个人数据应以合法、公平和透明的方式处理。为特定、明确和合法的目的收集且个人数据的后续处理不得违反以上目的。充分、相关并且应限制于为实现该个人数据处理目的所需的最低限度内。准确且在必要的情形下保持不断更新,应采取一切合理行为以使就实现数据处理目的而言不准确的个人数据及时被删除或者修改。存储形式允许识别数据主体的,保存时间不得长于为个人数据处理目的而必要的时间。以能够确保个人数据安全的方式而被处理,包括使用适当的技术性或组织性措施以防止未经授权的或者非法的处理、意外遗失、灭失或损毁。

(三)数据主体的权利

数据主体的权利包括与数据主体行使其权利相关的透明信息、交流及其形式,收集信息时应向数据主体告知的信息,并非从数据主体处获取个人数据时应向数据主体告知的信息,数据主体的数据访问权、纠正权、删除权(被遗忘权)、限制处理权,关于纠正或删除个人数据或限制处理的通知义务,个人数据的移植权、拒绝权和自主决定权以及数据主体权利的限制。

纠正权指数据主体有权要求控制者对其不准确的个人数据进行及时纠正。考虑到处理的目的,数据主体应当有权要求控制者通过包括如提供补充声明的方式对其个人信息予以补充。

删除权指数据主体有权要求控制者对其个人数据进行删除,并且在收集数据非必要、主体撤回同意、主体反对数据搜集又无其他合理理由、个人数据被非法处理、根据法律规定个人数据需要删除以及个人数据是为提供信息社会服务而收集情形下,控制者有义务及时地删除个人数据。

限制处理权,指在下列情况下,数据主体应当有权限制控制者处理数据:(1)数据主体对个人数据的准确性提出争议且其允许控制者在一定期间内对个人数据的准确性进行核实;(2)该处理是非法的,但是数据主体反对删除该个人数据,而是要求限制使用该数据;(3)控制者基于该处理目的不再需要该个人数据,但数据主体为提出、行使或抗辩法律诉求而需要该个人数据;(4)数据主体按照 GDPR 第 21 条第 1 款反对控制者对其个人数据进行处理,但需要核实控制者的法律依据是否优先于数据主体的法律依据。

欧盟或成员国的法律可以通过立法措施限制上述主体的权利,基于国家安全、国防、公共安全、刑事犯罪的预防、调查、侦查、起诉或者刑事处罚的执行、欧盟或其成员国一般公共利益包括货币、预算和税收等事项、司法独立与司法程序的保护、违反职业道德规范的预防调查侦查及起诉、对数据主体或他人权利与自由的保护以及民事诉讼请求的执行等限制上述主体的权利。

(四)向第三国或国际组织传输个人数据

对于正在处理中的个人数据或拟在传输到第三国或国际组织后进行处理的个人数据,在不违反本条例其他规定的前提下,控制者和处理者满足本章规定后方可传输,包括个人数据从第三国或国际组织再传输到其他第三国或国际组织。具体包括以下几项具体规则。

第一,基于充分性决议传输数据。欧盟委员会决定第三国、第三国境内的地区或一个或多个特定行业、国际组织能够确保充分的保护程度的,可向该第三国或国际组织传输个人数据。该数据传输无须特别授权。在评估保护程度是否充分时,欧盟委员会尤其应当考虑下列因素:其一,法治,尊重人权和基本自由,一般和部门相关立法,包括有关公共安全、国防、国家安全、刑法和政府机关获取个人数据的相关立法,以及对此等立法的实施,数据保护规则、专业规则和安全措施,包括将个人数据再传输到其他第三国或国际组织的情况下该其他第三国或国际组织遵守的规则,判例法以及个人数据被传输的数据主体有效、可强制执行的数据主体权利和有效的行政与司法赔偿。其二,第三国境内是否存在或是否存在约束国际组织的一个或多个独立监管机构以及是否有效运作,其负责确保并强制遵守数据保护规则,包括充分的执行权,协助数据主体行使权利及提供咨询,并与成员国的监管机构合作。其三,有关第三国或国际组织达成的国际承诺,或因具有法律约束力的公约或文件及参加多边或区域体系产生的其他义务,尤其是与个人数据保护有关的国际承诺或义务。欧盟委员会在评估保护程度的充分性后,可通过颁布实施法案决定第三国、第三国境内地区或一个或多个特定行业、国际组织是否能够确保充分保护。实施法案每 4 年一次定期审核。

第二,需采取适当保障的传输。在没有上述充分性协议的情况下,控制者或者处理者需要提供适当保障,并且数据主体在获得可强制执行的数据主体权利和有效法律救济的条件下,控制者或处理者方可向第三国或者国际组织传输个人数据。

第三,欧盟法律未授权的传输或披露。要求控制者或者处理者传输或披露个人数据的法院判决或仲裁庭裁决和第三国行政机关决定,只有基于提出请求的第三国与欧盟或欧盟成员国之间有效的国际条约(如司法互助协定)且不影响本章规定的其他传输的基础上,才可以得到承认或执行。

(五)欧洲数据保护委员会(EDPB)

欧洲数据保护委员会具有法律人格,由成员国监管机构和欧洲数据保护监管机构的负责人或其各自派遣的代表组成。其履行职责或行使权力时应当保持独立,不得寻求或接受任何人的指示。欧洲数据保护委员会的职责包括:监督并确保本条例在正确适用,但不得影响国家监管机构履行职责;就欧盟境内数据保护相关问题向委员会提供建议;就控制者、处理者和监管机构之间关于约束性企业规则在信息交流格式程序方面向欧盟委员会提出建议;删除向公众公开在通信服务中的个人数据链接、复本或复制件在程序,发布指引、建议或最佳实践范例;主动应成员的要求或欧盟委员会的要求审查关于本条例适用的任何问题,或发布指引、建议最佳实践范例以促进本条例的一致适用;推广监管机构之间的共同培训项目,促进监管机构之间的人才交流,并适当时促进监管机构与第三国的监管机构之间或与国际组织之间在共同培训项目中的人才交流等。

（六）救济、责任和罚则

数据主体认为对其个人数据的处理违反本条例,有权向监管机构申诉,特别是向其经常居住地、工作地或涉嫌违法行为地所在成员国的监管机构申诉。各自然人或法人均有权对监管机构作出的与其相关的具有法律拘束力的决议获得有效的司法救济。数据主体认为由于对其个人数据的处理不符合本条例而导致其在本条例项下的权利受到侵犯的,其有权获得有效的司法救济。由于违反本条例的行为而遭受重大或非重大损害的任何人均有权就所受到的损害从控制者或处理者处获得赔偿。

Chapter 07 第七章

企业合规律师业务的机遇与挑战

随着全球化和市场化的深入发展,企业在面临日益复杂的法律法规和监管要求时,需要寻求专业的法律咨询和服务。作为企业法律服务的重要组成部分,企业合规律师在这一领域发挥着关键作用。企业合规律师不仅需要掌握复杂的法律知识,还需要具备深入理解企业业务和行业特点的能力,能够为企业提供全面的法律合规服务,帮助企业规避法律风险,维护企业的合法权益。然而,在这一领域,企业合规律师也面临诸多机遇与挑战。本章将深入探讨企业合规律师业务的机遇与挑战,以期为相关从业者提供参考和借鉴。

第一节 合规经营:推动公司治理现代化的必经之路

从国际上看,合规管理的发展轨迹是以反腐败和反贿赂为脉络主线的,涵盖的方面较为有限。随着国际合作的增多、合规监管的加强,合规理论的不断完善、合规实践的不断丰富,“合规”一词的含义在我国公司治理实践中不断地扩展和延伸。在经济全球化的时代,我国企业在国际业务上因为合规体系不完善而遭遇许多本可以避免的风险,例如,工商银行马德里支行涉嫌洗钱6名高管被逮捕;华锐风电因侵犯商业秘密罪和电信诈骗案,被处以1500万美元的罚款;湖南建工因在招投标中提供虚假文件受到世界银行的制裁;中兴通讯遭受美国商务部的制裁等,迫使我国企业在加快走出去的进程中开始重视合规经营理念。同时,国家也从制度层面加强了企业的合规建设。“十四五”规划中就明确提出“引导企业加强合规管理,防范化解境外政治、经济、安全等各类风险”和“推动民营企业守法合规经营,鼓励民营企业积极履行社会责任、参与社会公益和慈善事业”。“十四五”规划对企业发展提出了更高的要求,要求企业在应对外部风险的同时不断提升自身的综合竞争力。根据中国产业海外发展协会发布的《中资企业海外安全风险评估报告》,2018 年中资企业在海外遭遇了 413 起各类重大安全风险事件。其中,一些贸易管制重大案例更是给广大中资涉外企业敲响了警钟。除应对可能存在的外部风险外,随着我国经济发展格局的深刻变革,一些企业以忽视规则为代价降低经营成本的竞争策略将难再具有可持续性。相反地,那些率先形成合规意识、掌握合规能力并尽早采取合规措施的企业将有机会获取更大的市场空间。通过有效合规计划,一是可以对企业的经济活动进行高质、高效的管理,避免造成人力、物力、财力及技术资源的浪费。依托合理科学的预算管理方法,保证各项经济活动的有序运行,促进企业实现预期经营目标。二是有助于推动企业内部机制改革,加强企业各部门之间的协同,实现资源配置优化和提高资源利用率,以适应市场环境的持续变化,竞争压力的不断增大,实现对现有资源的合理运用,充分发挥自身优势,促进企业在生产和经营中获取更多效益。三是通过有效的奖惩激励机制,推动各部门发展,促进人员业务素质提升和能力构建。构建科学的评价体系,从多角度、多层面、多方位掌握企业的运行情况,依据明确的标准考核部门和人员的业绩,从而满足企业自我改进与升级的需求,帮助企业规避风险,实现健康可持续发展。企业能否合规经营是评价营商环境好坏的重要指标,随着一系列企业合规规范的出台,企业合规管理在经济社会发展中的重要性已经不言而喻,企业合规管理是新时代背景下我国企业发展的必经之路,是“国内国际双循环”战略的重要支撑,是实现我国经济高质量发展,实现中华民族伟大复兴的有力保障。

在全球市场的不断扩大和经济全球化的背景下,企业面临的法律合规要求越来越严格和烦琐。企业需要遵守各种国际条约、国内法律、地方法规,不遵守则会面临罚款、法律诉讼以及商业信誉受损等风险。因此,企业对合规经营的重视程度与要求也越来越高,进而引发了企业对合规服务需求的增加。

作为法律服务的提供者,律师在企业合规服务方面具有天然的优势。律师有在诉讼和非诉讼领域的实践经验积累,熟悉各种法律法规、规章制度和行业标准,可以提供全方位的法律服务,帮助企业规避合规风险和解决涉及法律的问题。在企业的日常经营活动中,律师可以协助企业设计和完善合规政策、制度和流程,确保企业的经营活动符合法律法规的要求,减少违法风险;可以提供培训和教育,帮助企业员工了解法律法规的要求和合规的重要性,提高员工的合规意识和素质;可以协助企业处理各类法律纠纷,保护企业的合法权益,降低经营成本。

第二节　新时代合规业务中律师的机遇与挑战

一、合规问题制约着企业的经营发展

随着国家政策的不断推进和行业竞争的加剧,越来越多的企业深刻认识到合规管理对于企业的重要性。然而,在实际操作中,很多企业仍然存在一些问题,这些问题需要通过深入分析和认真思考才能够得到有效的解决。首先,很多企业在合规管理中缺乏明确的责任分工和管理制度。当前,国有企业及外资企业基本上都形成了一套符合自身实际情况的内控制度。部分中小企业虽然设立了相应的合规管理制度,但由于程序复杂、落实困难,合规制度形同虚设。个别中小企业的审核机构和监督机构出现了混同,所谓的监督制度便失去了价值。再者,部分中小企业尚未形成相对完备的合规制度。例如,部分企业缺乏对员工的考核评价制度及激励约束制度、对违规违法行为的责任追究制度,还有部分企业的合规管理流程僵化老旧,实际操作的可行性不强。在这样的情况下,企业的合规责任没有得到有效的落实和监督,导致企业对合规管理的重视程度不够,合规风险得不到有效的控制和预防。其次,企业在合规方面缺乏专业的合规人员和专业的合规团队。一般来说,合规管理职责主要由董事会、监事会、经理层履行。但部分企业的合规管理职责偏重董事会,监事会未能发挥较大作用。另外,部分中小型企业由于企业规模较小、合规人才匮乏、领导层不够重视等原因,部门设置不合理,仅由几个法务人员或者业务人员兼顾合规管理业务。这样做虽然节省了人力资源,但规模小不代表需要应对的风险少。作为兼职合规人员的业务人员较少或者法务岗位仅有 1 ~ 2 个人员时,合规人员

在合规管理上的投入势必不足,这导致企业在面对复杂的合规问题时难以作出正确的判断和决策,同时也会影响企业的合规意识和管理水平,在企业经营时对风险事件反应迟钝或疏忽大意,就可能触发多米诺骨牌效应,给企业带来许多无法预估的损失。另外,很多企业在合规管理中缺乏有效的沟通机制和文化建设。很多内资企业的领导层认为企业合规只是企业建设中可有可无的一个环节,运营才是企业的立身之本,甚至部分企业管理层为实现业务目标而明确鼓励或者默许员工从事不法行为。殊不知,企业要想长远发展,仅靠运营是不够的。企业合规建设的基石不稳固,就会随时面临各种风险,且因缺乏应对能力和防范意识,企业很难保全自身。同时,由于企业忽视合规文化建设,员工的合规意识也会比较淡薄,这样就很难在组织内部实现有效的合规知识传递和管理流程的优化,同时难以及时发现和解决潜在的合规风险,从而导致企业面临更大的合规风险。最后,企业在合规管理中缺乏科学的合规风险评估和防控体系。企业要切实防范风险,必须从识别与评估、跟踪、控制、应对、评价等各方面严格把控,缺一不可。但实际上,仍有部分企业的风险识别与应对能力较差。一方面,这可能与企业未及时掌握业内政策资讯且未及时更新企业制度规范有关;另一方面,企业缺乏合规管理的专门机构,且未配备合规官,对法律风险的预测与识别不够敏感,也会出现识别迟钝、应对仓促等问题。除此之外,部分企业虽具有较为全面的风险防控机制,但因时代变迁或流程复杂而很难落地执行,导致纠纷案件频发,企业诉累严重。在现代企业管理中,合规风险评估和防控是非常重要的一环,很多企业在这方面存在薄弱的环节。这导致企业在面临合规风险时难以作出恰当的反应和应对,从而给企业带来不可逆转的损失。

企业在合规管理中存在诸多问题,需要加强合规管理的专业化、科学化和规范化,同时也需要建立健全管理制度和责任分工,增强企业的合规意识和管理水平,从而提高企业的竞争力和可持续发展能力。

二、企业合规业务中律师的时代机遇

(一)市场需求不断扩大

首先,随着全球化和国际贸易的不断发展,企业面临的法律和法规要求越来越复杂。在国际贸易中,不同国家和地区有不同的法律法规和标准,企业需要了解并遵守这些法规和标准,以确保其业务的合法性和合规性。同时,随着国际反腐败合作的加强,企业也需要遵守越来越严格的反腐败法律法规,以保护企业的声誉和避免法律风险。

其次,各国政府对企业合规的要求越来越高,尤其是在一些特定行业,如金融、医疗、制药等。这些行业涉及的业务和交易风险很高而且也非常复杂,需要企业具备更高的合规能力和技术手段,以保障企业的合法性和稳健性。另外,企业越来越注重其社会责任和可持续发展,合规服务已经成为企业社会责任的体现之一。随着消费者和投资者对企业社会责任的关注度提高,企业对合规的要求也越来越高。在这种情况下,企业需要更多的合规服务以保障其合规性和可持续发展。

最后,随着信息技术的不断发展,合规服务也在向数字化、智能化、自动化方向发展。企业可以借助人工智能、大数据等技术手段,提高合规服务的效率和准确性,降低企业合规风险和成本。因此,合规服务也成为数字化和科技创新的重要领域之一。

(二)商业价值不断增强

企业合规服务可以通过识别和规避风险,降低因合规问题引起的罚款、诉讼和赔偿等成本。此外,合规服务还可以通过优化流程和程序来减少合规问题的发生,降低企业的合规风险。

企业合规服务可以帮助企业建立良好的企业形象和声誉,提高消费者、投资者和监管机构的信任和认可度。在消费者和投资者对企业形象和声誉越来越关注的今天,企业合规服务对企业的品牌声誉和市场竞争力具有重要的推动作用。

企业合规服务可以帮助企业建立规范化的内部管理制度和流程,提高企业的治理和管理水平。合规服务可以帮助企业识别和解决合规问题,强化企业的内部控制和风险管理能力,提高企业的运营效率和透明度。

企业合规服务可以通过数字化转型来提高合规服务的效率和准确性,降低企业合规风险和成本。企业可以利用人工智能、大数据分析等技术手段,实现合规数据的自动化采集、分析和报告,提高合规服务的效率和准确性,同时推动企业的数字化转型。

企业合规服务可以帮助企业履行社会责任，尊重人权，遵守环境和社会公正等方面的法律法规和标准，推动企业可持续发展。合规服务可以帮助企业建立可持续发展的管理体系，规范企业的社会和环境责任，提高企业的社会价值和贡献。

（三）丰富的AI技术支持

技术支持可以通过自动化的数据采集、处理和分析，提高合规服务的效率和准确性。例如，利用人工智能、大数据分析等技术手段，可以自动化采集和处理合规数据，快速准确地识别和分析合规问题，提高合规服务的效率和准确性。

技术支持可以通过提高合规服务的效率和准确性，降低企业合规风险和成本。自动化的合规服务可以实时监测和预警合规风险，帮助企业快速识别和解决合规问题，降低合规问题引起的罚款、诉讼和赔偿等成本。

技术支持可以推动企业数字化转型，提高企业合规服务的数字化程度和智能化水平。数字化转型可以通过自动化的数据采集、处理和分析，实现合规数据的智能化管理和使用，提高合规服务的效率和准确性，同时推动企业数字化转型。

技术支持可以通过提供高效、精准的合规服务，提高企业的合规能力和运营效率，增强企业的市场竞争力。优质的合规服务可以帮助企业建立良好的企业形象和声誉，赢得消费者、投资者和监管机构的信任和认可，进而增强企业的市场竞争力。

技术支持也是企业合规的发展机遇之一，可以为企业提供高效、准确、智能的合规服务，降低企业合规风险和成本，提高企业竞争力和市场表现。

三、合规业务对律师的挑战

（一）复杂性

随着国家法律法规的不断完善和更新，企业需要关注的法律法规越来越多，而且法律法规之间互相关联、交叉，涉及的领域也越来越广泛。例如，企业需要遵守的法律法规包括劳动法、环境保护法、食品安全法、知识产权法、反垄断法等。不同法律法规之间可能存在矛盾或者冲突,需要进行仔细的分析和解决。除法律法规外,企业还需要遵守一些行业标准、国际标准等,这些标准通常是由政府、行业协会、国际组织等发布的,涵盖的内容也非常广泛。例如,食品行业需要遵守的标准包括食品安全标准、食品卫生标准、质量标准等。这些标准的内容可能会因为不同的行业、地域、时间等而有所不同,企业需要逐一了解并且严格遵守。合规业务的管理流程通常也是比较烦琐和复杂的。企业需要建立健全合规制度、规范、流程和控制措施,不断完善和更新。例如,企业需要对员工进行合规培训,建立内部合规监察机制,定期对合规制度和控制措施进行审查和更新等。这些管理流程的建立和执行需要耗费大量的时间、人力和物力。

从律师的角度来看,合规业务的复杂性主要体现在法律法规的繁杂、合规标准的多样性和管理流程的复杂性等方面。企业需要充分认识和应对这些复杂性,加强合规管理和监督,避免违法违规行为,保障企业合法合规经营。

(二)风险管理

风险管理是企业合规业务中的重要环节,主要是针对企业可能面临的合规风险进行识别、评估、控制和监测,以保证企业在经营过程中遵守相关法律法规和行业标准,降低合规风险和减少经济损失,确保企业的可持续发展。作为合规业务重要的组成部分,风险管理也是企业合规业务中的主要挑战:一是风险管理需要跨越多个领域和职能的界限。企业合规涉及的领域和职能较多,需要协调和整合各方面的资源和力量。例如,企业需要协调法律、财务、税务、人力资源等多个部门的工作,以确保企业经营的合规性。同时,企业还需要考虑合规风险管理与业务发展之间的平衡,确保在管理风险的同时,实现企业的利润增长。二是风险管理需要持续更新和完善。合规风险是一个动态的概念,与市场环境、政策法规、技术等因素密切相关。因此,企业需要持续更新和完善自身的合规管理制度和流程,以适应市场变化和法规的变化。三是风险管理需要投入大量的资源和精力。合规风险的识别、评估和控制需要大量的资源和精力,包括人力、物力和财力等方面的投入。对于一些中小企业而言,这些投入可能会造成较大的财务和人力压力。四是风险管理需要企业文化和价值观的支持。

企业合规需要全员的参与和支持,而这一点需要依赖企业的文化和价值观的支持。如果企业文化和价值观不支持合规管理,那么风险管理的效果可能会大打折扣。

所以,企业需要在制定风险管理策略时,充分考虑各方面的因素,综合利用各种资源和手段,以实现最优化的风险控制和利用。

第三节　律师如何参与企业合规管理

近年来,企业合规发展已逐渐成为共识,因此律师参与企业合规管理的角色就越来越重要。目前,律师与企业的合作方式主要包括法律顾问、专项法律服务、个案代理等,这些服务通常是被动型的,即律师只在企业有特定需求时提供相关的法律咨询和解决方案。虽然这种方式已经得到了很多企业的认可,但是随着合规要求的不断提高,企业需要更多主动型的法律服务,律师参与企业合规管理变得尤为重要。律师可以帮助企业了解并遵守相关法律法规,预防和解决合规风险,并提供必要的法律支持和指导。律师还可以通过为企业提供培训、审核、审查等服务帮助企业建立完善的合规管理体系,从而确保企业在经营过程中遵守法律法规。律师在企业合规管理中还可以提供其他的帮助。例如,律师可以为企业制定合规策略,协助企业解决涉及合规的复杂问题,为企业提供风险评估和应对方案,以及与相关政府部门进行沟通和协商等。这些都是企业在合规管理过程中必不可少的服务。律师参与企业合规管理不仅是律师提供更好服务的机会,也是企业合规的必然要求。律师可以为企业提供更积极主动的法律服务,并在企业的合规管理中发挥更为重要的作用。

一、公司法务与外部律师的衔接

(一)公司法务的优势与局限性

作为大型企业内部的法律事务职能部门,公司法务部门的主要职责是为公司提供法律咨询和风险管理服务。相对于外部律师事务所,公司法务人员在熟悉公司内部运作和业务模式方面具有优势,能够更深入地了解公司的战略和管理层的思维方式,更好地为公司提供有效的法律咨询和风险管理建议。公司法务部门注重“法务与商务的融合”,强调提前介入,注重全过程的参与和防范。公司法务部门可以在企业的决策制定阶段就介入,为公司提供法律建议,帮助企业遵守法律法规,规避风险,防范法律纠纷。在企业日常运营中,公司法务部门还能够对整个经营流程施加影响,从制度甚至文化层面防范风险、完善内控机制、减少企业损失,是保障企业健康稳定发展不可或缺的重要力量。与外部律师事务所相比,公司法务部门还有一个明显的优势,即能够更好地与公司的负责人和其他工作人员沟通,更好地理解公司的需求和利益,更好地为公司提供针对性的法律建议和风险管理服务。此外,公司法务部门还能够与其他部门紧密协作,为公司的战略和业务发展提供支持和保障。公司法务部门在企业内部发挥着重要的作用,不仅能够为企业提供有效的法律咨询和风险管理服务,还能够在企业的决策制定和日常运营中发挥重要的作用,为企业的健康稳定发展提供支持和保障。

企业法务是企业内部的法律顾问和执行者,他们承担着处理公司内部法律事务的责任。然而,由于公司主营业务的限制,企业法务的法律专业广度存在一定的局限,且深度有待进一步提高。在日常工作中,企业法务需要面对各种法律事务,如诉讼和非诉讼案件等。这些事务涵盖了多个领域,包括但不限于建筑工程、房地产领域、境外投融资、刑事、股权收购、基金、保理、投资等。相对于外部律师,企业法务在法律专业深度和广度方面存在一定的局限性,这主要是由于他们具有参与公司管理,协助建立企业的风险防控体系,为公司重大经营决策提供法律意见等多项职责。因此,企业法务的工作内容和时间分配与律师有所不同。他们不可能亲力亲为地处理每一个诉讼案件,需要借助外部律师的力量更高效地完成各项工作。除处理法律事务外,企业法务还需要承担维护公司声誉和形象的重要职责。他们需要与其他部门合作,制订并实施公司的合规计划,并监督员工的合规行为。此外,他们还需要跟踪监管政策和法律法规的变化,及时为公司提供风险预警和法律建议,以确保公司的合规和稳健发展。尽管企业法务的法律专业深度和广度存在局限性,但他们在处理公司内部法律事务方面扮演着至关重要的角色。他们不仅需要具备扎实的法律知识和技能,还需要了解公司的经营情况、战略规划和风险状况,以更好地为公司提供法律服务和建议。同时,他们也需要与外部律师、监管机构等相关方合作,为公司提供全面的法律支持和保障。

(二)律师能够有效弥补公司法务的短板

与公司法务相比,律师在处理法律事务时能提供更为专业的法律服务。专业律师通过日积月累的司法实践和诉讼经历,在特定领域具有更为深入的研究,其专业资源也往往更加强大。这些优势能够帮助企业在实现法律风险最小化和利益最大化方面发挥作用。此外,律师还具有第三方优势,可以帮助企业克服合作与投资过程中的障碍。在谈判过程中,律师可以以第三方的身份介入,帮助各方理解对方的立场和利益诉求,促进双方建立互信和合作关系,找寻共同利益,促成交易。在处理涉及复杂法律问题的企业合作、投资和并购等重大事项时,律师的专业知识和第三方优势尤为重要。

比如,作为独立的法律服务提供者,律师事务所通常拥有不同专业背景和领域经验的律师和专业人士,形成了一个相对完整的专业服务体系。这些专业人士可以提供财务、税务、人力资源、知识产权等各方面的专业支持,协助企业完成各项复杂的法律事务。在企业合作、投资和并购等重大事项中,往往存在各方的利益冲突和分歧,企业内部的法务可能会受到企业内部利益的影响,难以完全中立客观地为企业提供建议和意见。而律师作为独立的第三方,不会受到任何利益干扰,可以从客观的角度出发,为企业提供最为合理的建议和意见,帮助企业作出正确的决策。然而,需要注意的是,在与律师合作时,企业需要确保律师的利益与企业利益一致,以免发生利益冲突或道德风险。此外,企业需要理性地使用律师资源,避免不必要的法律支出,保持与律师的良好合作关系,在选择律师时审慎考量,寻找与企业利益一致、专业水平较高的律师团队。

(三)律师与法务合作是合规管理体系有效运转的保障

律师与公司法务合作的方式主要分为外聘主导型和内设主导型。外聘主导型就是聘请律师担任法务管理的方式。此外,企业内部也会设立一定数量的法务岗位,相对于公司的整体人数来说,法务岗位的人数相对较少,甚至有些企业并不设立法务岗位。在这种情况下,企业内部法务的职责主要是作为律师与企业管理层、决策层之间的联络员和沟通员,以协调解决法律问题,同时也要承担一些行政工作。在职能上,企业内部法务主要以合同管理为主,法务岗位的设置和法务人员的人数则视企业规模和法务需求而定。内设主导型是另一种常见的模式,即企业内部设立独立的法务机构,由专职法务人员组成,承担法律事务的处理和风险管理等职责。相比于只聘请律师进行法务管理的模式,内设主导型的法务机构具有更高的独立性和自主性,可以更加精准地服务于企业的内部需求。在这种模式下法务机构通常会配备一定数量的专职法务人员,以确保在处理法律事务时能够快速、高效地响应企业内部的需求。在内设主导型的法务机构中,律师并不是主导的管理人员,而是作为辅助的法律服务人员。这种模式下,法务人员会根据自身需求将律师作为辅助的管理手段使用,以便更好地处理涉及的复杂法律问题。另外,相比于只聘请律师进行法务管理的模式,内设主导型的法务机构可以更好地配合企业内部的管理和决策层,提供更为专业和有效的法律服务,为企业的发展和成长提供有力的支持。

在当今复杂多变的商业环境中,企业不可避免地面临各种法律风险。建立一套全面的法律风险管理体系,对于企业保障自身利益和实现可持续发展具有极其重要的意义。一个操作性强、执行成本低、工作效能高的全面法律风险管理体系,必须由内部法务与律师两部分服务体系组成的系统共同建立。企业内部法务主要负责公司日常的法律咨询、流程管理、风险控制、合同审核、策略制定、常见诉讼等工作,从而更好地了解企业的内部业务和管理状况,掌握实际情况,制定符合企业实际情况的合规策略,及时、准确地发现并控制风险,避免事故的发生。对于一些重大、疑难诉讼、仲裁、上市、并购等项目,由于其涉及的法律复杂性和时间成本较高,需要特别的经验和技能,外聘律师能够在专题项目上提供专业性的法律服务。企业内部法务和外聘律师是法律风险管理的两大主体,两者之间的配合是保证法律风险管理成功的关键。同时,内部法务与外部律师之间应形成良好的互补互利的工作机制。内部法务可以通过与律师的合作学习到更专业的法律知识和技能,提升自身的能力水平;律师则可以通过与企业的合作了解企业的经营模式、业务情况和法律风险等方面的信息,为企业提供更加全面和精准的法律服务。最后,这种互补互利的工作机制需要得到高层管理者的重视和支持,落实到企业管理的各个环节中,确保法律风险管理的全面性和有效性。只有形成了一个完善的合规管理体系,并且充分发挥内部法务和外部律师的作用,企业才能在日益复杂的法律环境中稳步发展,并且在激烈的市场竞争中保持领先地位。

观察全球商界可以发现,世界500强公司大都有一个强大的律师团队提供法律服务,高效的分工协作以及外部专业人士的能力使得这些公司在日益激烈的竞争中脱颖而出。对于一个卓越的企业来说,合规计划的成功落实需要内部法务和律师的密切合作,以实现风险管理目标,同时推动企业的长期发展。企业内部法务与律师合作的关键在于找到合适的合作伙伴,克服难点和痛点。例如,在进行境外投资或承接境外项目时,企业需要考虑选择国内知名律所在当地的分支机构或者国际律师事务所。确定了合作对象后,选择合适的律师也是至关重要的。企业在面临重大的刑事犯罪法律风险时,选择合适的刑事律师会直接关系到企业的生死存亡。因此,企业需要以最快的速度找到最合适的合作伙伴。可以通过积累业界的人脉网络,寻求推荐或者进行调查来实现。同时,企业需要考虑律师的专业背景、经验和口碑等方面,以确定最合适的律师团队。通过积极寻求推荐和调查等方法,企业可以快速找到合适的合作伙伴,并确保取得成功。要解决公司运营中的专业法律问题,公司法务需要选择最适合公司需求的专业律师。在选择律师方面,关键在于律师的专业性和解决问题的能力,而非仅仅看重律师的声誉和名气。律师通过与公司法务的密切沟通和交流,了解公司的情况和需要解决的问题,确定问题的核心和关键,以便为解决公司的法律需求制定最佳方案。良好的合作关系是律师和公司法务相互依存、共同发展的关键。他们需要相互配合,共同努力,实现合作的最大化。只有通过有效的合作和协作,才能够解决公司的法律问题,促进公司的发展和壮大。律师和公司法务之间的合作应该是一种珠联璧合的关系,共同追求卓越,实现共赢。在解决企业的法律问题时,公司法务与律师应始终保持良好、有效的沟通。对于公司的法务部门而言,建立一个完善的律师库非常重要,可以与其他具有不同专业技能的律师合作,以应对企业可能面临的各种法律风险。在提供法律服务的过程中,律师不仅需要发现问题,还需要提供相应的解决方案,为企业提供可行的建议和支持。在律师与企业家或公司法务部门的合作过程中,一种常见的错误是仅仅向企业告知风险和问题,让企业自己作出决策。尽管有些情况下确实需要这样做,但在大多数情况下,律师应该将自己的专业知识与企业的商业运作相结合,了解企业的经营模式和业务特点,为企业量身定制解决方案,使这些方案具有针对性和可操作性,以便企业能够在实践中达到目标,从企业需求的角度为其提供最佳的解决方案。律师在企业合规方面需要关注的问题包括但不限于:公司治理、反腐败合规、知识产权保护、劳动用工合规、环境保护合规、合同法律规范等。律师可以通过与法务人员的紧密协作,结合企业的实际情况,制定合规方案,审查合规风险,提供合规培训和咨询,协助应对合规调查等。律师的服务不仅能够为企业防范风险,提高企业的合规水平,而且也大大提升了公司法务人员在企业管理过程中的重要性,降低企业的法律风险与经营风险,维护企业的声誉和商誉,为企业长期发展和稳定运营提供重要保障。

二、企业合规业务中律师的功能定位

律师在企业合规业务中主要负责四个部分内容:合规体系顶层设计、合规风险识别与防控、合规操作指引的制定、企业合规管理应当有律师参与。

(一)合规体系顶层设计

顶层设计是指在规划和推进改革的过程中,通过全面考虑各方面因素和问题,制订出一套符合国情和实际需要的总体规划和方案。在中国,顶层设计的概念最初出现于《国家"十二五"规划纲要》中,随着近年来中国经济社会的快速发展和各种新问题的不断涌现,顶层设计的重要性也变得越来越突出。特别是在经济、社会和政治体制改革等方面,顶层设计的作用更加明显,它能够避免顾此失彼、盲目决策等问题,从而确保改革的顺利推进和取得更好的成果。

顶层设计是合规体系建设的一个重要方面。随着企业的发展和国家法律法规的不断更新,企业合规面临更为严峻的挑战和考验。企业如果没有一个合理的合规体系,就难以有效地识别和管理风险,也难以避免不当抉择和损失。因此,在构建企业合规体系的过程中,必须进行全面的顶层设计和总体规划。

合规体系建设既需要吸收国外的先进经验,也需要充分考虑中国的国情和文化背景。合规作为一种新的概念和方法,如果直接引入外来经验,会受到文化差异和制度差异的影响。因此,在进行合规体系建设时,必须注重结合本土经验和实际情况,根据企业的特点和需求,进行相应的调整和优化。同时,合规职能也与大部分企业已设立的法务、风控、审计、纪检监察等岗位存在一定程度的重叠,如何协调各个职能部门之间的关系,也是构建合规体系需要解决的问题之一。

在企业建设合规体系的过程中,如何设置合规机构并进行合理分工是合规体系建设正常运转的重要保障。首先,合规机构的设置需要考虑企业的规模、行业特点和组织结构等因素。不同的企业会有不同的合规要求,因此合规机构的设置也需要"因企制宜"。对于大型企业而言,由于业务量较大,合规机构往往需要设置为一个独立的部门,这个部门要有一定的人员和资源来确保合规工作的开展。对于中小型企业而言,可以将合规职责分配到其他部门中,如风险管理部门或者法务部门。其次,在合规机构的职责分工方面,需要明确各个部门的具体职责和工作内容。这是为了避免出现职责交叉和重复的情况。例如,在企业内部,法务部门通常是负责法律合规方面的工作,风险管理部门则负责风险管理和控制方面的工作。在这种情况下,合规机构需要对这些部门的职责和工作内容进行明确的划分,避免重复和遗漏。除此之外,合规机构还需要与其他部门进行良好的协调和沟通。例如,在企业内部,合规机构需要与风险管理部门密切合作,以便能够更好地识别和管理风险。合规机构还需要与内部审计部门、纪检监察部门等部门进行沟通,以确保合规工作的全面性和有效性。总之,在构建企业合规体系的过程中,合规机构的设置和职责分工都是至关重要的。只有通过合理的设置和分工,才能确保企业的合规工作有效地开展和取得成效。同时,合规机构也要与其他部门保持良好的协调和沟通,以便能够更好地识别和管理风险,确保合规工作的全面性和有效性。

(二)合规风险识别与防控

律师为企业提供合规体系建设的另一项重要服务是合规风险的识别与防控。所谓合规风险,是指企业及其员工因不合规行为而可能导致法律责任、受到相关处罚、遭受经济或声誉损失以及其他负面影响的可能性。合规风险又可分为通用性合规风险和特殊性合规风险两类。前者指的是任何企业都可能面临的合规风险,如合同管理中的合规风险、人力资源管理中的合规风险、公司财税方面的合规风险等;后者则是指企业在开展生产经营活动中,因所处行业不同而可能面临的特定合规风险,如农业企业违反转基因相关规定的风险、汽车生产企业产品违反排放标准的风险、第三方支付企业违反支付结算业务规定的风险等。

合规管理的基础是合规风险的识别与防控。只有在正确识别出自身可能面临的合规风险后,企业才能够对合规风险采取降低、规避等管理措施。因此,律师应当在充分了解客户具体业务模式、业务流程的基础上,对客户涉及的相关法律法规、监管规定、行业准则、企业章程、规章制度以及国际条约、规则等进行全面审查,以充分识别客户面临的各项合规风险。同时,律师还应当分析该风险的成因、发展、后果,并结合客户的生产经营实际,为客户拟定可行的防控措施。

(三)合规操作指引的制定

在企业经营管理中,合规操作指引是实现合规的重要手段。它不仅可以为企业提供实施合规的具体指导和规范,还能够提高企业合规的效率和水平,使企业更好地预防和应对合规风险。制定合规操作指引时应当充分考虑企业的具体业务模式和特点,针对企业经营管理中的各个环节和流程进行全面、系统的规范,保障企业在合规方面的权益。值得注意的是,制定合规操作指引不是一项简单的任务,而是需要对企业进行全面、深入的分析和调研,必须考虑到企业经营管理的方方面面,包括企业文化、组织架构、内部控制、风险管理等。同时,还需要与业务实际相结合,采用灵活、具体的方法,不断优化和完善,确保合规操作指引的实用性和有效性。在制定合规操作指引时,企业应该考虑到不同业务环节之间的衔接和配合,确保合规操作指引能够在整个企业内部得到贯彻执行,从而实现企业合规的全面落地。此外,企业还应该定期对合规操作指引进行评估和更新,不断完善合规操作指引,确保其能够适应不断变化的法律法规和市场环境。制定合规操作指引是企业建立健全合规体系的重要一环。通过全面规范企业经营管理中的各个环节和流程,制定合理的合规操作指引,企业可以有效地降低合规风险,提高经营管理的效率和水平,为企业的可持续发展奠定坚实的基础。

(四)企业合规管理应当有律师参与

企业日常合规管理是企业健康发展的重要保障,也是企业社会责任的体现。在市场竞争日益激烈、法律法规日益严格的背景下,企业必须建立健全的合规管理体系,确保企业在经营过程中合法合规,避免法律风险和社会责任风险。律师作为法律服务的专业人士,可以为企业提供必要的法律支持和指导,帮助企业了解并遵守相关法律法规,预防和解决合规风险,从而为企业日常合规管理提供重要保障。

律师参与企业日常合规管理具有重要意义和作用,主要表现在以下几个方面:一是帮助企业了解和遵守法律法规。企业日常合规管理的核心是遵守相关法律法规,而律师可以帮助企业了解和遵守相关法律法规。律师可以为企业提供专业的法律咨询和建议,帮助企业识别和评估合规风险,制定合规管理策略和措施,确保企业在经营过程中遵守法律法规,减少合规风险和法律责任。二是预防和解决企业合规风险。律师可以根据企业的实际情况,进行法律风险评估和控制,提供合规规范和程序,协助企业建立合规管理体系,规范企业内部管理行为,预防合规风险的发生。如果出现合规问题,律师可以提供专业的法律服务和解决方案,协助企业及时处理,减少或避免法律责任和经济损失。三是提升企业合规管理水平。律师可以帮助企业制定合规管理制度和流程,提高合规管理效率和质量,优化合规管理结构和机制,提升企业合规经营的综合能力。

律师如何参与企业合规管理工作,需要根据企业的实际情况和需求进行具体分析和设计。一般来说,律师可以将以下几个方面作为切入点。

1. 运用"法商思维"参与公司战略讨论

法商思维要求人们自觉地认知法律风险、捍卫法律价值、遵循法律原则、善用法律逻辑、定位法律角色、梳理法律关系、寻求法律方案、发现法律智慧、注重法律细节、遵守法律仪式。其中,自觉认知与管控法律风险就很重要。俗话说,无知者无畏,富贵险中求。此处的"险"就包括法律风险。我们每个人都处于高风险的社会、世界与时代。因此,要居安思危,三思而行。对企业家而言,首当其冲的法律风险就是,防范商业模式本身的法律风险。有些野蛮生长的企业重创新轻诚信,重发展轻规范,重快捷轻安全,重效率轻公平,一旦有市场上的风吹草动,就会陷入法律旋涡,付出了高昂的代价。[①]

律师是法律专业人员,拥有丰富的法律知识和实践经验,能够为企业提供

① 参见刘俊海:《法商有多重要,你应该了解下》,载《检察日报》2019 年 8 月 7 日,第 7 版。

专业的法律意见和建议。在公司战略的讨论中,律师能够从法律的角度出发,对公司战略进行评估和审查,帮助企业制订合法合规的战略规划,并为企业决策者提供法律风险分析和应对方案。同时,律师还能在公司战略实施的过程中,帮助企业处理各种法律事务,规避法律风险,确保公司战略的有效实施。律师在从事诉讼与非诉法律服务过程中,能够更加深入地了解企业实际可能面临的问题与风险,对于风险的识别相较企业法务更加具有宽度与广度。在法治社会背景下,律师参与企业的战略讨论具有非常重要的意义,只有将法律思维与商业思维相结合,才能持续地创造价值。在企业战略讨论中,律师需要对企业的商业目标和战略进行深入了解,以更好地为企业提供法律咨询和建议。律师需要具备商业敏感度和创新思维,以便为企业提供更加全面、实用的法律服务。在律师与企业的合作中,双方通过良好的沟通,建立互信和合作的关系,构建完善的合规体系,是企业可持续发展的有力保障。

2. 合规审查融入法律顾问服务

法律顾问服务是律师的一项常规法律服务,通常提供给企业客户,服务期限可为一年或更长时间。该服务范围广泛,包括但不限于企业的日常法律咨询、法律文书的起草、制度设计与制定、法律风险防范以及案件代理等。不同的费用支付模式会衍生出不同的法律服务方式。就参与深度而言,法律服务可以采用应答模式或主动模式。无论采用哪种模式,律师都应该加强合规审查。在进行合规审查时,可以从以下几个方面入手,以提高服务质量:(1)在作为企业顾问单位的新合作方进入企业时,必须进行全面的尽职调查,以确保企业在法律合规方面的风险得到诊断。该尽职调查包括对企业成立以来的重要法律文件进行审查,这些文件可能包括但不限于公司章程、股东文件、股东会决议和公司制度。此外,对人力资源制度和人才情况也要进行审查,以确保企业对员工的管理和培养符合法律法规的要求。针对企业在履行对外交易合同方面的风险,也应按照类别进行全面梳理和分析。通过这样的尽职调查,可以全面诊断企业在合法合规方面的风险,为企业的发展提供更加可靠的支持和建议。基于前述全面的尽职调查,出具综合性的合法合规的尽职调查报告,以全面诊断企业在合法合规方面的风险。该报告应涵盖对企业法律文件、人力资源管理制度、对外交易合同等方面的审查结果,以及在分析过程中发现的潜在风险点和问题,并与企业人员进行深入的沟通,以进一步了解和梳理问题的具体情况和可能的解决方案。同时,结合现行法律法规、行业惯例、企业盈利模式等多方面的因素,进行综合分析,并递交合法合规的风险建议书,提出解决方案,以期为企业的健康发展提供可靠的支持和建议。通过全面而深入的尽职调查和分析,可以帮助企业识别并解决合法合规方面的潜在风险,避免在经营和发展过程中面临不可预测损失的问题。建议书和解决方案应基于对企业具体情况的深入了解和综合分析,以确保解决方案的可行性和有效性,以确保企业在遵守法律法规的同时实现稳健的发展和持续的盈利。(2)在日常法律服务中,合规审查已成为重要的事务处理之一。在推进企业合规管理制度的过程中,国务院国资委以及各地国资委相继出台了企业合规指引。作为律师,应该紧跟企业合规发展需求,将合规审查融入日常法律服务中,确保企业合法合规运营。如果在处理法律事务时发现合规问题,律师应该及时与企业合规、风控和法务部门沟通,从制度层面和运营层面提出合规性建议,以彻底解决相关的合规风险。这将有助于更好地帮助企业合法合规地运营,并推进企业可持续发展。(3)在法律文书的审核中,体现"合规"已成为不可或缺的要素。传统的律师法律服务通常以出具"法律意见书""法律建议函""律师函"等方式为主,为了满足企业的合规需求,律师应该更新法律文本,如出具"合法合规的审查意见书"等法律文书,从根本上升级律师法律服务,为企业提供更深入的合法合规性审核。这种新型的法律文书审核能够更好地适应企业合规的需求,以确保企业在运营过程中遵守法律法规,减少潜在的合规风险。

3. 合规专项法律服务

合规的专项法律服务是指律师针对企业合规问题提供有针对性的专门法律服务。这种服务需求主要集中在具有涉外业务或大型公司中。基于国际合规的制度要求以及企业规模发展的考虑,企业要提高合规管理水平。在提供专项法律服务时,律师不仅要进行合法合规的尽职调查,还要根据企业所处的行业需求、运营模式、涉外情况等因素进行有针对性的调查分析,积极寻求企业合规管理的最佳模式。在提供专项法律服务时,律师应该循序渐进,尊重企业的历史背景、传统运营模式、岗位设置、纠纷解决机制等方面的情况。在推进合规的过程中,律师应着重强调循序渐进地开展合规工作,而非将所有东西都推倒重来。律师必须认识到企业的发展与企业领导者、工作人员、行业动态、盈利模式之间的必然联系。在进行合规建设的过程中,律师应该分步骤提出风险点,并分阶段提出改善措施,以避免引发企业人员的逆反情绪,从而导致不必要的合规阻碍。律师参与企业合规建设,不是简单地照搬合规制度,而是在制度的基础上积极寻求合规管理与企业盈利之间的平衡,尽可能地帮助企业在合法合规的基础上发展壮大。

4. 实时提供合规建议

合规是一个长期、复杂的过程,但在个案处理中,律师也能够促进企业合规的发展。例如,某银行在一起人力资源非诉案件中,反映了银行对派遣人员管理中存在的合规问题,导致派遣人员出现了认识误差和工作效能降低的情况。在该案件的处理过程中,律师不仅提出了针对具体问题的法律意见,还根据合规管理中人力资源模块的要求,出具了一份关于提高人力资源合规管理水平的建议函。这份建议函涉及增加劳动者相关培训、梳理劳动者类别、改进人力资源部门管理方式等方面,不仅站在合法性的角度,而且考虑了银行合规管理的实际需求。

第四节　企业合规业务中律师如何做好法律服务

一、客户与合规律师的关系分类

从商业问题的广度和个人关系的深度两个维度考虑,客户与合规律师(指专业从事企业合规业务的律师,以下简称律师)的关系可以大体分为 4 个层级,分别是:某项合规计划的专家、某合规领域的专家、有价值的专业人士及值得信赖的顾问。商业问题的广度是指律师得以介入的问题所涵盖的范围,而个人关系的深度则是指在何种程度上客户允许律师去解决他们在事务当中的个人诉求。

没有人天生就是被人信任的顾问,但赢得信任是许多律师追求的目标。律师通常是以专业服务提供者的角色,运用专业技能为客户完成特定的或是一次性任务。在这个过程中,也许会有出色表现,充分展现律师的专业能力,由于工作范围受到限制,律师在工作中能够体现的价值可能并不全面。在此基础上更进一步,客户有可能觉察到律师在原本的专业领域之外还具备一些其他的能力。在第二个层次上,律师开始注意将能力运用到解决更为普遍的问题上,而不仅仅关注专业领域。客户亦会越发重视律师在这方面的能力,并开始在更广泛的问题上,或者在问题呈现之初就会寻求专业帮助。在第三个层次上,客户也许会在与律师专业领域相关的宏观战略问题上征求意见,但客户一般对律师的期望不会局限于此。在客户眼中,律师不仅仅具有专业领域的技术能力或解决问题的能力,而且被视为能够帮助他们更全面地思考问题,为解决问题提供新的视角。因此,律师应当主动地提供建议,在客户的组织中发现问题。与客户关系的最高层次,则是成为被客户信任的顾问。在这种情况下,几乎所有的问题,无论是私人的还是专业的,都可以进行探讨。被信任的专业顾问是那些客户发现问题时第一个想去寻求帮助的人。这样的请求往往是在紧要关头,比如在危机之时,在变革当中,在凯旋一刻或在挫折面前。在这种情况下,要克服的困难不再仅仅被视为组织内部的问题,而且需要从个人维度进行考量。在最高层次成为一个被信任的专业顾问,意味着需要将自己的专业能力与人际技巧和组织、机构的适应能力有机结合起来。

在上述的关系中,可以大致归纳为,律师业务的拓展首先是以服务为基础,然后以需求为基础,接着以关系为基础,最后是以信任为基础。以服务为基础时,律师应当关注专业见解和专业贡献,为客户提供重要信息;以需求为基础时,律师应当关注实际问题,为客户提供具体的解决方案;以关系为基础时,则应当关注客户的整体组织架构,对于组织的发展给予客户独到的洞见;以信任为基础时,以人为本的观念最为重要,因为无论是私人的还是专业的问题都可能需要参与处理,作为值得信任的顾问,能够化解最棘手的问题才是最佳的价值体现。

成为被信任的专业顾问有许多好处,从最显而易见的业务角度考虑,被信任的律师能够在信任关系上得到收益,因为这种关系能够为他们从同一个客户那里获得持续不断的业务合作机会。这种关系也往往能够通过现有客户的引荐带来新的客户。这种关系某种程度上可以减少那些纯粹浪费时间的流程,如准备竞标方案、投标陈述、调研活动、工作活动报告等走形式的程序。这些程序常常让律师们大为头疼。简言之,这种关系对被信任的律师来说既带来了盈利,也使他们的工作更加愉悦。信任关系的另一个好处是,律师可以将真正有价值的个人技巧和能力(如倾听、论证、解疑和想象)应用在最为要紧的问题上。基于这种信任关系,律师得以把时间花在那些对组织拥有实质影响力的决策者身上,达到采取新的举措、改善资源分配和完成既定任务的目的。信任使律师避免把时间浪费在无足重轻的项目和繁复冗长的程序上。

二、形成信任的基本要素

有研究认为信任关系中存在4个基本要素,即可信度、可靠度、亲近感与自我导向,这4个要素涉及信任关系中的语言、行为、情绪和动机。以客户与律师的关系为例,在成功的信任关系中这些要素具体表现为"我相信他所说的话""我相信他会采取行动""跟他讨论问题很愉快""我相信他对这件事很上心"等感受。与之相对应的,在失败的关系中,这些要素的缺失则可能表现为这个律师信口开河、不负责任、拒人千里、心怀不轨等影响业务开展的负面感受。在谈论信任时,多数律师本能地会将注意力放在可信度和可靠度上。"客户知道我既可信又可靠",但还是会问,"可为什么他们还是不信任我?"答案当然是因为信任的多面性。客户可能相信律师的专业水平,但是他们有可能怀疑律师的动机(如自我导向);客户可能相信律师有过人的才华,但是却不喜欢律师对待他的方式(亲近感)。赢得信任要求律师在信任等式的4个要素上都做到出色,并且让客户也认识到你的出色,除非在某一到两个维度上达到无与伦比的程度,以至于可以用它来克服其他维度上的不足。

(一)可信度

可信度是信任要素中最容易获得的,这并不影响它的重要性。大多数律师都会把精力集中在提升专业技能上,而且专业技能相对来说更看得见、摸得着,也最有可能在这一要素上做得十分出色。

可信度不仅仅是在专业内容上展示优秀技能,它包括内容上的专业和"举止"上的专业。"举止"的专业是指律师的外表、举动、反应以及律师谈论专业内容时的整体表现。它不仅仅取决于律师对实质问题的专业水平,还由客户获得的实际体验所决定。律师在工作中不仅要成为可信的人,还要想办法使客户感觉到我们的可信。必须用行动证明,而非想当然。为什么有些律师总是把荣誉和专业证书在办公室里展示？因为这些证书能够迅速向访客展示律师的能力和经验，而这两点正是可信度的代表。从这些荣誉中客户不仅看到对专业技能的证明，也看到了一种来自机构的认证，这种来自机构的背书让客户感觉良好。律师这样做的目的是打消客户的疑虑，尤其是在他们谈论涉及自己切身利益的隐私时。同时，在法律服务的过程中通过更为直接的方式提升可信度，比如准确地判断客户可能面临的风险以及提出相应的解决方案。这两种做法都会使客户更为相信律师，这是理性和感性在共同起作用。

可信度应包含准确性与同一性两方面，准确性很好理解，同一性在这里是指在面对不同的人或事物时，能否保持同样的行为准则。这两方面与理性和情感相对应。在律师—客户关系中，准确性往往来自理性认知。通过事实判断、逻辑推理，以及过往的经验来评价一个人的工作是否准确。另外，同一性常常依赖感性认知来评估。律师的行事风格被认为是准确的时候，可以用“可信的”这个词形容他，而谈论同一性时，可以说一个人是“诚实的”或“虚伪的”。

在合规业务中，尽管大多数律师都是基于专业实力来推销自己的产品和服务，但有相当数量的客户是根据感情因素购买律师的产品和服务。由于可信度是信任公式中最为显著的理性要素，在建立信任时，探寻客户真正的理性诉求理所当然地成为律师获取业务的第一要务。然而过分强调理性成分在可信度中的作用是一个让人欲罢不能的陷阱。当然，提供实用的专业内容，向客户展示律师的才智，正确理解客户希望获得的指导，这些都很重要。所以律师自然而然地倾向于把时间花在逻辑和事实上，并不厌其烦地介绍我们的资历。这些努力都直接作用于理性层面。但往往会忽视可信度的另一个层面——感性层面，即向对方传达一种诚实的感觉，从而减轻客户下意识里对不完整的信息所持有的怀疑态度。优秀的律师在传达可信度的同时应当注重两个方面，提出心得和建议，让客户感受到律师不仅对所讲的内容十分精通，而且有能力为解决他的问题提供新的视角。

（二）可靠度

可靠度指的是客户是否认为可以依赖律师，是否相信律师会始终如一地为其工作。对可靠度的判断在很大程度上取决于律师与客户合作的次数，这甚至起决定性作用。任何人都倾向于信任那些熟识的人，对那些较为陌生的人则很难产生信赖的感觉。合作的次数比相识时间的长短更为重要。

可靠度是一个在信任要素中具有明显行动导向的要素。它连接了语言和行为、意图和举动。有无行动导向将可信度和可靠度区分开来。可靠度在理性层面上几乎就是由承诺与行动间相联结的反复体验所构成的。可以根据期限(按时)和质量(按标准)的完成程度来判断一个人的可靠度。这样的判断也表现在一些小细节上,比如多久之后回复未接来电,是否临时取消约好的会议,是否完成交给他的待办事项等。可靠度也有其感性层面,在工作按照客户希望或习惯的方式完成时,感性层面判断得到彰显。客户可以根据对方在多大程度上能够预计律师的习惯、惯例,在潜意识中形成对律师可靠度的评价。这些预计体现在律师是否按照客户认为得体的方式穿衣、按照客户的习惯讲话和措辞。在感性层面上,可靠性是通过期望不断被实现的反复体验获得的。

优秀的律师通常会寻找(或创造)机会,通过制造显性或隐性的承诺并兑现这些承诺,来展示自己的可靠度。提升可靠度的策略包括在较短的,但通常提前约定的时间里,设定一系列截止日或安排分段交付工作成果。提升可靠度的最有效手段在于感性层面。律师越是能够理解和回应通常存在于客户潜意识中的解决问题的标准,客户就越会感到心安神宁,由此体会到可靠的感觉。

(三)亲近感

在信任关系中,产生差异化最有效,也是最普遍的途径是“亲近感”和“自我导向”。与可信度和可靠度相比,“亲近感”和“自我导向”这两个要素则不太常见。人们信任那些他们能与之谈论棘手问题的人(亲近感),也信任那些能够证明他们真正在乎的人(弱自我导向)。

建立信任时最常见的问题是与客户缺乏亲近感。有些专业顾问把在情感上与客户保持一段距离看作一种美德,因此努力保持超然的态度。但我们相信他们这样做不仅给自己带来风险,也将客户置于不利境地。律师的工作会受到许多因素的影响,比如参与人事调动、机构调整、招聘与解雇等其他类似的决策,往往需要考虑到人的情感因素。同样的情感因素也存在于一些更大的商业事件之中:兼并与收购,诉讼,出售企业,以及关停工厂,这些事件往往超出了纯粹理性的范畴。成百上千人的生活会因为这些事件而受到影响。因此,律师也需要通过亲近感了解客户内在的感性诉求,从而提供解决方案。这不是说要通过与客户的亲近来参与他们的私人生活,而是指要了解那些与工作相关的个人因素。从这个角度来讲,与客户保持工作上的亲近关系而不涉及他们工作之外的私人生活是有可能的。亲近感是指在工作过程中感到个人情感上的距离接近度,因此它是信任的4个要素中最明显的感性因素。在保持相互尊重和维护双方必要的界限的前提下,亲近感来自情感上的坦诚和拓展话题范围的意愿。亲近感越强,与客户忌讳的话题就越少。建立亲近感会不断增加双方所面临的风险。一方将自己的一部分暴露给对方,对方要么予以反应(因此而增进亲近感),要么不为所动(因此而划定界线)。合理的行动应该是知道什么时候该冒险,什么时候进行风险邀约,以及在被拒绝时应该怎样做。律师在业务中应当清醒地认识到过快地尝试建立亲近感可能会事与愿违。对很多律师来说,“善意的”邀请被拒绝时的尴尬是执业过程中想要尽力避免的情况。因此,亲近感是稀缺资源。在所有信任要素中,它也是看上去最容易出差错的一个。律师相信自己可以掌控可信度;知道自己的专业能力,或者至少知道有哪些地方并不熟悉;能够让人觉得可靠;可以把自我导向控制在低位。但亲近感完全是另外一回事,看上去它是那种如果出错就会后患无穷的要素,与其他要素相比,亲近感需要的更多是检视自身,评估自己能否应对被拒绝时的尴尬。

(四)自我向导

没有什么比“只更关心自己的利益”更影响客户对律师的信任了。律师必须努力控制自我导向的倾向。自我导向最极端的形式就是所谓的“唯利是图”。自我导向不仅仅指这一方面,它包含一切使我们只关注自己而非客户的举动。将其中一些典型的行为列举如下。

1. 急于讨论解决方案;

2. 想赢的欲望超过帮助客户的欲望;

3. 总认为自己是正确的;

4. 总想被看作是正确的;

5. 总想被看作是在带来价值;

6. 害怕自己的无知,害怕给不出正确答案,害怕显得不聪明,害怕被拒绝。

简言之,任何形式的对个人事务的关注都意味着没有把客户放在首位,这将直接降低客户对律师的信任。

客户能够通过下列行为看出律师过分的自我导向。

1. 接他们的话茬,迫不及待地帮他们把话说完;

2. 想要填满交谈中的空隙,滔滔不绝;

3. 试图显得聪明、机智、幽默;

4. 无法对一个直接的问题给出直截了当的答案;

5. 不愿承认自己的无知;

6. 用服务过的其他客户为自己背书。

与客户交谈时,即使客户不是真正的朋友,但仍然可以表现出如对待朋友般的态度。想想如果要对客户未来的成功负责,会怎样帮助他们。即使只是作为法律专家来解决他们一时的问题,也应该把客户未来的成功放在心上。试着把客户的生意当成自己的生意。

将自我导向维持在低水平需要对对方保持高度集中的注意力。这并不是说要无休止地把注意力集中到客户或潜在客户身上,而是在每次打交道、调研或执行项目的一开始,就应全心投入与客户面对面的交流中,并且要诚实地面对负责的工作。如果一段时间后仍然对从事的业务缺乏兴趣,那么,要把自我导向保持在低水平就会有些困难。如果律师对手头的工作或眼前的客户提不起兴趣,就难免会将注意力更多地放在自己身上。如果这种情况成为常态,那么就需要考虑作出改变,无论是去尝试新的客户还是新的领域。在工作中能够保持较低的自我导向,其实是一种非常愉快的工作状态。

三、在服务过程中与客户建立信任

服务客户不仅仅意味着到客户那儿完成工作,然后带着一份期待客户称赞的精彩文书回到办公室。与此相反,律师必须让客户了解最新的情况,持续向他们提出问题,从而让他们知道律师正在认真工作,并且把他们的投入用看得到的方式体现在工作成果中。这可以显示律师仍在(并且一直会)倾听他们的意见。

建立信任不是向客户夸口事情轻而易举或向客户隐瞒困难。建立信任意味着让他们知道项目中最棘手、最复杂的部分,这不是指抱怨,而是询问他们这些难题是否与他们的需求一致。律师必须确保看清每一个特定任务在客户全局中的地位,认清它将如何影响客户完成更高战略层面的计划,并且让客户知道律师已经将自己手上的任务与客户更多的战略层面相联系。这既是对问题进行界定的一部分,也能增加律师的可信度,同时还通过与客户在更高的战略层面建立联系而为他们未来的愿景进行更加具体的构想。不时停下手上的工作,确保持续与客户保持沟通,甚至可以仅仅是以个人名义跟他们打声招呼,询问他们正在忙什么,有什么担忧,还有什么事情需要帮忙。这种行为表现出律师对客户需求的关心,宁愿放下手头上紧迫的工作而把注意力集中到他们身上,这样的做法将有利于制造与客户的亲近感。

律师应该不时地将现有项目以外但可能相关问题带入与客户的沟通中,不应自行判断哪些内容对客户是有用的,应该让客户也参与这一决定。即使只有些许的联系,也应该提请客户注意。这也显示出律师时刻把客户的利益放在心上,尽可能地提出对项目有帮助的话题。在不确定时,律师应该坚持与客户共享信息。与客户的沟通宁可过多,也不要过少;宁可过早,也不要过晚;宁可让过多的人知情,也不要让应当知情的人蒙在鼓里。当然,某些情况需要酌情考虑。信息共享是尊重客户的表现,使客户参与到决策中来,提高决策的相关性,同时还表示律师没有向他们隐瞒任何事情,从而提高可靠度。

律师必须做好准备应对客户随时变化的想法。毫无疑问,在开始工作到最终完成的这段时间里,项目开始时依据的客观事实可能会发生变化。因为客户的情况在持续发展变化中,律师也应该预判到客户的目标和想法会随时改变这一事实。如果不提前预测客户会改变项目中某些组成部分的想法,双方很可能会在这样的变化发生时产生分歧。律师为客户工作前后一般是一致的,但在一开始时对客户来说合适的目标,也许到项目行将结束时变得完全不适用。

信任建立在尊重之上,由于尊重源自亲眼看到另一方的表现,设法快速交付少量的初步成果就成为证明律师正在付出努力的必要方式。律师必须让客户看到一些成果,并且越快越好。但是有些时候,项目的性质决定了很难在很短的时间内让客户见到初步成果。在这种情况下,即使只是编写一份进度报告也可以确保律师的可信度。无论是向客户发送一份简报还是周末打电话到客户的住所,律师在工作中需要采取不同的方式向客户展示正在竭尽所能地为客户努力工作。

四、合规律师团队的构建

法律服务团队一般较难管理,因为每个项目的复杂性导致没人能够预测以何种模式组建和运营团队更为有效。在真正组建团队之前,负责人必须确保自己的领导职责或授权职责已经与律所及团队成员取得共识。因为律师事务所内部的团队形态是多种多样的。一些大型企业或大型项目的法律服务,可能是单一团队无法独立承接的,需要多个团队的配合。团队之间也许是按照可分割的独立项目,或者是特定的地理区域分配;也可能是多个团队交叉配合,或从现有的团队中抽调合适的人员组成新的团队开展工作。但是,在任何情况下,依然有一些团队合作的基础原则,适用于每一个即将开展工作的团队。

(一)需要有明确、清晰的共同目标

作为团队负责人,最初的组织工作是教育和指引团队成员以个人职业最佳路径和团队未来最大利益为工作方向。组织完善的团队一起推进工作,共同承担责任的团队成员将极大地提高工作效率。有三个问题可以帮团队找到明确、清晰的共同目标。

第一个问题:我们团队为什么要存在。

为了获得团队协作的优势,所有团队成员,包括团队领导都要对团队的工作任务有明确且没有歧义的认识。如果团队整体没有理解透彻,或者不愿意去做使团队受益或达到工作目标的事情,那么以这样的益处或目标为工作方向就毫无意义。同样,负责人在考虑团队目标时,需要组织团队成员进行集体讨论,从而确定实现团队目标的基本工作原则。避免出现团队声称要实现某个目标,但团队成员之间却未就实现该目标的基本工作原则达成一致。因此,开诚布公地讨论团队真正需要在哪些方面共同努力,团队一起工作意味着什么是十分重要的。

第二个问题:如何保持并提高团队的竞争力。

团队的实力越强,越有可能活跃在市场上,团队的声誉和资历也就越有影响力。显然,在合规领域,20 人的团队在解决客户问题时要优于只有几个人的团队。团队的规模本身就说明了工作成功的水平。被大团队中的一两位成员

留下的客户一般都是看中了团队整体可以提供服务的专业性。在合规领域,不会有哪个律师具有解决所有复杂问题的专业经验。团队在人才培养方面要促成良性循环。建立优秀的团队,团队获得市场认可,市场认可可以吸引更多的客户,更多的客户促使团队招募更多的人才,维持团队的活力和成长。只有在人才之战(招募人才和留住人才)中胜出,才能在市场竞争中胜出。

第三个问题:对每个团队成员来说这有什么好处。

为了使团队能够达到工作目标,负责人必须帮助每个成员确定自己个人的职业目标。负责人应当与团队中的所有成员都进行一次面谈,了解他们个人的职业目标。知道团队成员想要什么,彼此需要什么,偏好什么,彼此差异在哪儿,如何尊重和使用员工的差异性是非常重要的。只有大家彼此帮助、彼此协助、相互合作、相互支持、互相鼓励,团队才能称为团队。

(二)团队需要有明确的纪律

纪律是团队运营中常见的问题。多数团队中,成员之间时常没有对作为团队的一员意味着什么达成明确的共识。成员之间可能根本没有讨论过彼此之间应当承担什么责任,或者团队运作的基本纪律。许多所谓的团队只是一群员工凑在一起,用比较隐蔽的方式各自为政。在工作出现迟滞,或某个成员的行为惹人厌烦、阻碍工作进度的时候,团队成员之间往往采取避免彼此直接接触的方式,回避问题。如果一个团队的成员希望保留自己安排工作的权力,那么很有可能是团队的工作原则存在问题。

在团队中建立热情共享、决策共享、收益共享的体制,可以基于以下三大基本原则。

1. 彼此负责。所有团队成员都为团队内每个成员的工作和团队业绩负责。

2. 贡献分享。所有团队成员都有义务为团队做贡献。

3. 价值共享。所有团队成员必须严格遵从团队价值原则和遵守工作纪律。

好的团队制度必须确保团队成员感受到要为彼此负责,而不是仅仅向团队负责人负责。团队成员必须对彼此抱有很高的期望。在团队某些成员或团队本身工作进展不顺时,其他成员们必须能感觉到。明确团队办事规矩和工作原则可以很好地实现这些目标。

每个优秀团队的根基,就是在任何事情上都具有铁一般的“基本纪律”,团队中的每个成员都必须服从。基本纪律会促进相互信任、互相开诚布公,确立团队成员对彼此行为的共同期望。好的纪律一般具有以下 5 个特征。

(1)具体行为有定义

行为都是可观察的。像“尊重其他团队成员”这样的基本原则听起来很好,但如果不能落实到具体行为上就很难执行。比如,同事之间彼此尊重的一个表现是同事有话说的时候不被打断。那么基本纪律就可以是:“同一时间只能有一人发言,我们必须允许发言人完成自己的发言后再做回应,同时要克制在会议上窃窃私语。”

(2)团队成员有共识

多数人同意的纪律规定无法自动产生可靠性,全体一致同意才能让团队纪律生根发芽。所有人都必须参与到制定团队纪律的工作中来,积极服从纪律,在违反纪律时也得直面以对。好团队需要确保新加入的团队成员把同意团队纪律作为进入的前提条件,或者把同意团队纪律作为加入团队的决心。

(3)纪律规定看得见

人们会更在乎或更重视书面规定或视野范围内可见的规定。好团队确保所有成员都有一份团队工作纪律规定,甚至可以在会上讨论敏感话题的时候引用规定条文。

(4)员工行为有监督

优秀的团队都有一项共同认识,即如果某人的行为与规定不符或者严重违反规定,其他人可能也就不按照游戏规则出牌了。如果某位员工做了与现有原则不一致的事情,团队应当鼓励内部员工站出来制止。

(5)违规处理很具体

有效的团队领导就是要确保团队成员明确,如果违反团队纪律,将会面对什么样的后果。没有处理,就没有规定。处理结果一般不会惩罚性过强,只是作为提醒员工工作纪律很重要的温和手段。

(三)团队互信的关键

虽然所有人都承认信任的重要性,但信任很难定义,更难计量。信任更多时候是不言自明的东西。然而,对于团队而言,信任感的建立,需要通过全体成员的努力来实现。因此,在团队协作中真诚非常重要。缺乏诚意或自私自利很难建立信任关系,很多时候轻率的举动会摧毁信任关系:比如不给别人反馈意见,不征求有利害关系人的意见,过度关注自己的工作,对别人的工作关心不足。因为工作是需求驱动的,忙碌的生活伴随着工作的压力,很多时候都会看到成员之间的信任处在不断消减的过程中。

团队负责人的职责并非强制推动工作准则的实施,工作准则必须成为成员自觉自发的行动。要让每个成员都期望能够赢得团队其他成员的支持和信任,并且帮助所有人明白其他人对自己的期望和自己如何基于建立信任关系而行动。

1. 分享

信任是让团队保持一体的催化剂,团队在运转的过程中总会出现意料之外的麻烦。比如,某些成员犯了错误,搞砸了事情,或以某种形式失败了。如何在处理失败造成的影响的同时避免让某些成员陷入长时间自责和懊悔之中呢?减少这种脆弱性的办法之一就是大家共同"庆祝"失败,通过集体反思失败,促使团队作为一个整体不断的改进和完善。许多优秀的团队都是基于"成功是所有人的成就,而失败并非任何人的错"这种理念在运行的。如果团队成员不必为好心犯错而忧虑重重,他们的脆弱性就降低,对团队内同事的信任度就会提升,整个团队创新的意愿水平也会提高。

2. 言必信

当团队成员接受某项工作的时候,往往会陷入"我是否能做好"的自我怀疑。这种想法是自然的,甚至是健康的。这会让任何成员在接受工作之前都会再想一想。

不健康的做法就是没有全心全意付出的决心,或者在产生强烈意愿达成最终成果或按时完成之前,就盲目承诺。没能履行的承诺会让团队逐渐分崩离析。团队中如果有人对待工作未能像承诺的那样完成,那么其他成员就会产生怀疑,不再相信。实践中,与承诺相关的问题主要是"诺言是什么"而非"是否履行诺言"。因此,可以采取下列方法尽力避免争议的产生。

(1)防止记忆失灵

明确工作方法,团队成员轮流记录确定的工作承诺,并在会议讨论结束后24小时内让团队全部成员传阅。

(2)防止责任过重

明确工作方法,对工作项目进行分解,最好能够让团队成员分工负责某项工作,至少保证项目最初的几个环节完成,而不是在一个人身上压了太重的担子。

(3)做好应急预案

在忙碌的职场生活中,经常会有紧急事务打乱完美计划。要进行灵活安排,一人牵头负责,一人后备支持。如果每个人都愿意为其他人的工作项目做后备支持,那么在出现紧急事务时,就可以安排另外一人执行对应的工作任务。

(4)避免摊派任务

要确保团队成员自愿同意执行的工作任务。相信有不少人都或多或少地被安排过团队认为“适合”的工作,在不考虑成员本人意愿的情况下,这样安排会让成员对团队的信任感消失,而且会让他想方设法地延迟工作进度。

Chapter 08
第八章
企业合规律师业务的重点领域

当前,国际市场监管形势变得越来越严峻,西方国家越来越注重对相应监管法律的合规要求,大合规时代已经到来。为此,2018 年 7 月,发改委会同有关部门和单位共同推出了《合规指引》征求意见稿,主要包括总则、合规管理目标和要求、合规管理组织架构、合规风险识别与评估、合规管理制度体系、合规管理运行机制、合规评审与改进、合规文化培育 8 个部分,围绕“合什么规”“怎么合规”等主要问题给出指引。在境外投资方面,企业应严格遵守国内法律法规和监管要求,同时遵守业务所涉国家(地区)政府关于外资准入、贸易管制、国家安全审查、行业监管和反垄断申报等方面的法律法规和监管要求,以确保合理有序地开展境外投资活动,有效防范和应对境外投资风险,实现境外投资全流程的合法合规。

合规是企业经营管理必须坚守的底线。要真正建立一个有效的合规体系并使之落实执行,企业必须树立合规的道德意识,并在此基础上建立企业的合规文化。只有这样,才能确保企业不仅在形式上合规,也能在实质上合规。然而,目前中国企业在合规方面仍存在一些问题,其中之一就是合规人才的匮乏。因此,企业应根据自身不同的业务情况,对重点业务领域以“大合规”的概念进行全面梳理,调整管理人员并进行流程再造,以提高合规管理水平。

第一节 律师参与反贿赂合规

在经济全球化和法律全球化融合发展的趋势下，企业贿赂犯罪及其治理对各国构成了新的挑战。因此，在规制企业贿赂犯罪的同时，如何避免对企业造成严重的损害，成为各国推进反贿赂斗争所面临的共同难题。现代企业行贿犯罪呈现组织化、隐蔽化和长期化的趋势，大大增加了司法机关的查处难度，同时也凸显出我国当前对商业贿赂中单位行贿犯罪的规制存在的不足之处。从客观来讲，企业内部贿赂犯罪现象的滋生和蔓延是一个涉及众多因素的问题。从企业自身来讲，制度建设和监督管理的不到位，以及内部控制薄弱，是导致企业内部发生贿赂犯罪行为的主要原因。首先，企业的制度建设和监督管理不到位，容易造成企业内部违法犯罪行为的产生。一方面，一些企业在制度建设方面存在缺陷。企业可能没有建立完善的制度，或者制度虽然建立了，但是无法落实到位，缺乏切实可行的措施监督员工的行为。另一方面，一些企业在监督管理方面存在漏洞。企业领导对违法犯罪行为的态度不严厉，或者企业管理者无法有效监督员工的行为，或者没有及时发现并处理员工的不当行为，也容易导致企业内部违法犯罪行为的滋生。其次，企业内部控制薄弱也是导致企业内部贿赂犯罪行为的重要原因。企业内部控制是企业管理中的重要一环，其作用是确保企业能够合法经营并遵守相关法律法规，防范企业风险，维护企业的形象和信誉。如果企业内部控制措施薄弱，那么企业就很容易陷入管理混乱、风险难以控制的境地，从而导致企业内部贿赂犯罪行为的滋生。企业内部贿赂犯罪往往发生在企业内部控制和监管较为薄弱的地方。例如，在企业的采购、销售、财务等部门，由于涉及公司的核心利益，往往是企业内部贿赂犯罪行为的重点领域。这些部门管理薄弱，如果没有制定有效的制度来管理，员工就会有更多的机会参与违法犯罪行为。作为反腐败斗争的一种重要手段，反贿赂合规计划的制订和实施能够有效遏制企业内部贿赂犯罪的滋生和蔓延，减少企业风险和社会成本。反贿赂合规计划的核心目标是创建一种合乎伦理道德的商业实践以及遵循反贿赂法律法规要求的行为守则，并保证行为守则持续运行的企业内部控制机制。这种合规计划通过对企业内部制度建设和监督管理的完善来预防、发现和制止企业内部的违法犯罪行为,从而降低企业的财务风险和声誉风险。企业作为市场经济的参与者,其商业行为必须要符合一定的道德和法律规范,否则就会影响社会的整体信心和经济稳定。

在国家政策方面,2012 年商务部、中央外宣办、外交部、发展改革委、国资委、国家预防腐败局、全国工商联联合制定发布了《中国境外企业文化建设若干意见》。该意见要求境外企业"坚持合法合规。严格遵守驻在国和地区的法律法规,是境外企业文化建设的重要内容。境外企业要认真研究和熟悉当地法律法规,做到依法求生存,依法求发展。严格履行合同规定,主动依法纳税,自觉保护劳工合法权利,认真执行环境法规,确保国际化经营合法、合规。坚持公平竞争,坚决抵制商业贿赂,严格禁止向当地公职人员、国际组织官员和关联企业相关人员行贿,不得借助围标、串标等违法手段谋取商业利益"。2017 年 5 月 23 日,习近平总书记主持召开中央全面深化改革领导小组第三十五次会议时指出,"规范企业海外经营行为,要围绕体制机制建设,突出问题导向,落实企业责任,严格依法执纪,补足制度短板,加强企业海外经营行为合规制度建设,逐步形成权责明确、放管结合、规范有序、风险控制有力的监管体制机制,更好服务对外开放大局"。这是党和国家最高领导人首次明确要求企业强化合规管理,建立合规制度。随着全球经济一体化进程的深入发展,中国企业海外经营的规模和范围不断扩大,但随之而来的是越来越复杂的反贿赂执法环境和风险。如何在这样的背景下规避海外反贿赂风险并减少企业内部贿赂行为,成为当前中国企业不得不面对的问题。中央对企业海外经营行为合规的要求必然转化为企业全方位的合规,包括国内外经营的全面合规。目前,我国反贿赂法律法规已经相对完善,但在实践中,还存在一些问题。例如,一些企业对反贿赂法规的认识和理解还不够深入,合规意识和能力还不够强,也存在部分企业仅仅是为了应对政府检查而建立合规制度,缺乏真正的自觉性和可持续性。从规避域内外的反贿赂执法风险,减少企业内部贿赂行为的角度来看,有必要在我国企业内部推进反贿赂合规的构建和施行。在实践中,构建企业反贿赂合规需要从反贿赂合规的实施基础、反贿赂合规的实施机制、反贿赂合规预防机制三个方面进行。第一,反贿赂合规实施基础。建立一个有效的反贿赂合规框架需要企业重视 4 个基本要素:适当的腐败风险评估、持久的企业文化、合适的首席合规官以及高级管理层和董事会的支持。首先,适当的腐败风险评估是构建反贿赂合规的基础。企业必须评估其业务和运营的特定风险,以确定可能面临的腐败问题和违规行为。通过评估风险,企业可以制定合适的反贿赂措施和计划,减少腐败风险的影响。其次,持久的企业文化是企业反贿赂合规的重要组成部分。企业文化应该促进道德和合法行为,鼓励员工报告可能存在的违规行为,同时提供可靠的渠道让员工可以报告。企业需要在文化中强调不接受任何形式的贿赂和腐败,以及确保员工清楚了解其反贿赂政策和程序。再次,是选择合适的首席合规官,该官员将担任反贿赂合规的领导者。首席合规官必须具备深厚的反贿赂知识和经验,并能够有效地协调和管理企业反贿赂合规计划。复次,企业高级管理层和董事会也必须为反贿赂合规提供充足的支持,确保首席合规官有足够的资源和权力实施计划。首席合规官也应具备足够的反贿赂法律和法规知识和专业经验,负责制定和更新反贿赂政策和程序、开展培训和意识提高计划、监督反贿赂法律和法规的合规情况,以及调查和应对潜在的违规行为。最后,建立合规办公室或类似机构是一个必要的步骤,以确保企业反贿赂合规计划的有效实施。合规办公室应由专业的合规工作人员管理,其中首席合规官应该是办公室的主要领导者。合规办公室应该负责监督反贿赂合规计划的执行情况,并确保员工知道如何报告可能存在的腐败行为。同时,应建立有效的第三方代理商、顾问和商业伙伴尽职调查程序。第三方关系通常是贿赂和腐败的高风险领域,公司必须确保在与这些实体打交道之前进行适当的尽职调查,这包括验证第三方的商业实践、声誉和反贿赂法律和法规的合规情况。除以上几点外,在全面系统评估企业反贿赂合规风险时,企业还应考虑到特定的政治和法律环境,以及相关法律和法规的要求。第二,反贿赂合规的实施机制。为了成功实施反贿赂合规,企业需要建立有效的反贿赂合规实施机制。企业的行为守则是企业构建其反贿赂合规的基本文件。行为守则应包含对贿赂行为的明确禁止,对员工的行为进行规范和约束,同时明确员工的权利和义务,规定内部管理流程和程序。企业应该让员工了解行为守则的重要性和意义,并确保守则的实施和执行,这可以通过定期培训、内部宣传和监督检查等方式实现。除行为守则之外,企业还需要建立举报制度和举报渠道,这样可以鼓励员工积极向企业举报违法违规行为,也为企业及时发现和处理问题提供帮助。企业可以建立求助热线、在线报告系统、监察员等渠道,同时对员工保密权和举报者保护提供法律保障,从而让员工感到自己的举报不会受到惩罚或报复,提高员工的举报意愿。企业还要定期开展有关反贿赂合规事宜的培训及宣传活动,从而帮助员工加深对反贿赂合规的理解和认识,提高员工的反贿赂意识和能力,同时可以向供应商、客户和合作伙伴等外部人员传达企业的反贿赂政策和承诺。最后,企业需要对反贿赂合规项目进行评估和评价,制定建议,并在必要时对现有项目进行整改。企业可以通过开展内部审计、评估反贿赂风险和合规能力等方式,对反贿赂合规项目进行评估,发现问题并制定解决方案,不断完善反贿赂合规机制,提高企业反贿赂的能力和水平。第三,反贿赂合规预防机制。企业应该积极构建反贿赂合规的预防机制,以防止违法和贿赂行为,并在面临指控时作出适当的应对。首先,该制度应包括反贿赂的目标、要求、实施细则等内容,并应在公司内部广泛宣传和培训。其次,企业需要建立适当的内部控制和审计机制,以确保反贿赂制度的有效实施和内部合规。再次,企业还需要为员工提供适当的绩效奖励措施,以激励他们遵守法律和行为准则,并宣传对不遵守法律和行为准则员工的惩戒措施。如果企业收到来自任何一个报告渠道的有关贿赂违法行为的报告,企业必须作出适当的反应,进行内部调查以确定是否存在指控情况,并给予相应的惩处。最后,企业还应该加强对反贿赂的培训和教育,提高员工反贿赂意识和风险防范能力。这样可以有效地避免公司因为贿赂行为而受到损失和惩罚,保障公司的可持续发展。

反贿赂合规的具体目标是预防、发现和纠正企业内部的腐败行为,这是企业必须坚持的基本原则。有效的反贿赂合规是实现这些具体目标的基础和前提,因此,反贿赂合规的有效性要求必须有针对性和导向性的设计,并长期持续实施和执行。在我国企业跨国发展和全球化进程中,面对越来越严格的反贿赂法规和越来越强的执法力度,反贿赂合规机制的建设就显得尤为关键。企业需要建立反贿赂合规机制,从制度、组织、文化等多个方面全面预防和遏制贿赂行为的发生,从而规避反贿赂合规执法风险,保障企业的可持续发展。在建设反贿赂合规机制时,企业需要根据自身的情况和特点,设计符合实际情况的具体方案。反贿赂合规机制的建设不仅是企业实现可持续发展的必要条件,也是企业履行社会责任的重要方面。企业应该将反贿赂合规机制建设作为战略规划的重要部分,通过长期持续的努力,确保反贿赂合规制度的有效实施,从而规避反贿赂合规执法风险,保障企业的可持续发展。

第二节 律师参与数据合规

一、国际政治和经济的数据合规问题及应对

随着国际数字贸易的持续增长,数据正变得越来越有价值和重要。根据麦肯锡全球研究院的报告《数据全球化:全球流动的新时代》,2016 年 2 月发布的报告显示,跨境数据流动对全球经济增长的贡献已经超过了传统的跨境贸易和投资。这凸显了数据全球化作为全球经济发展推动力的意义。近年来,针对数字经济的发展和社会公共需求,中国先后出台并实施了《民法典》《电子商务法》《网络安全法》《数据安全法》《个人信息保护法》等法律规范,体现了全球共识和本土经验的融合。现在,数据跨境流动已成为全球经济发展的重要驱动力,数据跨境流动的合规治理问题已经成为各国政府和企业关注的焦点。在这个背景下,企业必须认识到数据合规的重要性,并加强数据跨境流动的合规治理,以免触犯相关法律法规。最近几年,涉及数据安全和隐私保护的事件层出不穷,引发了国际社会和各国政府的高度关注。比如,美国政府以国家安全为由封禁 TikTok,中国政府则针对滴滴出行未经安全审查赴美上市进行安全审查,美国联邦通信委员会则决定撤销中国联通美洲公司的 214 牌照等。这些事件表明,数据跨境流动涉及国家安全和利益,已经成为国际政治和经济的焦点之一。

在此趋势下,企业首先应该加强内部管理,建立完善的数据安全保护体系和流程,确保数据的合规性和安全性。其次,企业应积极参与国际合作和标准制定,推动全球数据流动规则的制定和实施。同时,加强对员工的培训和教育,提高员工的数据合规意识和能力。只有这样,企业才能在全球范围内稳健发展,实现可持续发展目标。针对数据合规问题国内已经有许多翔实的讨论,总体而言,现有企业数据跨境合规治理的讨论侧重于制度建构层面,有关企业国内国外双重合规的实务研究仍然不足,对企业内部数据合规制度、合规激励机制等实操层面缺乏深入细致的分析探讨。

从满足企业数据合规需求的角度来看，首先，应在企业内建立健全内部数据合规制度。这包括但不限于以下内容。

——设立专门的数据保护部门或者聘请数据保护官，负责监督企业数据处理活动，确保数据安全和隐私权益得到保障。

——制定详细的数据处理政策和流程，明确各部门和员工在数据处理过程中的职责和义务。

——设立内部审计机制，定期检查企业数据处理活动是否符合国内外相关法律法规的要求。

——建立数据安全应急预案，以应对可能出现的数据泄露、安全事故等风险。

——加强员工培训，提高员工对数据保护的意识和技能，确保他们在日常工作中遵循相关法规。

其次，企业应建立合规激励机制，激励员工积极参与数据合规工作。具体包括以下措施。

——将数据合规作为员工绩效考核的重要组成部分，确保员工对数据合规的重视。

——奖励在数据保护方面有突出贡献的员工，提高他们的积极性和归属感。

——鼓励员工提出改进数据处理流程和安全措施的建议，营造积极的合规氛围。

——为员工提供丰富的学习资源和培训机会，帮助他们提升数据保护能力。

在实现双重合规的过程中，企业还需要关注以下几个方面的问题。

——数据主权：各国对数据主权有不同的要求，企业需要了解目标国家的数据主权政策，确保数据处理活动符合当地的法规。

——数据本地化：部分国家要求企业将用户数据存储在其境内，企业需要评估数据本地化的成本和可行性，并制定相应的策略。

——跨境数据传输：企业需遵守相关国家关于跨境数据传输的法规，如欧盟的《通用数据保护条例》(GDPR)和中国的《数据安全法》等。

——合规性评估：企业需要定期进行合规性评估，了解自身在不同国家和地区的合规状况,以便及时调整策略。

在数字经济时代,数据成为经济发展的关键创新要素和基础战略资源,数据跨境流动合规治理也成为各国竞争的重中之重。2022 年 1 月 12 日,国务院发布《关于印发“十四五”数字经济发展规划的通知》,明确提出要健全完善数据跨境流动安全管理相关制度规范,积极借鉴国际规则和经验,探索建立治理规则。因此,有必要深入了解全球数据跨境监管的实践动向,全面分析我国企业数据跨境合规所面临的挑战,推动构建系统化、法治化、常态化的企业数据跨境合规治理体系,助力我国数字经济实现高质量发展。

二、我国数据合规治理现状

我国在数据跨境治理方面已初步建立了数据本地化存储原则和数据出境安全评估机制,并以《网络安全法》、《数据安全法》和《个人信息保护法》为基础建立了数据跨境治理法律体系。虽然我国的数据立法起步较晚,但该体系已经对数据跨境治理问题作出了积极回应。我国为维护国家数据主权、安全和发展利益,实行较为严格的数据本地化存储模式。《网络安全法》于 2017 年 6 月 1 日生效,首次从法律层面提出了数据本地化存储原则,要求关键信息基础设施运营者将在我国境内收集和产生的个人信息和重要数据存储在境内。此后,《数据安全法》和《个人信息保护法》也承继了这一要求。在一些特定行业的部门法和管理文件中,也存在诸多数据跨境规范,明确了数据本地化存储原则。这些法律文件的出台,促使国外互联网巨头在华设立数据中心并将中国用户数据迁移至国内数据中心,以满足数据本地化存储的合规要求。同时,为了推动我国企业“走出去”,顺应全球数据自由流动趋势,我国允许经过安全评估的数据出境。根据《网络安全法》、《数据安全法》和《个人信息保护法》,数据出境安全评估的对象为个人信息和重要数据。为了具体实施这一机制,我国陆续颁布了多部配套规范,如《数据出境安全评估办法》《数据出境安全评估申报指南》等。尽管这些规范明确了监管主体、评估对象和实施流程等内容,但在实施过程中仍需要更加细化,具体实施效果如何仍有待实践检验。

三、我国数据合规治理存在的问题

我国企业在进行跨境数据流转时，面临多方面的合规治理难题。从内部来看，企业在数据安全保护、个人信息隐私保护、知识产权保护、合同约束等方面存在不足之处；企业也面临人才缺乏、技术水平不够以及管理体系不完善等内部合规“瓶颈”。从外部来看，企业还需要面对不同国家和地区之间的法律法规差异、信息安全标准不统一、跨境数据流转的技术限制以及国际政治经济形势的不确定性等外部合规“瓶颈”。同时，企业还需要应对监管机构的监管力度加强、行业标准制定缺乏等外部合规难题，这些都给企业的跨境数据流转带来了一定的压力和挑战。

我国企业在数据合规实践中遇到的许多问题，根本原因在于缺乏科学系统的内部数据合规管理体系。这种情况导致数据合规的有效性大打折扣。比如，企业在制定数据合规政策时，往往简单援引国内法律规范或国外数据保护政策，而未考虑本行业、本企业数据合规的实际需求。数据合规工作制度流于形式，未明确具体的数据合规内部调查、合规尽职调查、合规报告、合规问责与惩戒等举措，使得数据合规管理体系的价值难以实现。企业缺乏全流程、全周期的数据合规理念，局限于事前风险防范，缺乏事中风险监测和事后风险应对措施，一旦关联第三方如境外数据接收者产生数据合规法律风险，则将处于更加被动的局面。再者，数据合规人才队伍不充实也是当前企业数据合规治理面临的难题。数据合规治理需要涵盖多学科跨领域的知识和技能，包括法学、计算机科学、网络安全、密码学等多个专业领域。因此，企业需要拥有既懂得数据合规法律规范，又了解大数据技术和保密技术的复合型合规人才。然而，中小企业受到经营成本的限制，难以大量扩充数据合规人才队伍。数据合规工作的动态性和开放性特质导致企业数据合规团队难以及时进行工作制度调整，进而规避实践中不断升级的数据合规风险。企业合规团队还需同时负责合同拟定与审查、业务合规调研、法律风险评估、诉讼等多项工作，使数据合规工作更加困难。另外，企业数据合规治理涉及多个专业领域，因此需要建立部门间的协作机制。数据合规部门应是数据合规工作的中心，其他职能部门应加强信息共享和协同配合，避免数据合规部门孤立无援。然而，在实际工作中，往往出现数据合规部门得不到重视,职能部门单独制定方案的情况。由于业务部门和数据合规部门缺少沟通协作机制,数据合规部门无法全流程参与数据相关方案的制定,对日常业务涉及的数据类型、数据跨境传输对象等缺乏清晰的认识,也无法建立符合企业实际合规需求的管理机制。因此,有必要对企业内部数据合规体系的不足之处进行系统审视,以便进一步完善数据合规管理体系,提高数据合规的有效性。

总体而言,我国企业数据合规面临的难题,既包括因国内国外法律环境差异产生的合规成本高昂问题,也涉及企业内部数据合规管理体系不完善的问题;同时应当认识到,健全的数据合规激励机制在降低执法成本、提升企业合规积极性方面的重要价值。故此,应围绕企业特定数据合规风险,对企业数据跨境合规治理法治化进路进行针对性构建。

四、数字安全合规体系的构建

数据安全与合规体系的建设应以数据分类分级为基础,通过梳理合规和安全需求进行差异化管理。该体系需要覆盖人员、制度、技术以及环境等多个方面,并形成闭环迭代优化的监督检查机制。建设数据安全合规体系的总体蓝图包括合规评估、风险评估、个人信息影响评估等调研分析,以及从数据安全组织、安全管理、安全技术等多个维度进行整改,最终实现组织数据安全体系的持续优化。具体而言,该体系包括数据安全组织体系、数据安全管理体系和数据安全技术体系,分别明确组织架构、权责划分、基本原则、总体思路,建立管理文件体系以规范和指导安全工作,以及部署相关技术措施、手段保障数据处理活动的安全。

数据安全合规体系框架目标确定后,在实施具体的数据安全体系建设工作时,可考虑按照如下步骤开展:第一步,准备阶段。该阶段的主要任务包括确定合规依据、建立团队、制订计划、明确建设目标和范围、收集相关资料,以及确定总体工作方针。合规依据的确定需要根据组织业务所在行业、所属地域等,分析相关数据安全法律法规、政策文件、标准规范等文件,为每个客户建立所应遵守的数据安全合规清单。在评估的范围和目标方面,需要考虑组织的业务与系统特点,确定评估的对象、重点关注的数据等内容,以及制定合规评估的要点和细项。此外,数据安全工作组织难度大,多个部门需要协同分析并共同承担该项工作。因此,项目团队需要通过组织最高领导人的授权,赋予团队负责人随时协调组织内部部门的权限。第二步,数据安全初评阶段,目的是明确当前组织数据安全工作现状。此阶段通过问卷调研、现场访谈、文件核查等方式开展,进一步了解组织网络架构、系统部署情况等,形成记录文件,如基础信息收集调研问卷、现场访谈记录,以及业务场景和系统数据处理活动梳理等。这个过程的目的是为后续的差距分析做准备。如果分析过程中发现不清晰的地方,还需要进行再次调研确认。第三步,差距分析阶段是整个数据安全评估的重要环节,其主要任务是分析现状与目标之间的差距,并给出整改建议。在这一阶段,评估团队将调研结果与第一阶段制定的目标进行对比分析,对组织的总体安全保护能力、数据处理活动安全保护能力以及技术能力安全保护能力三个方面作出评价,形成差距分析表。在这个过程中,评估团队需要综合考虑组织的实际情况,准确把握组织的安全需求与风险,深入挖掘组织存在的安全隐患与问题,提出具有可操作性的整改建议。第四步,整改提升阶段,该阶段是根据差距分析表中提出的整改建议,改进和完善组织架构、制度规范、技术能力的阶段。在这个阶段,评估团队将会从组织、管理和技术三个方面分别进行架构和完善。其中,组织体系的建设包括对组织架构、权责划分、基本原则、总体思路等方面进行的规范和完善;管理体系的建设包括对安全管理文件体系、工作流程、人员配备、监督检查等方面进行的规范和完善;技术体系的建设则包括对安全技术措施、安全设备、安全管理平台等方面进行的规范和完善。第五步,复评总结阶段,这个阶段是对整个合规体系建设工作进行综合评估、分析和总结的重要阶段。评估团队将对组织的数据安全合规总体水平和关键业务系统数据安全管控技术能力进行综合评价,并清晰呈现数据安全合规体系建设与提升过程。同时,评估团队将明确提出后续数据安全工作的方向和步骤,制订工作计划和提升方案。通过这一过程,组织可以不断提升其总体数据安全水平,达到数据安全合规目标,确保数据的安全性和可靠性。

前文提到的数据安全组织体系、数据安全管理体系和数据安全技术体系是数据安全合规体系建设的重要组成部分。数据安全组织体系包括数据安全组织架构、职责分工、人员配备等,确保数据安全的有效管理和运作;数据安全管理体系包括数据安全政策、安全控制、安全管理等,确保数据安全的完整性、保密性和可用性;数据安全技术体系包括数据安全技术架构、安全设备、安全策略等,确保数据安全的技术支持和保障。这三个体系相互配合,构成完善的数据安全合规体系,为企业提供全方位的数据安全保障。

数据安全组织体系在整个数据安全合规建设中扮演着至关重要的角色。为了避免人员权责分配不合理,导致无法有效开展数据安全工作,首先需要明确数据安全组织架构,并确定各相关部门所处的层级和相应的职责。通常情况下,组织体系可以分为决策层、管理层、执行层、监督层和参与层5个层次。决策层由组织一把手和业务、技术部门领导共同参与,成立数据安全管理领导小组,负责决策和授权的工作;管理层指派数据安全负责人,负责组织数据安全管理的工作,同时各部门、各业务的负责人也要参与;执行层由数据安全运营、技术团队、运维团队组成,负责数据安全相关要求、流程、制度以及日常审核等工作;监督层主要由审计部门组成,监督数据安全管理制度的落实等情况,以及各阶段的审计、评估等工作;参与层包括公司所有员工及部门,共同参与数据安全合规建设。

数据安全管理体系是一项复合型的多方联动工作。其中,组织层面实体的管理、执行团队以及虚拟的联动小组都需要参与进来。整个体系分为4个级别,分别是一级战略方针、二级管理制度、三级规范和流程、四级执行文件以及相关记录。一级文件战略方针明确组织的数据安全管理要求、目标及基本原则,一般以"数据安全管理办法"文件的形式呈现,其地位相当于组织的数据安全基本法。二级文件管理制度则是对数据安全管理办法中的相关要求进行细化,同时考虑其科学性、合理性、完善性和适用性。常见的管理制度包括组织架构、人员安全管理制度、权限管理制度等。三级文件规范和流程则是对二级制度文件的落地性实现,包括各业务、各条线的具体操作指南和规范。四级的执行文件以及相关记录则包括协议文件类、报告类以及清单记录类。其中,报告类和部分清单类记录还应体现出周期性,以实现制度文件中的相关要求。

数据安全技术体系的建设需要兼顾数据全生命周期分级安全管控和数据安全管理策略实施两大方面的需求。生命周期分级安全管控方面,应根据不同安全级别数据的分级保护要求,执行差异化的数据安全管控策略。在确定技术保护要点时,需要关注数据处理活动各阶段的技术防护需求和目标。此外,还应兼顾数据安全管理各层次的安全需求。监督管理层需要建立监管中心等技术手段，实施监控全局，发现并解决问题。保护执行层需要针对内部和外部风险进行保护，分别对应于内部域和外部域的保护策略。能力支撑层则需要提供基础安全能力，支撑数据流转和使用过程中的机密性、完整性、可用性。在部署数据安全技术工具时，应根据数据安全级别配置差异化的安全策略。

目前，中国企业在数据跨境合规方面已经取得了一些成绩。在全球经济一体化的背景下，中国企业面临的数据安全问题更加复杂，在政府的支持和引导下，许多企业已经开始建立和完善自己的数据合规体系，加强了自己的技术和管理能力，制定了相应的数据安全策略和措施，建立了有效的跨境数据流转的管理流程和机制，提高了数据安全和合规水平。目前中国企业在数据跨境合规方面仍然面临一些困难。不同国家和地区的法律法规存在差异，企业需要花费更多的时间和成本了解和遵守这些法规。部分企业受限于技术和管理水平的不足，难以有效地保护用户隐私和数据安全。此外，不同国家和地区的政治关系和地缘政治也影响着企业的业务和数据处理，政治问题导致的商业风险也是企业不得不考虑的问题。因此，企业在生产经营过程中需要密切关注国际政治形势的变化，制定相应的数据合规策略和流程，加强技术和管理能力，以适应外部环境的变化。在瞬息万变的国际形势下，中国企业需要不断完善自身的数据合规体系，加强技术和管理能力，深入了解目标市场的文化和法规环境，并制定相应的合规策略和流程，以确保数据安全和合规性，进一步提高企业的核心竞争力和开拓海外市场的能力。

第三节　律师参与涉外投资合规

改革开放前 20 年，中国的国际投资政策主要是以引进外资为主，旨在引入外来技术和资金促进国内经济的发展。随着中国企业的不断壮大和业务的扩展，中国开始将目光投向海外，寻求更多的投资机会。从 20 世纪 80 年代中期开始，中国的海外投资活动逐渐增加，但规模还不是很大。2001 年中国加入世界贸易组织（WTO）后，中国经济快速发展，并且开始了大规模的对外投资。随着中国企业国际化进程的加快，海外投资规模也日益扩大。2021 年，中国对外直接投资流量1788.2亿美元,比上年增长16.3%,连续10年位列全球前三。2021年年末,中国对外直接投资存量2.79万亿美元,连续5年排名全球前三。[①]在海外投资方面,中国企业主要涉及基础设施、能源、矿业、制造业、金融和房地产等领域。其中,基础设施领域的投资最为活跃,例如,中企在海外参与的一些大型基础设施项目,如中巴经济走廊、中老铁路、中柬铁路、中泰铁路、中亚天然气管道等,都是中国企业在海外投资的典型代表。此外,中国企业在海外的投资策略也在逐步转变,从过去的"走出去"到现在的"走进来",即通过与当地企业合作、并购等方式实现在当地的生产和经营。这种方式能够更好地融入当地市场和社会,提高企业在当地的竞争力。中国的海外投资规模不断扩大,这不仅有助于中国企业提高其国际竞争力,还有助于推动全球经济的发展。随着中国经济的不断发展和国际地位的提升,相信中国的海外投资将会继续保持稳定增长。随着中国企业在海外投资的规模和数量不断增加,海外投资领域近年来发生了一些显著变化。其中,最为明显的变化是民营企业开始积极地参与跨国并购活动,并且取得了一些重要的成果。这表明民营企业已经成为中国海外投资的重要力量。尽管如此,中国企业在海外投资方面仍然存在一些问题。其中最为突出的是对交易风险的忽视。长期以来,中国企业在海外收购过程中往往缺乏对风险的充分认识,出现了一些盲目性和缺乏协调性的弊端。一些企业对投资风险没有概念,认为可以把国内的做法搬到国外去仍然可以行得通,不按照国际上通行的惯例和做法办事,不做尽职调查和风险分析,对收购协议的条款不重视。这些做法导致许多中国企业在海外投资方面付出了巨额的"学费"。在中国企业海外投资的项目操作层面上,中国投资者通常面临由投资项目所在国当地的法律环境、收购项目本身、收购目标、初期谈判与报价、收购协议条款、签约以及政府审批等诸多方面引起的法律风险。在这些风险中,法律环境是最为关键的一个因素。这是因为不同国家的法律体系和法律制度不同,中国企业需要根据当地的法律要求进行投资和经营活动。同时,中国企业还需要认真研究和评估目标公司的实际情况和前景,了解其财务状况、市场竞争情况、经营模式、管理层和员工的素质等方面的情况,以便更好地把握市场机会。因此,中国

① 《2021年中国对外直接投资流量1788.2亿美元　连续十年位列全球前三》,载https://baijiahao.baidu.com/s?id=1748811228184611812&wfr=spider&for=pc。

企业在海外投资过程中,需要充分考虑并妥善处理相关的法律风险,以降低投资风险和增加成功的机会。一方面,企业需要制定合理的投资策略和规划,充分了解投资对象所在国家和地区的法律环境、政策法规、行业规范等,以及收购对象的财务状况、经营状况、知识产权状况等方面的情况,有针对性地开展尽职调查和风险评估工作;另一方面,企业需要聘请专业的律师和金融顾问,参与收购协议的起草、谈判和签署,制定合理的风险管理措施,以确保投资的合法性、安全性和稳健性。此外,中国企业还需要注重与当地政府和业务合作伙伴的沟通和合作,建立良好的政商关系和社会形象,增加投资的可持续性和长期价值。企业需要积极履行社会责任,尊重当地的文化、法律和环境,关注当地的就业、环保和社会福利等方面的问题,充分认识到海外投资所面临的法律和商业风险,制订合理的投资策略和规划,开展尽职调查和风险评估工作,以确保海外投资的成功和可持续性发展。

除上述常见风险外,中国企业在进行海外收购时,不聘请专业律师对相关的协议和法律文件进行认真的审查,对收购协议条款设计缺乏足够的重视,也可能导致企业遭受难以估计的损失。

在中国国内,企业之间进行并购可能只需要几页简单的合同就可以搞定,但是在国外如果也这样做,可能会对企业产生极大的法律风险。这主要是因为中国企业作为收购方在当地国家被视为外国企业,需要特别注意当地法律法规的差异性。在海外并购过程中,企业往往要面对不同的法律体系、文化差异和语言障碍等多重挑战,而这些挑战都可能给企业带来不可预测的法律风险。因此,收购协议对于作为收购方的中国企业来说,是在海外投资的复杂环境中唯一可以依赖的重要法律文件。它不仅是保护自己的法律文件,也是在对方违约时捍卫自己权利的依据。因此,在进行海外并购时,合规律师需要对当地的法律法规进行深入了解,把握法律的风险点,以避免出现不可预测的法律问题。对于中国企业来说,海外并购需要进行全方位的尽职调查,包括对目标企业的财务状况、商业模式、知识产权和人力资源情况等进行细致的分析和评估。合规律师需要在这个过程中提供法律支持和建议,确保企业在尽职调查过程中充分考虑法律风险,并在收购协议中采取相应的保护措施。此外,合规律师还需要与当地的律师和法律团队进行沟通和协作,以确保收购协议的合法性和有效性。在这个过程中,合规律师需要具备丰富的跨文化、跨领域的法律知识和解决问题的能力。他们需要了解不同国家和地区的法律体系和法律文化,理解当地的法律法规和商业惯例,以便更好地为企业提供法律支持和建议。只有这样,企业才能在海外并购中获得成功,达到可持续发展的目标。海外并购对于中国企业来说既是机遇也是挑战。

在海外并购中,中国企业需要订立细致和高质量的法律文件,以规避法律风险。在法律没有强制性规定的情况下,收购交易双方之间签署的合同就是他们之间的法律。订立收购协议是合规律师最为重要的职责之一。这个协议不仅是保护自己的法律文件,也是在对方违约时捍卫自己权利的法律依据。收购协议中有许多条款涉及风险的问题,因此需要有富有经验的律师参与谈判。合规律师需要具备丰富的跨文化、跨领域的法律知识和解决问题的能力,能够在复杂的法律环境中为企业提供切实可行的解决方案。在起草收购协议和交易文件时,一般是由出售方的律师起草,这些文件必定代表出售方的利益,不会考虑作为买方的中国企业的利益,甚至还可能为中国企业设计陷阱,损害其利益。因此,中国企业必须聘请自己的律师对对方起草的收购协议和交易文件进行仔细审阅和修改。虽然聘请律师会增加更多的交易成本,但是这对于律师在谈判交易文件时所起的作用来说是完全值得的。只有订立细致和高质量的法律文件,并且在并购完成后为企业提供法律支持和建议,企业才能在海外并购中获得成功,实现可持续发展的目标。谈判的参与者,包括商务团队、内部法律顾问、外部律师和其他顾问等,都应该担负起团队的整体作用,明确定位,分工明确、默契一致。商务部门通常是谈判的主导者,如果商务部门不能与法律部门有良好的沟通,谈判的风险将无法控制。针对收购协议的具体条款,如果理解或处理不当,就可能使中国企业承担不必要的风险和损失,因此中国企业及其法律顾问需要对每个条款进行仔细审查,并在谈判桌上积极地争取对我方有利的条款。同时,需要确保合同的可执行性、可实施性和可维护性,确保自己的权益能够得到保护。实践中,涉外收购协议的风险主要涉及以下几个方面。

一、交易标的的选择

在进行收购交易时,应该明确交易标的是股权还是资产。股权收购一般是对目标运营公司的股权进行收购,有时资产的收购可以设计为对拥有资产的项目公司的收购。进行股权收购和资产收购各有利弊,前者可以获得目标公司的股权,可以间接拥有目标公司的优质资产,如其拥有的所有区块、合同权益以及技术和不动产。但是,收购公司股权也可能使中国企业承继有不良历史的公司的现有债务以及拖欠政府的税款和罚金。因此,在收购公司股权,尤其是收购目标企业全部股权的情况下,中国企业一定要谨慎。如果中国企业的收购兴趣仅限于对方拥有的某项资产,如某个区块的许可证或产品分成合同的参与权益,而持有这个区块的公司的情况却相当糟糕混乱,有着不良历史,中国企业就可以考虑只收购资产,但是要确信这些资产没有被设定任何抵押权益。相反,如果中国企业看中的是目标企业的整体资源配置和未来发展潜能,那么中国企业就可以考虑进行股权收购。比如,在石油天然气行业的收购交易中,收购目标企业的股权比收购资产更能帮助中国企业实现持续增长。因此,在进行收购交易时,应该根据实际情况选择股权收购或资产收购,谨慎评估所涉及的风险和机会,以实现最大化的价值创造。

二、争议解决的方式

收购协议和相关交易文件的管辖法律一般可以由交易双方自行约定。对股权收购协议和资产收购协议的法律适用问题,目前比较常见的约定是英国法为准据法,其次是美国法,有一些特殊情况可能会约定依据法国法。对于许多能源类和其他行业的跨国并购项目而言,普遍使用的合同管辖法律是英格兰法律或美国纽约州法律。中国企业可以同意适用上述法律,但是必须聘请在这些国家有执照的律师审查合同条款。在收购协议中,争议解决条款往往规定将争议提交英国伦敦的国际仲裁院或其他国家的仲裁机构。中国企业应该选择在第三方中立的仲裁机构并按照该仲裁机构的仲裁规则进行仲裁。比较常见的有我国香港、新加坡、英国伦敦、瑞典的斯德哥尔摩,但海外仲裁机构对北京的仲裁机构并不愿意接受。仲裁作为一个有效的纠纷解决途径,还是值得信赖的。发达的市场经济国家的目标企业对签订仲裁条款的接受度是比较高的。一些发展中国家,比如缅甸和老挝,更倾向于通过其境内的诉讼来解决纠纷,较少选择第三方仲裁机构。在进行海外收购时,中国企业应尽量避免在目标企业所在国的法院进行诉讼。

三、签约主体的选择

在进行收购交易时,选择签约主体对中国企业至关重要。为避免母公司承担过多的法律风险和法律责任,应避免使用母公司或总部的集团公司作为签约主体。因此,使用一个境内或境外的子公司或特殊目的机构/公司(Special Purpose Vehicle,SPV)作为签约主体是更为妥当的选择,这样可以有效地阻断中国企业母公司或集团公司的诉讼风险和法律责任。SPV 可以设在英属维京群岛、开曼群岛、荷兰或卢森堡等地区,这些地区的法律为公司的成立和存续提供了许多方便,税负也相对较低。SPV 作为有限责任公司,可以有效保护中国企业的利益,隔离风险。如果中国企业想要退出变现,也可以通过出售 SPV 的股权或上市交易来实现。在签署收购协议时,如果出售方只是一个海外 SPV,且缺乏足够资产或资金履行合同或承担违约责任,也可以要求出售方的最终母公司或实际控制人出具履约担保函以降低履约风险。选择签约主体对于收购交易的成功至关重要。中国企业必须谨慎选择签约主体,以保护自己的利益,减少法律风险和法律责任,并最大限度地确保收购交易的成功。

四、目标企业的控制权

在进行海外收购时,中国企业面临的最大风险之一是对收购的目标企业没有获得或失去控制。因此,中国企业在进行海外并购前必须认真考虑收购协议和目标企业修改的章程中的投票权和控制权条款。这些条款通常包括董事任命权、董事会重大议题的讨论和决策权、重大问题否决权和指定自己的人员进入管理层的权利。中国企业应在符合当地公司法的前提下,获得这些条款的权利,以确保对目标企业的合理控制。中国企业收购的目标企业可能是一家控股型公司,这种公司通常不经营具体的业务,其主要收入和利润主要源于合并报表内下属公司的一种公司类型。也可能是一家在美国、英国或加拿大上市的公司,但是其拥有的运营性公司及其拥有或控制的主要资产(如某个石油、天然气区块的许可证或产品分成合同的参与权益)则可能位于非洲或中亚某个国家或法域。在这种情况下,中国企业不仅需要实现对控股性公司的控制,还需要实现对真正拥有资产的运营性公司进行控制,并在股东会、董事会和管理层等各个层面上获得决策参与权和否决权。对于一些实力较弱或对目标企业所属行业不太熟悉的中国企业,股权收购不一定非要一家独大,也可以和其他投资人共同收购。控股并非收购的唯一选择,也可以采取参股一定比例,同时约定享有选择权来应对,即在某一段时间内有权增持目标企业的一定股权。对于目标企业经营业绩不明朗的情况,中国企业还可以考虑部分参股、部分通过贷款持有债权的混合方式收购,在达到一定条件时,有权将债权转为股权。这种逐步或混合式的股权收购安排可以降低中国企业的投资风险。

五、关键员工的保留

在进行海外收购时,中国企业应该注意保留目标企业的管理层和关键员工,以避免引起不必要的动荡。尤其是在海外市场,由于文化、法律、商业环境等方面的差异,管理团队和关键员工的保留更为重要。因为他们熟悉当地市场,了解当地文化,对于海外企业的管理和经营具有不可替代的重要作用。如果中国企业在海外收购后,大量替换目标企业的管理层和关键员工,很可能会引起业务上的动荡,甚至影响企业的长远发展。国际上通行的做法是采取“保留原则”,即对于被并购企业原有的技术人员和经营管理人员尽量予以留任。这样做的好处有两个:一是可以充分发挥他们的积极性和主动性,利用他们原有的熟练技能和经验,在新的企业中做出更大的成绩;二是可以帮助收购方了解被收购方所在国家的市场、文化和经营环境,这对于处理好双方的关系非常有益。当然,中国企业也有权对拥有某些职务的高管终止聘用关系。如果被收购企业的管理层和关键员工不符合企业的要求,或者与企业不兼容,中国企业则应该对这些人员进行调整和更换。但是,这种情况应该是例外而不是常态。中国企业应该在充分考虑之后再作出决策,以免短视而导致长远发展的问题。对于中国企业想长期保留的管理层和关键员工,中国企业应该通过“保留协议”保留这些员工。这种协议应该明确规定被保留的员工的职务、待遇、权利和义务等方面的内容,以保障他们的利益和权益。同时,这种协议也可以帮助企业更好地管理和运营海外企业,提升企业的整体竞争力。如果中国企业作为收购方计划替换目标企业的某些高管人员,则应在目标企业的章程或股东协议中明确自己有权提名或任命某些职务,以确保这种权力在今后根据中国企业的需要可以顺利实施。

六、设计退出机制

无论是风险投资企业还是战略投资者,无论是民营企业还是国营企业,在进行海外收购时都应考虑并设计好自己的退出机制以应对可能存在的商业风险。退出的原因可能是多方面的,如市场变化、投资计划失效等。因此,在进行海外收购时,制定退出机制和退出时间表是一个更加迫切、更为现实的问题,尽早确定退出机制也很有必要,即便退出仅是未来可能发生的情况。因此,在主合同中通常会约定一些条款,规定出现极端情况时如何处理。双方会把这个条款理解为约定合同解除条件的条款,一旦出现这种情况解除合同,彼此也能够相互理解。这些条款的制定和解释需要在法律和商业合规的框架内进行,以确保各方合法权益的保护和商业合作的顺利推进。在设计退出机制时,需要考虑以下因素:一是不同类型的投资者需要有不同的退出机制。风险投资者更关注短期回报,因此可能更倾向于采取上市或强制出售股权的方式退出。而长期投资者则可能会采取向第三方转让股权的方式退出,以获得更好的退出回报。此外,不同的投资者还可能有不同的反悔条款、优先权等特殊要求,需要在协商和合同签订阶段进行充分的沟通和协商。二是不同的市场对于退出机制的要求也不同。在一些成熟市场,上市可能是一个更为便捷和可行的选择;但在一些新兴市场,上市的门槛可能较高,可能需要考虑其他的退出方式,如向当地的投资者、竞争对手或其他合适的第三方转让股权等。此外,不同的市场对股权结构、投资规模等方面也可能有不同的要求和限制,需要进行充分的市场调研和风险评估。三是投资计划的性质和规模也需要考虑。一些较小的投资计划可能可以通过上市或强制出售股权的方式实现退出;而一些大规模的投资计划则可能需要向第三方转让股权或采取其他更为复杂的方式退出。此外,投资计划的执行过程中可能会遇到各种问题和风险,如政策变化、市场波动、技术突破等,需要及时进行调整和应对。四是商业环境的变化可能会对退出机制产生影响。因此,在设计退出机制时,需要考虑市场环境的变化和未来可能发生的风险。如全球经济衰退、政治动荡、自然灾害等,都可能对企业的商业计划和退出机制造成不利影响。在这种情况下,企业需要保持敏锐的市场洞察力和灵活的应变能力,及时进行调整和应对。在总体上,设计退出机制需要考虑投资者类型、目标市场、投资计划和商业环境等因素。在制定退出机制时,需要综合考虑各种因素,并在主合同中明确规定。同时,需要进行充分的市场调研和风险评估,建立健全风险管理体系和应急预案,以确保企业在面临商业风险时作出更为明智的决策,并最大化退出回报。

七、陈述与保证条款

一般在股权购买协议(SPA)中,陈述与保证是关于目标公司的过去、现在和未来状况的披露和保证,是交易和估值所进行的事实基础,也是交割后索赔的法律基础。在跨境并购交易中,陈述与保证是最重要的合同条款之一,通常占据合同篇幅的1/3左右。在谈判中,陈述与保证是最耗时的一部分,因为它需要对目标公司进行全面深入的尽职调查,以便买方在交易价格和条款上作出准确的决策。为了解决跨境并购交易中的信息不对称问题,双方基于意思自治原则,在合同中约定陈述与保证条款,对尽职调查未能清楚查明的事项进行约定,实现买卖双方之间的风险划分。因此,陈述与保证条款是保护收购方最为有力的保护武器。陈述与保证条款涉及的内容非常广泛,包括但不限于目标公司的财务状况、合规性、经营情况、知识产权、环保、劳动法律和税收等方面。陈述与保证条款所涉及的一些例外的披露事项和相关文件往往会列在一个长长的清单中,作为附件附在收购协议后,以此作为认定是否披露或构成违约的证据。这一条款的谈判和相关披露文件的提供是先前法律尽职调查的继续。如果发现重大的不可解决的风险,则收购方可以拒绝签署收购协议。根据收购协议,陈述与保证应该在签约时作出,同时在交割时重复作出。收购方应该仔细检查陈述与保证条款,确保其涵盖了所有必要的信息和文件,以最大限度地保护收购方的利益。在交割之前,如果出售方违反某些重要的陈述与保证,收购方可以依据合同规定终止合同、拒绝完成交易。如果在交易完成之后发现出售方违反重要的陈述与保证,收购方有权依据合同约定撤销该合同,并要求恢复原状,即恢复到交易完成之前双方各自的状态。但有的时候,出售方出于交易安全的考虑,不愿让收购方以一些小的违约为由撤销已经完成的交易,因而同意在这种情况下赔偿收购方遭受的损失。所以，陈述与保证条款是跨境并购交易中最为重要的条款之一，它不仅对交易价格和条款的制定具有决定性的影响，而且在交割后的索赔和法律纠纷中也起着至关重要的作用。因此，在签署股权购买协议之前，收购方应该对目标公司进行全面深入的尽职调查，确保陈述与保证条款的准确性和全面性，以最大限度地保护自己的利益。

综上所述，合规律师在海外并购业务中扮演着至关重要的角色。在进行海外并购交易时，企业需要面对许多潜在的风险和挑战，如政治风险、经济风险、法律风险等。合规律师需要了解并遵守当地的法律法规，帮助企业进行尽职调查并评估风险，制定并执行相应的合规措施，从而确保交易过程的合法性和合规性，并保护企业的利益和声誉。首先，合规律师需要对当地的法律法规进行深入的了解和研究。不同国家和地区的法律法规存在差异，而这些差异可能会对企业的交易产生影响。因此，合规律师需要对当地的法律法规进行广泛的研究和了解，以确保企业的交易过程符合当地的法律法规。其次，合规律师需要帮助企业进行尽职调查并评估风险。在进行海外并购交易时，企业需要了解目标企业的财务状况、经营状况、法律风险和商业风险等情况。合规律师需要对这些情况进行深入的了解和评估，并给出相应的建议和意见，以帮助企业决策是否进行交易。再次，合规律师需要制定并执行相应的合规措施。在进行海外并购交易时，企业需要确保交易过程的合法性和合规性。合规律师需要制定相应的合规措施，例如，对目标企业的财务和交易状况享有知情权、在目标企业章程或股东协议中明确自己有权提名或任命某些职务等，以确保交易过程的合法性和合规性。最后，合规律师需要保护企业的利益和声誉。在进行海外并购交易时，企业需要面对许多潜在的风险和挑战。合规律师需要帮助企业制定相应的风险管理策略，保护企业的利益和声誉。例如，在签署收购协议时，合规律师需要帮助企业制定陈述与保证条款，以保护企业在交易过程中的利益。只有这样，企业才能够顺利地进行海外并购交易，实现自身的战略目标，提升企业的价值和竞争力。

第四节　律师参与反垄断合规

一、反垄断合规的中国道路

中国国家市场监督管理总局于 2020 年 9 月 11 日正式发布了《经营者反垄断合规指南》，其中规定了企业在反垄断合规方面应遵守的法律法规和行为准则。随后，在 9 月 18 日，市场监管总局又发布了《企业境外反垄断合规指南（征求意见稿）》，向社会公开征求意见。这些举措标志着中国反垄断合规制度建设进入了快车道，为企业提供了更加具体和明确的合规指引。

建立反垄断合规制度已经成为一种趋势。反垄断合规越来越受到企业的重视，原因有很多。对于执法机构或政府而言，推广反垄断合规可以减少垄断行为对市场竞争的不利影响；对于企业而言，随着世界各国对垄断行为的规制日益加强，违反反垄断法律的风险和成本也越来越高。例如，卡特尔滥用市场支配地位等反垄断法违法行为所面临的罚金，一般以企业年度销售额的一定比例为基础计算，罚款金额非常高，同时还可能被并处没收违法所得。因此，建立反垄断合规制度已经成为企业不可或缺的一部分，以确保企业在市场竞争中合法合规，减少法律风险和违法成本。此外，为应对反垄断行政调查或第三方提起的民事诉讼，往往需要耗费大量时间和经济成本。由于各国反垄断法律大多规定了域外适用条款，即使垄断行为发生在一个国家范围内，也可能会受到其他国家的约束。因此，建立反垄断合规制度有助于企业在日常经营中预防或减少垄断行为，降低垄断行为相关的法律风险和成本。另外，虽然中国反垄断法中没有规定企业因建立反垄断合规制度可以减免罚款，但是《国务院反垄断委员会关于认定经营者垄断行为违法所得和确定罚款的指南（征求意见稿）》明确鼓励企业运用反垄断指南加强反垄断合规建设，并与反垄断执法机构加强沟通。同时，根据《市场监管总局关于规范市场监督管理行政处罚裁量权的指导意见》（国市监法〔2019〕244 号），有充分证据证明不存在主观故意或重大过失的当事人可以从轻或减轻行政处罚。因此，企业建立反垄断合规制度也可作为从轻处罚的因素之一。根据中国目前的实践,反垄断执法机构也会在部分案件中强制要求企业建立并实施相应的反垄断合规制度并进行培训。综上所述,建立反垄断合规制度有助于企业降低相关风险,适用经营者承诺制度中止或终止调查,甚至可能降低罚款金额。

就中国反垄断合规制度而言,除了上文提到的市场监管总局发布的《经营者反垄断合规指南》外,早在 2018 年,发展改革委、外交部、商务部等曾发布过《企业境外经营合规管理指引》(发改外资〔2018〕1916 号)。该指引中包括反垄断合规的相关内容。同时,国资委也发布了《中央企业合规管理指引(试行)》(国资发法规〔2018〕106 号),针对国有企业的合规管理作出规定。此外,中国一些地方市场监督管理部门,如上海、浙江等,也先后发布了当地的合规指南。在新冠疫情对企业生产经营造成影响时,部分省市也发布了企业疫情期间以及后续恢复生产经营时的反垄断合规指引。中国中央行政部门以及部分地方政府发布了反垄断合规指南及草案。值得注意的是,《经营者反垄断合规指南》是中国首次针对反垄断法发布的全面性的合规指南,对其内容和要求应给予特别关注。因此,企业应当了解并遵守相关的反垄断法律法规和行业标准,加强反垄断合规建设,建立健全内部反垄断制度和流程,并且定期进行反垄断培训,提高员工的合规意识和水平。

鉴于企业的自身情况、所在的行业和领域,甚至所在的国家或地区的具体情况存在相当大的差异,企业在制定反垄断合规制度时需要结合自身的实际情况,以最大限度确保反垄断合规制度的有效性、针对性和可实施性。此外,反垄断法律制度和执法处于动态变化中,企业的合规制度也需要结合当地的反垄断法律制度及法规变动情况,持续不断地予以修正和完善。

需要指出的是,制定完善的反垄断合规制度只是建立反垄断合规制度的第一步。更重要的是,企业需要通过培训教育并在日常经营中贯彻落实,持续更新和改进反垄断合规制度。只有这样,才能发挥反垄断合规制度的价值,最大限度降低企业日常经营可能涉及的反垄断法律风险。因此,企业应当加强员工反垄断合规意识的培训,建立健全内部举报机制和反垄断风险评估机制,定期开展反垄断合规检查,及时发现和纠正反垄断风险。只有这样,企业才能保持合规性、提升商业竞争力、实现可持续发展。

二、企业涉及的反垄断合规风险

反垄断合规风险，是指企业可能存在违反垄断法律规定而导致的不利后果的风险。为应对这种风险，企业需要建立反垄断合规机制，以识别企业日常经营中的垄断风险，并对其进行分类和管控。有效的风险识别能够帮助企业分析其市场竞争政策和行为，并降低违法风险或使其保持在可控的水平。根据我国法律规定，企业可能涉及的垄断风险主要包括以下几种。

(一)横向垄断的风险

垄断可以分为横向垄断和纵向垄断，具体取决于签订协议的生产经营者在市场经济中的地位。在此，协议的定义是广泛的，只要生产经营者之间达成协议或决定，即可构成垄断协议。协议的达成方式不限于口头约定或书面协议，也可以通过数据、算法、平台规则或其他方式实质上存在协调一致的行为来达成。

横向垄断协议，是指在相关产品的生产流程中处于同一环节、彼此之间具有竞争关系的市场主体之间签订的限制竞争内容的协议。这些协议涉及控制产品产量、价格、技术和交易对象等方面。在实践中，根据市场行为因素，横向垄断协议可以分为以下5类：控制价格的协议、控制产品数量的协议、划分产品市场的协议、限制创新的协议以及联合抵制的协议。《关于平台经济领域反垄断指南》指出，互联网平台经济领域中的垄断协议形式还包括尚未明确订立协议或决定，但实质上存在协调一致行为的情形。

(二)纵向垄断风险

纵向垄断协议，是指在市场经济中，处于垂直层次的经营者之间签订或约定的对市场竞争具有影响的协议。和横向垄断协议一样，纵向垄断协议的认定要件是达成协议或决定，对形式要求不限。在实践中，根据限制手段的不同，纵向垄断协议可以分为两大类：纵向限制价格协议和非限制垄断协议。非限制垄断协议指的是上游经营者对下游经营者除了价格限制之外的一种兜底性表述，主要包括排他性销售协议、特许经营协议等。纵向垄断协议的认定一般以《反垄断法》第13条、第14条的规定为标准,且纵向垄断协议必须具有排除、限制竞争的效果。

(三)滥用市场支配地位的风险

根据我国《反垄断法》的规定,市场支配地位指“控制商品价格、数量或其他交易条件,或者能够阻碍、影响其他经营者进入相关市场能力的市场地位”。无论在学术界还是实务界,对滥用市场支配地位的认定,一般都会从以下4个方面进行分析:首先,确定经营者所处的相关市场;其次,证明经营者在相关市场中具有支配地位;再次,证明经营者所实施的行为具有限制或排除竞争的效果;最后,考虑经营者是否存在正当理由的抗辩。在实践中,对滥用市场支配地位的认定,需要考虑多种因素,如市场份额、技术优势、品牌影响力等,以及市场进入的难易程度等因素。如果被认定存在滥用市场支配地位的行为,将会受到《反垄断法》的制裁。

(四)经营者集中的风险

根据我国《反垄断法》的相关规定,经营者集中是指两个或两个以上的经营者相互合并,或是经营者通过取得股权或资产的方式获得对其他经营者的控制权,或是经营者通过合同等方式获得对其他经营者的控制权或能够对其产生决定性影响的情形。尽管经营者集中可以提高经营者的竞争力,但如果过度集中可能会产生限制竞争的负面效果,因此需对其进行规制。《反垄断法》规制的经营者集中,针对的是那些具有或可能具有限制竞争效果的集中。

认定经营者集中需要满足两个条件:第一,交易必须实现对其他经营者的“控制权”;第二,交易方必须达到《反垄断法》中规定的“营业额标准”。违法实施经营者集中,如果未进行申报,就相当于一直处于违法行为的持续状态,执法机关可以追溯进行调查和处罚。因此,若公司已具有相当的营收水平,应该根据“控制权”要素、“营业额”要素等排查法律风险,尤其是存在较高风险的历史未申报交易,应尽快向市场监管总局提交并汇报。有时候,对于“经营者集中”的处罚,并不是因为产生了排除、限制竞争的效果,而只是因为相关经营者违反了法定申报程序。因此,当经营者计划实施经营者集中行为时,应当根据国务院《关于经营者集中申报标准的有关规定》评估是否符合申报标准。如符合,应事先向市场监管总局反垄断局进行经营者集中申报。未经申报的集中行为是不允许的。

三、反垄断合规重点工作

《经营者反垄断合规指南》提出,鼓励具备条件的经营者建立反垄断合规管理部门,或将反垄断合规管理纳入现有合规管理体系。实践中,大多数企业将反垄断合规工作放在法务部门,或在公司合规部门下设置独立的合规分支。然而,组织形式并不是最核心的要求,只要配备专业人员,将合规要求融入业务流程,实现有效的反垄断合规管理,满足反垄断监管要求即可。

(一)结合业务场景制定合规指引

针对本企业的实际情况,制定反垄断合规指引是做好反垄断合规管理的基础。反垄断合规管理者首先需要了解企业所在行业的地位和市场竞争状况,收集整合企业的生产销售数据,准确地确定本企业在市场竞争中的地位,如产业链的位置、核心竞争力的产品或服务、主要竞争对手等,以及企业参与竞争的相关商品和地域市场及市场地位。根据这些信息,制定出符合业务实际情况的反垄断合规指引,并将其融入公司的管理流程中,使得反垄断合规管理成为全员参与的日常工作。

指引应将垄断协议、滥用市场支配地位和经营者集中的合规要求分配到企业采购、销售、投资、技术合作等业务场景中,并将合规要求转换为业务语言。指引的基本内容应包括合规风险识别、合规预防措施、合规承诺、反垄断合规培训、设立咨询和举报热线、规范合规制度、合规调查、合规应对措施等。同时,应确保合规管理能够有效运行。

(二)将合规要求融入业务流程中,找准反垄断合规管理的重点

只有在内控流程中嵌入合规控制点,才能确保各方面高风险业务的有效管控,实现合规体系的有效运行。

遵循制定完成的合规指引,反垄断合规管理人员应与法务人员、财务人员、业务人员和 IT 人员对接,结合企业业务和合同审批情况,将重点领域中的日常

业务流程、合同条款、合规要求等梳理列表,并推动流程合规表单化管理。具体措施包括以下方面:一是在重点领域的经营合同中嵌入独立的反垄断审查流程,与合同审查相关联。规定一定的合规审查触发点,如合同条款类型、市场份额门槛、客户和供应商规模等。一旦触发,立即启动反垄断合规审查。二是在投资并购等流程中嵌入反垄断咨询和控制点。在相关协议的谈判阶段,在涉及交易后控制权变化以及超过申报营业额或交易金额门槛时,需邀请反垄断合规专员,讨论反垄断申报和适用程序问题。三是持续改进保证合规运行,加强反垄断合规培训。合规培训的重点内容应包括横向垄断协议、纵向垄断协议、滥用行为和应对反垄断调查。销售和采购部门的工作人员应是培训的主要对象,同时那些经常与竞争者接触、参加展会和行业协会的员工也应参加培训。为确保培训的有效性,合规培训应当有书面文档,由参加培训的员工签字并存档。通过培训强化反垄断的问题意识,使员工在遇到具体问题时能够正确地处理反垄断问题。只有将反垄断合规要求融入企业的日常业务流程中,才能实现合规要求的全面覆盖和有效执行。

(三)建立完善的反垄断合规风险检查机制

合规指引和审查流程需要结合外部法律法规的变化情况持续更新,也需要定期检查合规审查和风险管控落地情况。实践中,可以通过检查表单的方式把检查点明确告知业务部门,先由业务部门自查,再由合规部门进行重点检查和指导。反垄断合规风险检查表单应包括以下内容:垄断协议中涉及价格及其构成因素的,有限制转售价格、划分销售区域、划分销售客户、销售渠道、最低采购数量、非竞争等方面的;行业协会活动涉及反垄断法所禁止行为的;具有市场支配地位的企业在制定价格、折扣等方面的商业条件时滥用市场支配地位的;在收购或兼并其他企业或设立合资企业时需要申报未申报的等。

(四)积极应对反垄断执法调查

在反垄断调查中,执法机构很有可能对企业进行突击检查。企业在接受调查时,有义务积极配合执法机构的调查和检查,不得阻碍执法,不得提供虚假材料,不得隐匿或销毁证据。应对反垄断调查的首要原则就是不得阻碍执法,包括不得提供虚假证据或隐匿证据。

为应对突击检查,企业应按照提前部署的预案有序进行,包括查验执法证件和调查令、通知合规专员和外部律师、陪同检查、记录重要证据调取情况等。企业要制定反垄断调查应对流程,并配套调查表,由陪同调查的人员据实填写。调查表应包括调查时间、地点、事由、调取人员、调取的证据、后续执法配合要求等信息,以便为下一步的专业有效应对调查做好准备。

通过以上措施,企业可以全面覆盖反垄断合规要求,确保合规管理的有效运行。

四、反垄断执法新形势下律师面临的机遇与挑战

虽然近年来中国反垄断法专业律师的数量和质量都有了长足进步,但仍处在起步阶段。在大量的反垄断调查案件中,律师们的参与程度还不够深入,所起的作用也非常有限。此外,反垄断民事诉讼案件的数量也不多,除北上广以外,其他地方的反垄断法律师几乎是空白。相比之下,与欧美反垄断法律师相比,我国的反垄断法律师业务前景非常广阔。因此,律师协会应当积极推动,促进各所各地之间的交流,并加强与执法机关及司法机关的互动,培养反垄断专业人才,以促进整体水平的提升。只有这样,才能更好地支持和服务于企业的反垄断合规工作,维护市场公平竞争的秩序,促进经济持续健康发展。

(1)基于《反垄断法》的规定和目前的法律实践,律师在反垄断领域可以提供多项法律服务。这些服务包括:代理经营者集中申报;为被调查企业提供反垄断法律咨询,代理被调查企业应对调查,参加听证会,提起行政复议等;代理垄断行为的受害者进行举报和申诉;为企业提供反垄断风险排查与合规咨询服务;代理反垄断民事诉讼;代理反垄断行政诉讼;以及其他与反垄断相关的法律服务。

在当前形势下,各类型企业客户对《反垄断法》有了新的认识和态度,相应地,对反垄断法律服务提出了新的要求,也为有志于从事反垄断法律工作的律师提供了新的业务机遇。

(2)反垄断法作为一种"经济宪法",具有较强的专业性。从事反垄断业务的律师需要加强反垄断法的学习和研究,同时还要进行其他相关学科知识的储备。除反垄断法的理论和实践外,律师还应掌握企业并购的法律法规,了解经

营者所属行业的经营模式、相关市场等。反垄断法在相关市场的界定、对竞争影响的分析以及损害评估等方面,涉及大量的经济分析手段的应用。因此,反垄断律师需要了解相关经济学知识,必要时应当和专业从事这一领域经济分析的经济学家或咨询机构进行合作,共同为当事人提供服务。同时,反垄断律师还应及时总结研究成果和业务经验,将更多学者、律师的研究成果收集、整理、汇编,形成体系的资料积累。律师行业本身竞争激烈,因此律师的自我充电、增值也显得尤其重要,反垄断法的专业律师更需要如此。近年来,反垄断执法力度不断加强,反垄断涉及的行业也在不断扩大。除执法机构已处罚的汽车、通信、黄金、食品、旅游、互联网等行业外,金融、能源等行业未来也很有可能成为反垄断执法的方向。无论是专业的外部反垄断法律师,还是企业内部律师,都需要站在《反垄断法》的角度上,帮助企业设立切实有效的合规和风险控制程序。

(3)在提供反垄断法律服务时,专业律师应充分考虑事实情况,结合相关法律、法规和市场等因素,实事求是地出具专业意见,以规避风险。由于反垄断案件类型各异,律师应了解客户需求,及时提示相关法律风险,争取客户合法利益的最大化。例如,在企业并购中,公司内部律师或外聘的反垄断法律师应提前预判公司是否达到经营者集中申报标准。如果数据难以判断或存在其他不确定因素,律师也应提示公司,建议就相关反垄断问题与执法机构进行商谈,以寻求合理、合法的解决方案。反之,如果该集中已达到申报标准而未进行申报,执法机构可依据反垄断法对经营者进行处罚,这将对经营者造成不必要的损失,并可能影响到律师的工作。因此,律师在提供法律服务时,应时刻保持专业敏感度,以确保客户的合法权益得到最大化保障。

(4)反垄断法体系的法律适用问题备受关注,律师需要准确理解法律规定。最近针对某品牌汽车制造商和经销商的处罚案例中,汽车公司与某省的经销商达成并实施了固定部分配件价格的垄断协议,违反了《反垄断法》及其相关法规的规定。在《反垄断法》实施之前,《价格法》已经包含了对价格垄断行为的规定,如垄断协议的违法行为。两部法律在具体法律制度中既有相互冲突也有相互协调的内容。我国《反垄断法》于 2008 年 8 月 1 日施行,比《价格法》晚了 10 余年,集中体现了立法机关对垄断行为尤其是价格垄断行为的最新态度和意见。《反垄断法》对价格垄断行为的规定更为具体、清晰,更有利于执法人员作出准确判断和有效开展调查。

然而，两部法律规定的适用范围存在差异，《价格法》在价格垄断协议上适用范围略广。根据《价格法》和《价格法释义》的规定，其所禁止的“价格串通”包括横向和纵向的协议，其中纵向协议包括固定、限制最低和最高转售价格协议。根据《反垄断法》的规定，固定或限制最低转售价格的纵向协议，并未明确包含限制最高转售价格协议。因此，如果经营违反规定达成限定最高转售价格的纵向协议，就适用《价格法》。在涉及垄断协议的司法判例中，法院认为虽然被告具有《反垄断法》所列明的纵向垄断行为，但还应进行是否具有排除、限制竞争的效果竞争分析。在行政执法过程中，行政执法机关采用“本身违法原则”，即不管订立协议的具体情况，均应被视为违法。对这种法律适用上所采用的认定标准不同，律师需要在不同的案件、不同的程序中加以把握，及时为客户提示和规避风险。

反垄断法是一门专业性很强的法律门类，需要律师投入大量的时间和精力去学习、掌握。律师们应充分利用这个历史性机遇，调动各方资源，加大投入，争取在未来的10年内将反垄断发展成为一项主流的法律业务。

第五节　律师参与ESG合规

一、新时代背景下中国企业的ESG合规挑战

随着产业国际化分工的日益精细化、复杂化，产业链供应链体系应运而生。作为全球经济发展中的重要组成部分，这个体系从研发到销售，涵盖了整个产品生命周期中的各个环节，涉及众多企业和国家之间的合作与竞争。中国作为全球制造业的重要参与者，在这个体系中扮演着重要的角色。中国的制造业在过去的几十年中得到了迅速发展，目前已经成为全球最大的制造业国家之一。中国拥有丰富的人力资源、庞大的市场规模以及相对低廉的劳动力成本，这些优势使中国成为许多跨国公司的首选制造基地。同时，中国的中小企业也非常活跃，它们为产业链供应链体系的各个环节提供着重要的支持和服务。在全球

产业链供应链体系中,中国的地位和影响力在不断提升。中国的制造业正在向更高端、更智能化的方向发展,同时也在积极推进数字化、自动化和智能化生产。这些举措将使中国在全球产业链供应链体系中的地位更加重要,也将为中国企业提供更多的机会和挑战。

当前全球产业链供应链体系面临各种挑战和变化,这些变化对中国企业的供应链合规管理提出了更高的要求。在国内,疫情的冲击对供应链的影响是不可避免的。企业需要更加注重供应链的稳定性和弹性,并采取相应的措施以应对潜在的风险。这可能包括加强对供应商的管理和监督、优化物流和库存管理、加强与政府和社会的沟通和合作等。在国际上,贸易摩擦和地缘政治冲突也给供应链带来了很大的不确定性。企业需要更加关注贸易政策和地缘政治风险的变化,并采取相应的措施以降低风险。这可能包括多元化供应商、加强合规管理、优化供应链设计等。同时,由于环境保护和可持续发展的要求越来越高,企业需要更加注重供应链的环境和社会责任。这可能包括优化产品设计、采用更加环保和可持续的原材料、加强对供应商的监督和评估、推动供应链绿色转型等。总之,供应链合规管理已经成为企业不可或缺的重要组成部分。企业需要加强对供应链的管理和监督,建立完善的供应链合规管理体系,以应对各种风险和挑战,同时也为企业的可持续发展打下坚实的基础。

在这个背景下,ESG 合规管理成为越来越重要的供应链管理要素。ESG 合规管理是指对供应商在环境、社会和治理方面的表现进行评估和管理。这包括供应商的环境影响、员工权益、反腐败和合规风险等方面。越来越多的企业和政府机构将 ESG 合规管理作为选择和评估供应商的重要标准,以确保他们的供应链符合可持续发展的要求。对于供应商来说,积极关注 ESG 合规管理不仅可以提高其在市场上的竞争力,还可以降低其在供应链中的风险和成本。供应商需要加强对自身 ESG 表现的评估和改进,建立完善的 ESG 管理体系,以满足市场和政府机构对可持续供应链的要求。随着全球产业链供应链体系的不断发展,中国企业需要适应新的变化和趋势,主动融入国际供应链 ESG 合规规则,并因地制宜地进行改造和升级,以保持其在供应链中的竞争力和地位。

针对这些趋势,中国企业可以采取以下措施来提升其供应链管理和 ESG 合规管理能力:

(一)加强对供应链的风险评估和监测,建立完善的供应链风险管理体系,以降低地缘政治和贸易风险。

(二)加强对供应商的 ESG 合规管理,建立完善的供应商评估和管理体系,以确保供应链在可持续性、社会责任和生态环境方面的合规。

(三)推动数字化和智能化的供应链建设,加强与供应链中的各个环节的协作和沟通,提高供应链的效率和灵活性。

(四)加强与政府和社会的沟通和合作,积极参与国家和地区的供应链建设和规划,为提升中国企业在全球供应链中的地位和竞争力提供支持。

在全球竞争中,中国企业需要适应新的变化和趋势,加强供应链管理和 ESG 合规管理,以保持其在全球供应链中的竞争力和地位,并为中国的供应链建设和规划做出贡献。

二、ESG 合规的定义及影响

传统的企业供应链管理主要关注经济效率和成本控制,通过整合供应商、制造部门、库存部门和配送商等供应链上的各个环节,实现生产和配送适当数量的产品,以提高企业的总体效益。随着全球供应链的不断发展和变化,企业供应链管理也在不断演变和升级。现代的企业供应链管理已经不再仅仅关注经济效率,而是更加注重企业的社会责任和可持续性。企业需要考虑供应链的环境、社会和治理问题,加强对供应商的监督和管理,以确保供应链的可持续性和社会责任。现代企业供应链管理还注重数字化和智能化的发展,通过信息技术的应用,实现供应链的高效运作和灵活性,以满足市场需求和消费者的个性化需求。企业供应链管理是一个不断发展和演变的领域,需要企业不断学习和适应变化,以满足市场需求和社会责任要求。

2004 年,联合国全球契约组织(UN Global Compact,UNGC)首次提出了 ESG 的概念。ESG 强调企业需要考虑环境、社会和治理问题,并通过打造负责任、可持续的供应链为可持续发展目标做出贡献。供应链是 UNGC 会员企业改善可持续发展绩效的最大挑战。ESG 供应链合规管理是在传统供应链管理维度中增设 ESG 议题,如温室气体、健康安全、能源管理、劳工标准等,并要求企业进行相应的尽责调查核证以及信息披露。ESG 供应链合规有三个衡量维度。第一个维度是关注全球供应链中的人,即劳工或劳动者,重点是他们的生存环境、工作权益和工作条件等,具体可细分为安全的工作环境、反对用工歧视、反职场霸凌和性骚扰、反强迫劳动和人口贩卖、禁止使用童工等多项议题;第二个维度是关注供应链中的物,包括能源来源、原材料、半成品、产品加工或者服务过程中的其他物料或者损耗,重点是供应链中的物及物的流通对环境产生的影响,具体可细分为矿产冲突、废旧材料循环利用、碳减排及节能、碳足迹、原材料来源及安全性等议题;第三个维度是关注供应链中的行为,重点是关注供应商的行为是否遵守商业道德,是否有违反环境、社会、公司治理等的重大违规行为,具体可细分为反商业贿赂、不正当竞争、重大ESG负面事件的处置及信息披露、反漂绿、公司治理改善及董事多元化等具体议题。

ESG合规管理可以确保企业产品和服务的高质量,提高企业的市场竞争力和优势,使企业在融资和市场竞争中具备明显优势。此外,ESG合规管理还有助于防范和化解当今某些政治因素和地缘歧视对中国企业吸引外资和开展贸易合作带来的不利影响。在全球供应链重构的背景下,国际投资者和消费者对负责任采购的关注日益增加,国际经贸规则和贸易中对供应链ESG合规的要求日益强调和细化。因此,中国企业不仅需要遵守中国本土的政策法规,还需要及时跟进,对标高标准的ESG管理要求,否则将面临诸多的不利局面。主要体现在以下几个方面。

(一)在整体性ESG法规中强化对供应链的专项监管

以欧盟2022年以来的ESG发展为例,中国作为欧盟的第二大贸易伙伴、第一大进口来源地和第二大出口市场,2022年中欧双边货物贸易总额为56,467.98亿元人民币,同比增长5.6%。在此背景下,欧洲理事会于2022年11月28日正式通过并公布了《公司可持续发展报告指令》(Corporate Sustainability Reporting Directive,CSRD),该指令已于2023年1月5日生效。根据CSRD,受其直接管辖的企业需遵循“双重重要性原则”,承担ESG可持续尽职调查的义务,既要披露可持续发展议题如何影响企业经营(财务重要性),也要评估企业经营活动对环境和社会的影响(影响重要性)。此外,受调查对象还包括“与企业已建立业务关系的实体的价值链运营中实际和潜在的负面人权和环境影响”,其中纺织、农林牧渔及金属矿产为三大重点关注的行业。欧盟委员会的统计数据显示,该法案生效后将有约16,800家大型企业受CSRD的直接管辖。相应地,中国供应商将从两个维度受到冲击:一是部分中国企业将被要求履行指令中的法律义务,例如,在欧盟境内产生的年营收超过1.5亿欧元的中国企业,需要从自身合规、附属公司合规和价值链合作伙伴合规三个方面保证其经营行为符合指令要求;二是与受CSRD直接管辖的企业有业务关系和贸易往来的中国供应商,需要接受或配合受CSRD直接管辖的企业的ESG合规尽责调查和审计要求,保证符合供应商ESG标准,并配合提供必要的报告及佐证资料。

2021年6月11日,德国通过了《企业供应链尽职调查法》,该法案于2023年1月1日起生效实施。根据该法案,德国政府要求企业应以合理适当的方式,在其供应链上履行人权保障以及环境保护的合规义务。供应商的范围不仅包括为德国企业提供货物或服务的合同当事方(直接供货商),还包括给直接供应商提供的原材料、生产及服务的间接供应商。该法规自2023年起开始对德国境内600多家员工人数在3000名以上的企业具有约束力,2024年以后,其适用范围将扩展到2900家拥有1000名以上员工的企业。大众、宝马、西门子、菲尼克斯、BOSCH、阿迪达斯、雀巢、戴姆勒等跨国巨头将展开对供应商的尽责调查,以确保符合法规要求。如果中国的供应商被认定存在"强迫劳动"的情形,德国公司(包括在德注册的中资公司)有责任中断与中国供应商的业务关系,否则将面临罚款。对于供应链上的中国企业来说,一方面,需要直接接受法案管辖的客户企业对人权保障和环境保护等的审计和询证要求,如果不能满足,则可能失去市场机会;另一方面,意味着需要在商业合同、供应商行为准则等文件中对ESG合规问题做出书面承诺,如果不能满足相关的合规义务,则可能面临巨额的违约罚金甚至被直接解除合同及索赔的风险。

(二)供应链ESG合规管理纵深延长

以碳中和为例,全球环境信息研究中心(CDP)的数据表明,企业的供应链温室气体排放量通常是运营排放量的11.4倍。然而,范围三排放中的供应链温室气体排放是外部数据涉及较多、管理难度巨大的一部分。因此,很长一段时间内,企业通常只公开披露自身的碳排放量,而未计算范围三的排放量。但是自2022年起,国际上逐渐加强了范围三排放数据的强制披露力度,尤其是供应链温室气体排放数据。在高碳排放行业,甚至有将未计算范围三排放的所谓"碳中和"视为实质上的"绿色洗白"现象。

2022年12月,欧盟发布了《零毁林产品法规》(Regulation on Deforestation-free Products),其中规定了企业必须履行供应链的强制性尽职调查义务。该法规首次要求在欧盟市场投放牛、可可、咖啡、棕榈油、大豆、木材等商品以及含有这些商品、用这些商品喂养或以这些商品为制造原料的某些产品(如牛肉、纸浆、纸张、橡胶等)的经营者,均须履行尽职调查义务,以确保两点:第一,这些商品和产品不是在砍伐或者退化的土地上生产的,时间节点为2020年12月31日之后;第二,这些商品和产品符合原产国的法律规定。如果商品和产品不符合上述两个要求中的任何一个,将被禁止投放到欧盟市场。此外,每个成员国将对违规行为实施处罚,包括收取罚款,罚款金额与环境损害程度和商品价值相称;没收相关商品、产品及从中所获收入;暂时排除在公共采购之外等。MSCI《2023年ESG和气候趋势展望》研究报告显示,市场对范围三排放即供应链碳减排这一新兴议题的准备显然不足。即使在直接相关度最高的造纸及林业产品行业,披露有关减少森林砍伐政策的上市企业比例仍低于40%;汽车零部件企业为3.3%;纺织品、服装和奢侈品企业为3.1%。

对于中国企业而言,欧盟《零毁林产品法规》的实施既带来了挑战,也带来了机遇。一方面,企业必须履行尽职调查义务,对原材料种植地的地理位置进行溯源性合规供应商尽责调查,建立合规手册,从而增加了企业的合规成本;另一方面,该法规也为企业提供了机遇。早期认识到这一新兴议题,识别、确认和消除与森林砍伐和退化相关的风险,将有助于企业获取欧盟市场认可的新机会,获得以绿色低碳为主题的金融政策的倾斜,以及获得投资者、客户和消费者的青睐。

(三)ESG合规将成为中国供应商参与全球贸易的先决条件

在全球价值链发展过程中,跨国企业掌控着渠道、品牌、技术等关键环节,成为供应链中的链主企业(lead firm)。作为供应商,成为链主企业的合作伙伴不仅可以获得订单和利润,还有望在资本市场上获得高估值和更多融资机会,同时也可以实现管理水平和技术水平的跨越式提升。然而,随着海外ESG监管政策、海外投资机构和终端消费者对ESG合规的高度关注,链主企业对供应链ESG合规的要求不断提高。因此,中国企业如果希望成为链主企业的供应商,就必须满足以环境、社会责任为核心的ESG合规要求,使自身发展能够跟上链主企业的可持续发展要求,否则就有可能失去市场竞争力,并面临淘汰的风险。

以消费电子行业的碳减排议题为例,该行业超过75%的碳排放来自供应链。因此,链主企业在实现碳减排目标时必须依赖全供应链条上所有成员企业减排目标的达成,实现从直接供应商直达源头供应商的一体化管理。在该行业中,链主企业本身大多已经实现碳中和,并将供应商的可持续发展能力评价作为准入及续约的必备核心要求。因此,如果中国供应商不能满足链主企业在气候变化、劳工人权、冲突矿产等关键议题上的要求,将面临直接淘汰的风险。

多年以来,苹果公司与中国供应商和市场的关系最为紧密。根据《苹果供应商行为守则》,苹果公司要求其所有供应商在社会、环境、劳动者权利等方面符合苹果公司的高标准要求,同时要求供应商的下属公司、分支机构、分包商、源头供应商等均应符合苹果公司供应商的行为准则,超出了单纯要求一级供应商的标准,直达源头供应商。《苹果供应链中的人与环境2022进展报告》显示,苹果公司将供应链管理定位于设计、制造、交付、支持和回收APPLE产品的所有环节,以及零售店及相关服务和运营活动。按照苹果公司的要求,一级供应商不仅需要核算及披露自身的温室气体排放信息,还需要约束其上一级原材料供应商,披露其原材料的产地及其中的冶炼厂和炼油厂是否符合碳排放要求。如果供应商无法满足这些要求,则可能会迅速被淘汰或被取代。

三、ESG合规管理的要点和建议

由于供应链管理中的ESG管理不当而引发的重大事件并不少见。2014～2017年,6家环保组织曾就小米供应商的废水污染等环境问题,与小米进行多次沟通,并未引起重视。2018年小米向港交所提交招股说明书称"我们不经营任何生产或组装设施","并无面临重大健康、安全或环境风险",否认其应对供应商废水污染事件承担责任,但随后即受到环保组织、公众、媒体的公开质疑。按照港交所"不遵守即解释"的规则,小米最终将招股书信息修订为:"本集团若干现有供应商曾经违反环保规定","供应商违反相关环保法律法规可能会导致我们停止向用户供应产品,使我们的销售成本增加,对我们的业务营运及财务业绩有重大不利影响"。2022年,著名的海天味业"添加剂"风波导致其市值一度蒸发超过400亿元,这与其在践行ESG责任时未重视供应侧信息披露不无关系。国际主流 ESG 评级机构 MSCI(明晟)给予海天味业 B 级(LAGGARD,落后者)的评价,原因是海天味业在"营养与健康机遇""产品安全与质量""用水压力""原材料采购"等方面表现不佳。

在 ESG 管理和披露要求逐渐向供应链延伸、日趋严格的背景下,中国企业的供应链合规管理目标应当明确,即确定企业 ESG 关键议题,并通过有序的供应链管理和有效实践充分响应政府、国际组织和主要链上企业的 ESG 合规要求。企业应当通过提高 ESG 表现来满足投资人、客户和消费者的期望和要求,从而增强企业的核心竞争力,实现长期的财务指标改善和可持续性发展。

(一)如何确定企业关键 ESG 议题

在开展供应链 ESG 合规管理之前,企业需要根据所处行业和发展阶段,结合监管政策、链主企业等的合规要求,选择与本企业密切相关的 ESG 议题作为关键议题。ESG 供应链议题因行业类型而异,选择时需考虑当地的 ESG 合规政策、链主企业的关注重点,同时结合本行业重大 ESG 风险事件中投资人、消费者等的关注热点,将其纳入关键议题选择的考量中。

例如,在纺织品服装行业,ESG 供应链议题的重点主要围绕碳中和目标、循环经济以及劳工合规三大议题展开;在新能源行业,除了需要满足出口所在地的碳中和目标和碳边境调节机制(CBAM)的要求外,还需要确认技术研发和技术创新是否符合出口地的技术认证标准,是否存在技术贸易壁垒;电子产品企业的 ESG 议题则包括供应链的透明度和全链条可追溯性,以及对电子产品中有害物质、电子垃圾的回收处置的披露、劳动用工合规、电子数据安全合规保护等方面。对于电子商务平台企业,议题则更多地围绕反不正当竞争和商业贿赂等展开。在海天味业添加剂事件发生后,食品行业应重点关注食品原材料溯源及信息披露、保障消费者知情权和反地域歧视、供应链碳排放信息披露等关键议题。

(二)如何参与或配合供应链 ESG 尽责调查

在确定企业关键议题后,企业应采取科学有效的尽责调查手段,以响应利益相关方对信息透明化的要求。对于供应商而言,需要经常进行以下两种类型的尽责调查:第一类是为配合链主企业或跨国公司的供应商要求而展开尽责调查及风险补救。以经济合作与发展组织(OECD)《负责任商业行为尽责管理指南》为例,OECD 认为跨国企业有义务开展基于风险的尽责管理工作,将负责任商业行为融入跨国企业的政策与管理体系,通过识别和评估供应链和业务关系中的不利影响,沟通如何消除影响,并采取措施终止或减轻不利影响,跟踪供应商或业务合作方的实施情况及结果等方式进行供应商尽责调查和管理。在这一过程中,供应商可能会被要求提供自身的尽责调查报告,并对跨国企业或者链主企业所关注的关键议题(如商业贿赂、碳排放、冲突矿产等)开展第三方审计。第二类是完成链主企业或客户发起的评估问卷或专项议题问卷调查。越来越多的中国企业收到链主企业或者潜在客户对某个 ESG 专项议题的评估问卷或问卷调查填写邀请,这是链主企业或者潜在客户拣选合格供应商的重要途径。一旦入围,则可能被视为对关键议题的承诺,因此供应商应积极开展相关合规管理并认真回复问卷调查信息。

(三)如何识别不同类型企业 ESG 合规管理的重点

对于处于供应链下游的企业而言,其自身表现是 ESG 合规治理中最容易控制和实现的一环,但最大的难点和重点在于供应链 ESG 风险管理。供应链风险的强传导性决定了一个链条上的风险事件足以导致整个供应链产业链的减产甚至断链。因此,需要制订统一的 ESG 合规战略规划和管理标准,为各级供应商提供统一、实时和规范的持续指导,驱动和引领更多中上游链条中的企业深度参与和合作。

对于中小型供应商企业而言,ESG 合规治理是一个全新的实践领域,其合规难度较一般合规更高。缺乏专业的 ESG 指导是阻碍其 ESG 合规表现的主要原因。根据 2021 年 DS 发布的中国汽车供应商调研报告,中国供应商协同降碳已进入初始阶段,其驱动力主要源于客户的碳减排要求。尽管有超过 80% 的供应商开始管理其碳排放水平,但其中仅 2% 宣称已建立成熟的碳管理体系及标准。

供应商面临的最大困难包括缺乏相关专业指导(29%)和工具(22%),以及自身供应链的协同管理。2022 年在中国进行的一项人权尽责管理调研报告显示,超过 50% 的供应商已制定与工作条件和人权相关的正式政策,超过 40% 的供应商已建立包含人权尽责管理的相关管理体系,但缺乏专业指导和工具仍是目前供应链劳工人权议题协同管理的关键。

总而言之,供应商企业应积极看待 ESG 合规所带来的新的市场机会和可持续发展的机遇,主动参与客户或行业服务机构等提供的 ESG 培训和专业服务,建立与供应商、行业组织、当地社区等的定期沟通机制,征集相关方在企业供应链管理方面的意见与建议,不断改进企业的政策和管理措施。有效地将社会与环境影响纳入全产业链范围,更好地承担起对产品与服务全生命周期的责任,构建和谐可持续的社会关系,获得良好的市场口碑和优质客户。